Schöningh

EinFach Deutsch
Unterrichtsmodell

Von der ersten Idee bis zur Aufführung

Spielleitung im Schülertheater

Von
Jan Davidts

Herausgegeben von
Johannes Diekhans

Die Fotos in diesem Band entstanden während Proben oder Aufführungen der Theaterprojekte bzw. Literaturkurse der Katharina-Henoth-Gesamtschule (Köln) in den Schuljahren 2001 bis 2011. Sie stammen von Uschi Koenemann, Georg Schnitzler, Joachim Sigl und Thomas Sommerkamp.

Westermann Schroedel Diesterweg Schöningh Winklers GmbH
Braunschweig, Paderborn, Darmstadt

www.schoeningh-schulbuch.de
Schöningh Verlag, Jühenplatz 1–3, 33098 Paderborn

Druck 5 4 3 2 1 / Jahr 2016 15 14 13 12
Die letzte Zahl bezeichnet das Jahr dieses Druckes.

Umschlaggestaltung: Jennifer Kirchhof
Druck und Bindung: westermann druck GmbH, Braunschweig

ISBN 978-3-14-022542-7

Inhaltsverzeichnis

Zu diesem Buch

„Das Theater ist das schönste und älteste Lügengewerbe der Welt. Ein wunderbarer Zauberkasten. Es zeigt wirklich, was in Wirklichkeit nicht ist. Hamlet stirbt und geht anschließend Spaghetti essen." (Gustav Seibt)

Wie komme ich an schülergerechte Stücke, die ich spielen kann?
Worauf muss ich bei der Entwicklung einer Inszenierung achten?
Was muss ich bei der Leitung einer Theaterprobe beachten?
Wodurch halte ich das ganze Jahr über die Motivation hoch?
Wie gehe ich mit den unzureichenden Bedingungen in meiner Schulaula um?
Wer meiner Schülerinnen und Schüler spielt welche Rolle?
Wie erreiche ich gute schauspielerische Leistungen?
Was gibt es zu bedenken, wenn die Aufführungen näher rücken? ...

Dies sind nur einige der vielen Fragen rund um das Schülertheater.

„Spielleitung" ist für Lehrerinnen und Lehrer sicher einer der Begriffe, die im Zentrum jeder schulischen Theaterarbeit stehen. Leider aber können nur die allerwenigsten von uns auf eine fundierte Regieausbildung zurückgreifen. Und selbst wenn, würde uns das im schulischen Alltag wirklich weiterhelfen? Müssen wir als Spielleiterin und Spielleiter in der Schule nicht mehr sein als nur Regisseurin und Regisseur? Auch die derzeitige Struktur der Lehrerfortbildungen mit ihren halb- oder eintägigen Angeboten ist genauso wie die vielfältigen, teilweise privat organisierten Workshops nicht mehr als der ein oder andere Tropfen auf dem heißen Stein.
Daneben gibt es in einigen Städten Studiengänge zur Theaterpädagogik und theaterpädagogische Aus- und Fortbildungen, wie etwa die der diversen Theaterpädagogischen Zentren, die sich über einen Zeitraum von ein oder zwei Jahren erstrecken.

Dieses Buch will in einem Überblick das umfangreiche Feld der Aufgaben, der Möglichkeiten, aber auch der Gefahren beschreiben, mit denen wir es als Spielleiterinnen und Spielleiter im schulischen Kontext zu tun haben.
Der erste Teil (Kapitel 1 bis 3) versucht zu beschreiben, welche Weichen gestellt werden müssen, um zu schülergerechten Inszenierungen zu gelangen. Ausgehend von den spezifischen Bedingungen des Schülertheaters über die daraus resultierenden Konsequenzen für die konzeptionelle, also inhaltliche und organisatorische Planung bis hin zu den vielfältigen Darbietungsformen, derer wir uns bedienen können, rückt dabei der Begriff des „Inszenierungsrahmens" ins Zentrum der Überlegungen.
Der zweite Teil (Kapitel 4 bis 7) beschäftigt sich mit den Problemen im Prozess der praktischen Probearbeit, also etwa mit dem Schauspieltraining, in dem die Schülerinnen und Schüler Basistechniken erlernen, mit der konkreten Regiearbeit an einer Szene oder mit dem Management von Theaterprojekten, ohne deren Bewältigung eine erfolgreiche und zugleich stressfreie Arbeit kaum möglich ist.

Das 8. Kapitel präsentiert ein komplettes Inszenierungsbeispiel als Anschauungsmaterial, und im 9. Kapitel wird das Problem der Leistungsbeurteilung am Beispiel des Fachs Literatur beleuchtet.
Aus dem bisher Gesagten wird bereits deutlich, dass der Begriff „Spielleitung" hier in zweifacher Hinsicht Verwendung findet:

- **Zum einen bezieht er sich auf die inhaltliche und organisatorische Planung einer Inszenierung,**

- **zum anderen auf die konkrete Leitung einer Probe.**

Ebenso dürfte klar geworden sein, dass der Begriff „Schülertheater" das Theater von und mit Schülerinnen und Schülern im schulischen Kontext meint. Damit grenzt er sich deutlich vom Begriff „Kinder- und Jugendtheater" ab, in dem in der Regel professionelle Schauspielerinnen und Schauspieler für Kinder und Jugendliche Theater spielen.
Viele der in diesem Buch angesprochenen Punkte treffen nicht nur auf die schulische Situation zu, sondern gelten übertragen auch etwa für freie Theatergruppen. Insofern richtet sich das Folgende nicht nur an Lehrerinnen und Lehrer und an Personen im direkten Umfeld wie Schulleiter, Schulaufsicht, Politiker etc., sondern auch an Theaterpädagogen, die zum Beispiel an Einrichtungen der freien Jugendarbeit oder im privaten Bereich mit Theatergruppen tätig sind.

Dieses Buch ist keine wissenschaftliche Arbeit, in der unterschiedliche Positionen aus der bestehenden Literatur zusammengetragen und gegeneinander abgewogen werden.
Die Plattform ist vielmehr meine persönliche Erfahrung, die auf vier Säulen steht:

- **meine eigene schauspielerische Praxis,**
- **meine 25-jährige Tätigkeit als Moderator und Referent rund um das Schülertheater in der Lehrerfortbildung,**
- **meine Erkenntnisse, die ich als Juror für das Landesschülertheatertreffen NRW bei vielen Hundert Schultheateraufführungen gewinnen konnte, und schließlich**
- **meine eigene Theaterarbeit als Leiter des Theaterprojekts an meiner Schule und als Literaturkurslehrer.**

Das Folgende wird deshalb häufig durch praktische Beispiele beschrieben, begründet und ergänzt.

Vier Hilfestellungen beim Lesen:

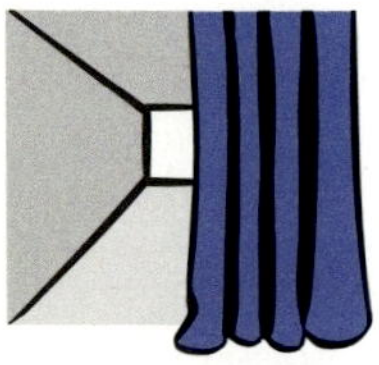

1. Hier wird das soeben Gesagte durch ein konkretes Theaterbeispiel veranschaulicht.

2. Hier werden zentrale Thesen, Fragen bzw. Kernbegriffe formuliert.

3. Hierbei handelt es sich um persönliche Kommentare bzw. Anmerkungen.

4. Hier werden Querverweise auf andere Textstellen im Buch gekennzeichnet.

Notabene:
Auch wenn es derzeit der political correctness nicht entspricht, werden zugunsten eines flüssigeren Textverlaufs im Folgenden nur die maskulinen Formulierungen verwendet. Selbstverständlich sind damit auch die Lehrerinnen, Schülerinnen und Spielleiterinnen, ... gemeint.

Besonders bedanken möchte ich mich bei Uschi Koenemann, Georg Schnitzler, Joachim Sigl und Thomas Sommerkamp für ihre Fotografien sowie für ihre Unterstützung bei Janneke Berg, Uschi Clemens-Davidts, Kristina Haverkamp, Renate Klepzig, Thomas Sommerkamp, Jan Widding und vor allem bei meinen Schülern, ohne die dieses Buch nie zustande gekommen wäre.

1. Allgemeine Grundlagen

Theaterspielen und Schule – diese Verbindung taucht bereits in der Antike auf und besteht bis heute. Dabei ist unstrittig, dass die aktive Auseinandersetzung, etwa mit Texten in der schauspielerischen Umsetzung im pädagogischen Kontext, mehr ist als nur ein den schulischen Alltag schmückendes Pausenprogramm, das für ein wenig Entspannung sorgt und den Kopf frei macht für die „wirklich wichtigen Lernfelder" wie Deutsch, Fremdsprachen, Mathematik oder Naturwissenschaften.

Wer schon einmal mit Schülern Theater gespielt hat, der weiß, dass dies mit Entspannung eher nichts zu tun hat. Theaterspielen ist im Gegenteil zutiefst Lernen an sich, wobei „an sich" hier bewusst in zweierlei Hinsicht verstanden werden soll.
Theaterspielen ist ein ganzkörperliches Erfassen, Erfahren und Erleben, bei dem sich die Schüler aktiv einer gestellten Aufgabe zuwenden und diese praktisch zu bewältigen versuchen. Dabei entwickeln sie sukzessiv im Verlauf des Prozesses nachweisbare Kompetenzen sowohl im kognitiv-analytischen und sprachlichen Bereich als auch im gestalterischen, konzeptionellen, organisatorischen und handwerklichen Bereich und schließlich auch im sozial-integrativen Bereich.
Es ist nur logisch, dass Schüler, die sich ernsthaft und über einen längeren Zeitraum auf die theatrale Arbeit einlassen, häufig ihre sonstigen schulischen Leistungen verbessern und auch im späteren Berufsleben erfolgreicher sind.
Manch ein Ausbildungsbetrieb wertschätzt die Teilnahme an Theaterprojekten als wichtiges Kriterium für eine Einstellung mit folgender Begründung: „Diese Schüler sind zuverlässig, teamfähig, zielstrebig, experimentierfreudig und kreativ." Und von Klassenlehrern ist oft zu hören, dass die Schüler, obwohl sie das Theaterspielen mit einem in der Regel enormen zeitlichen Aufwand betreiben und so doch eher weniger Zeit in Haus- und Übungsaufgaben investieren konnten, einen Fortschritt in allen Fächern zeigten.
Theaterspielen ist eben auch Erziehung zur strukturierten Organisationsfähigkeit und Selbstständigkeit.

1.1 Zur Ausgangslage oder „Machen Sie doch mal!"

Betrachtet man die Ausgangslage, unter der Theaterarbeit an Schulen durchgeführt wird, so fällt auf:

- **Spielleiter – allein zu Haus**

Im Gegensatz zum professionellen Theater mit seinen klar umrissenen Aufgabenfeldern, für die jeweils einzelne Personen oder Personengruppen zuständig sind, fallen dem Spielleiter im Schülertheater alle diese Aufgaben allein zu. Er ist in einer Person Intendant, Dramaturg, Inspizient, Regisseur, Regieassistent, Besetzungsbüro, Masken-, Kostüm- und Bühnenbildner, Garderobiere, Lichttechniker, Bühnenarbeiter, Jurist, PR-Manager, Organisations- und Verwaltungsleiter (und das mit einem Budget, das er in der Regel nicht hat), ... und vor allem Lehrer. Denn in allererster Linie muss unsere Arbeit – Theaterspielen hin oder her – eine pädagogische sein!
Nur eines ist der Spielleiter nicht: Hausmeister! Und das kann nicht selten zu ungeahnten Problemen führen. Ein gutes Verhältnis zu ihm erleichtert die Theaterarbeit an der Schule wesentlich.

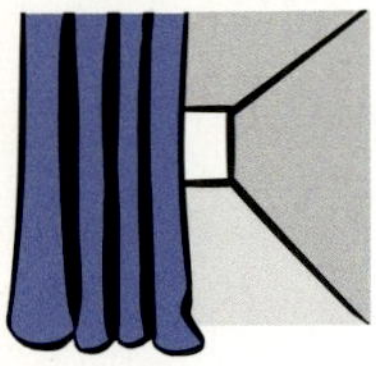

Ich werde nie vergessen, wie ich als Juror eine 45-minütige Schülertheateraufführung ansah, die um 15.00 Uhr beginnen sollte. Die Schulaula war mit ca. 450 Zuschauern voll besetzt.
Leider verzögerte sich der Beginn um eine halbe Stunde. Um exakt 16.00 Uhr öffnete sich – mitten im Stück – die hintere Saaltür und eine sonore rheinische Stimme ertönte: „Et is vier Uhr! Isch hab Feierabend!" Kurz darauf wurde die Hauptsicherung der Aula ausgeschaltet, außer der Notbeleuchtung ging das komplette Licht aus – und das war's! Das Publikum ging, empört zwar, aber es ging nach Hause, die Schüler standen betroffen auf der Bühne herum, und die Spielleiterin war einem Nervenzusammenbruch nahe.

- **Raum und Technik – Note ungenügend**

Auch die räumlichen Bedingungen und die technische Ausstattung lassen häufig zu wünschen übrig: Die akustischen Gegebenheiten der alten Guckkastenbühne haben zur Folge, dass in der fünften Reihe niemand mehr etwas versteht; die Lichtanlage ist, wenn überhaupt vorhanden, defekt oder hoffnungslos veraltet; vom Lichtpult aus kann man die Bühne nicht einsehen; für die Tonanlage gilt dasselbe.

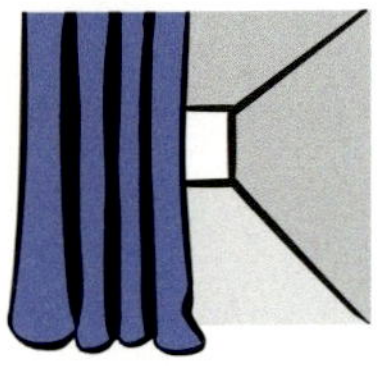

Erst kürzlich war ich in der nagelneu gebauten Aula eines Gymnasiums, die – man mag es kaum glauben – nicht verdunkelt werden konnte. Der Spielleiter organisierte für seine Premiere über einen Freund, der bei der freiwilligen Feuerwehr tätig war, drei große Löschfahrzeuge, die vor der Glasfassade positioniert wurden, um den Raum zumindest etwas abzudunkeln. Was passiert wäre, wenn die Fahrzeuge mitten in der Aufführung zu einem Einsatz gerufen worden wären, mag ich mir lieber nicht ausmalen.

- **Theater und Schulalltag – ein Gegensatz!?**

Die typischen Faktoren, die das schulische Leben so mit sich bringt, kommen hinzu: Nach 45 Minuten klingelt es, und die Probe, die gerade ins Laufen gekommen ist, muss abgebrochen werden; ein Hauptdarsteller ist erkrankt; zwei weitere Schüler fehlen, da sie am nächsten Tag eine Klausur schreiben, für die sie noch lernen müssen; aufgrund der schulischen Organisation ist eine jahrgangsübergreifende Arbeit nicht möglich, eine Zusammenarbeit mit den Technik-, Kunst- oder Textilkollegen gestaltet sich schwierig …

- **Theater – Das kann doch jeder!?**

Nicht selten werden gerade junge Kollegen von ihren Schulleitungen in die Theaterarbeit hineingeschubst. Mit Argumenten, wie „Das machen Sie doch bestimmt gerne" oder „Da brauchen Sie auch nicht zu korrigieren", stehen sie plötzlich vor einer Aufgabe, für die sie nur schlecht oder gar nicht qualifiziert sind.
Nur die wenigsten von uns haben eine fundierte theaterpädagogische Ausbildung. Einige greifen auf nichts zurück als auf ihr Interesse am Theater, auf die schauspielerischen Erfahrungen aus der eigenen Schulzeit oder auf das lückenhafte Wissen aus der ein oder anderen Fortbildung.

Der Chemieunterricht wird einem fachfremden Kollegen ja auch nicht mit dem Argument anvertraut, er habe als Kind doch gewiss einen Chemiekasten gehabt. Selbst die Übernahme des Sportunterrichts rechtfertigt sich nicht mit dem Hinweis, der fachfremde Kollege schaue doch sicherlich regelmäßig die Bundesliga-Spiele. Aber Theaterarbeit – das können offenbar alle. Selbst gestandene Spielleiter berichteten mir, dass sie sich in den ersten Jahren ihrer Theaterarbeit vorgekommen seien wie jemand, der durch dichten Nebel nach vielen Umwegen dann doch irgendwie ans Ziel gelangt sei. Aber an dieses Irgendwie und an ihre ersten Aufführungsergebnisse wollen sie lieber nicht mehr erinnert werden.

- **Die Präsentation – ein Muss!**

Die Theatergruppen und damit auch ihre Spielleitungen stellen sich mit ihren theatralen Ergebnissen einer Öffentlichkeit, was in kaum einem anderen Fachbereich so üblich ist.

Und wir müssen meines Erachtens präsentieren, denn ein Jahr ohne abschließende Aufführung ist manchmal schon das Ende der Theaterarbeit. Zumindest Teilergebnisse sollten zur Präsentation kommen.

- **Bezahlung – nicht selten mau!**

Für all diese Arbeit wird die Spielleitung an Schulen in den meisten Fällen geradezu jämmerlich bezahlt. Für eine Theater-AG etwa werden nicht selten lediglich die zwei Unterrichtsstunden angerechnet. Doch der Arbeitsaufwand mit den vielen zusätzlichen Abend-, Wochenend- oder Feiertagsproben liegt um ein Zigfaches höher.

Dies und vieles mehr führt in vielen Fällen dazu, dass die Spielleiter an den Schulen entnervt aufgeben. Anders gesagt: Alle, die es schaffen, unter diesen Bedingungen trotzdem eine gute und schülergerechte Theaterarbeit zu leisten, verdienen unseren allergrößten Respekt.

1.2 Auswege, falsche und richtige

Dennoch wird landauf, landab seit Jahrhunderten an Schulen Theater gespielt. Es scheint also Auswege aus diesem Dilemma zu geben, falsche und richtige:

- **Erster falscher Weg: Reduktion der Qualität**

Ein leider sehr häufig gewählter Weg ist die Reduktion der Qualität. Mit dem Argument „Wir machen hier ja schließlich nur Schülertheater!" werden alle Kritikpunkte an den theatralen Mängeln vom Tisch gefegt.
Und der Erfolg scheint den Spielleitern recht zu geben: Die Eltern der auf der Bühne agierenden Schüler klatschen begeistert Beifall, sie finden ihre lieben Kleinen ja so süß, und das Bühnenbild, das aus künstlerisch-ästhetischer Sicht eine Zumutung ist, finden sie niedlich.

- **Zweiter falscher Weg: Doch keine Präsentation**

Ein anderer Weg ist der, gar nicht erst zu einer Aufführung zu kommen. Auch hier gibt es wunderbare Argumente: Von „Ich arbeite eben prozessorientiert!" über „Ich konnte mich nicht durchsetzen. Und was meine Schüler sich da ausgedacht haben, das kann man nun wirklich keinem zeigen!" bis hin zu „Der Hausmeister hat uns am Wochenende nie in die Schule gelassen, und unter diesen Bedingungen konnten wir gar nicht vernünftig arbeiten!" ist alles willkommen, was als Entschuldigung dienen kann.

Bevor ich zu einem weiteren und nun ernst gemeinten richtigen Ausweg aus der beschriebenen Ausgangslage komme, vorab meine grundsätzliche These, auf der alles Weitere aufbaut:

Schul- und Schülertheater muss scheitern, wenn es sich am professionellen Theater orientiert.

- Das professionelle Theater arbeitet unter Bedingungen, die in der Schule nicht oder nur teilweise realisierbar sind: Wir haben weder ausgebildete Schauspieler oder ausgebildete Kräfte in den zahlreichen Bereichen der Theaterarbeit, wie Intendanz, Dramaturgie, Regie, Lichttechnik, ... noch ist unser Finanzierungsrahmen und damit unsere Ausstattung mit einem professionellen Theater vergleichbar.

- Das Nachgestalten der fertigen Inszenierung eines Profitheaterstücks nimmt Schülern die Möglichkeit des kreativen Arbeitens und hat somit meines Erachtens nichts mit schülergerechter Theaterarbeit zu tun.

- Auch bei der Übertragung der in der Regel hierarchischen Strukturen des professionellen Theaters auf das Schülertheater wird der Anteil der kreativen Gestaltungsmöglichkeit der Schüler extrem beschnitten.
  Unsere Arbeit muss aber primär eine pädagogische bleiben. Schülertheater, bei dem ausschließlich die Lehrer vorgeben, ist kein Schülertheater mehr, sondern ein verkapptes Lehrertheater!

- Im Profitheater zählt einzig das Endprodukt, während im Schülertheater das fertige Stück nur das Abfallprodukt der geleisteten pädagogischen Arbeit sein darf.

Das meint nicht, dass die Qualität des Stücks nebensächlich ist. Ich bin fest davon überzeugt, dass die Konsequenz einer qualitativ guten pädagogischen Theaterarbeit auch ein qualitativ gutes Schülertheaterstück ist.

Erste Tipps für angehende Spielleiter

- **Selbst Theater spielen**

Spielleiten kann nur, wer am eigenen Leib erlebt hat, was Theaterspielen in all seinen Facetten bedeutet: vom Erlernen und Ausfeilen einer Rolle in der nicht immer nur vergnüglichen Probearbeit über das sich Einlassen auf die Mitspieler im gruppendynamischen Prozess bis hin zum Lampenfieber vor und der Euphorie nach einem Auftritt. Schauspielen ist eben auch ein Handwerk, das erlernt werden muss, bevor man es vermitteln kann. Nicht zuletzt ist die eigene Erfahrung wichtig, weil man nur so einschätzen kann, was man von seinen Schülern verlangt und erwartet.

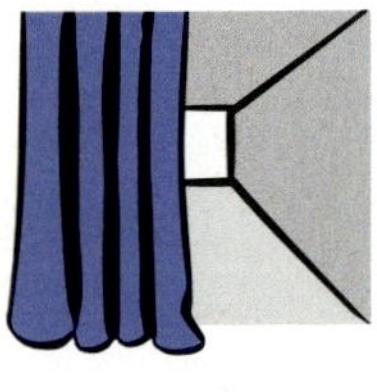

Ich musste erleben, wie ein Spielleiter seinen Romeo anschrie, er solle sich nicht so anstellen und Julia jetzt endlich innig umarmen. Es stellte sich heraus, dass Romeo und Julia im wirklichen Leben ein Paar gewesen waren, das sich gerade getrennt hatte. Dieser Spielleiter hätte völlig anders reagiert, wenn er selbst einmal in der Situation gewesen wäre, jemandem auf der Bühne nahekommen zu müssen, wenn gleichzeitig die Beziehung von deutlichen persönlichen Spannungen oder Antipathien geprägt war.

- **Schülertheateraufführungen ansehen**

Ich selbst habe durch die vielen Hundert Aufführungen, die ich als Juror besuchen durfte, unendlich viel gelernt. Zum einen habe ich eine Vielzahl von positiven Anregungen bekommen.
Genauso entscheidend aber waren all die Aufführungen, wo mir sehr deutlich vor Augen geführt wurde, wie man es nicht machen sollte! Und hier wurde mir fast immer

klar: Das Gesamtergebnis hätte mit nur einigen wenigen kleinen Änderungen wesentlich verbessert werden können.

- **Aufgaben delegieren**

Das Feld der im Theater anfallenden Aufgaben ist riesig. Einzelne Aufgaben und ganze Aufgabenkomplexe, etwa der schauspielerischen und technischen Hilfsmittel, können an Kollegen, Eltern, Fachkräfte oder Schüler und Schülergruppen delegiert werden.

S. 35 ff.

Der Kunstkollege oder die Technikkollegin kann mit den Schülern zusammen das Bühnenbild gestalten; Eltern können Kostüme nähen; die Maskenbildnerin, die jemand über drei Ecken kennt, kann einen Wochenend-Workshop durchführen; Schüler können während der Proben den Text, der auf der Bühne gesprochen wird, kontrollieren, die Licht- und Tonanlage bedienen, das Plakat gestalten …

Und auch Spielleitungsfunktionen können – zumindest was die Regieassistenz betrifft – durchaus an erfahrene Schüler abgegeben werden. Dies können sie natürlich nicht per se, aber sie können es lernen, wenn wir sie es lehren.

- **Stilisierung und Reduktion**

Das Prinzip des „armen Theaters" können wir als Chance nutzen. Die Stilisierung und Reduktion, zum Beispiel von Bühnenbild, Requisite oder Kostüm, eröffnen andere ästhetische Bilder und Sichtweisen.

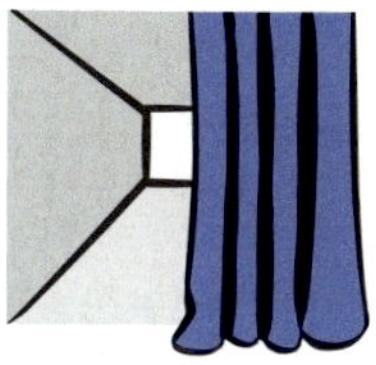

Als Beispiel für **Stilisierung** sei eine Schultheateraufführung in einem Ort erwähnt, in dem sich eine Papierfabrik befand. Der Spielleiter hatte aus deren Bestand eine Vielzahl von Pappkernen in den unterschiedlichsten Größen besorgt, auf denen normalerweise das Papier aufgerollt wurde. Diese Pappröhren waren das ausschließliche Spielmittel in der Aufführung. Die Röhren wurden nun im Spiel zu Flaschen, Tassen, Ferngläsern, Spazierstöcken, Motorrädern, Gewehren, Fotoapparaten …

S. 99

Mit **Reduktion** ist das bewusste Weglassen, zum Beispiel nicht notwendiger Bühnenbildelemente, gemeint und nicht die schauspielerische Reduktion. (Zur Letzteren mehr im 4. Kapitel.)

- **Textvorlage? – Kürzen!**

Kürzungen der Textvorlage, aber auch radikale Veränderungen sollten nicht als Verfälschung, sondern als notwendige Voraussetzung für schülergerechtes Theater verstanden werden. Was die Schüler der Theatergruppe nicht verstehen, werden auch die Schüler im Publikum nicht verstehen. Was sie nicht verstehen, können sie auch nicht spielen. Ergo muss dies verändert werden.

Keine Textvorlage, egal ob von Schiller oder von Shakespeare, ist eine heilige Kuh, und deshalb darf man sie schlachten. Ich habe Kollegen erlebt, die mir sagten: „Aber das ist doch Goethe! Da kann ich doch keinen Satz herausstreichen!" Ich halte dies für falsch. Und Schülertheater, das länger als 80 Min. dauert, ist – nicht immer, aber erfahrungsgemäß doch meistens – problematisch.

Auf den Punkt

Wenn wir uns also nicht am professionellen Theater orientieren dürfen und wenn die beschriebenen Wege der Reduktion von Qualität oder der Verzicht auf Präsentation nicht ernsthaft die Lösung sein können, dann muss das Schülertheater nach den eigenen Stärken suchen. Die Akteure im Schülertheater müssen sich fragen:

Was können wir, was das professionelle Theater nicht kann?

Die genaue Antwort auf diese Frage wird im 2. Kapitel gegeben.
Aber schon hier wird deutlich: Wer diesen gedanklichen Faden zu Ende spinnt, kommt zwangsläufig zu der Erkenntnis:

- Wir brauchen **eine andere Art von Theaterarbeit.**

- Wir brauchen eine ästhetisch andere Art von theatralen Produkten, das heißt: Wir brauchen **andere theatrale Bilder.**

Eine andere Art von Theaterarbeit bedeutet für Spielleiter auch unterrichten und Lernziele vorgeben. Das ist zutiefst pädagogische Arbeit, die von Schülern nur bedingt geleistet werden kann.
Andere theatrale Bilder bedeutet nicht solche Bilder, die unsere Schüler im Kopf haben, denn oft sind diese gerade die des Profitheaters, meist aber Bilder aus dem Bereich Film.
Es ist also der Spielleiter pädagogisch gefordert. Folglich muss er die Andersartigkeit der Theaterarbeit und der theatralen Bilder im Vorfeld so initiieren, dass ein Rahmen entsteht, innerhalb dessen sich die Schüler entfalten und einbringen können.

Ein Planungskonzept erstellen

Hier nun der Ausweg, er heißt konkret: Vor Beginn der theatralen Arbeit in eine konzeptionelle Planung einsteigen!

Damit ist die Planung der organisatorischen, der zeitlichen und der inhaltlichen Struktur gemeint:

- **Planung der organisatorischen Struktur**
meint die sich aufgrund der räumlichen, technischen oder finanziellen Bedingungen ergebenden Überlegungen.
Wenn an der Schule zum Beispiel die akustischen Bedingungen extrem ungünstig sind, muss die Spielleitung entweder so planen, dass im Stück nicht gesprochen wird, oder sie muss innerhalb oder außerhalb der Schule nach Räumlichkeiten suchen, in denen die Bedingungen besser sind. Wenn es an der Schule keine Aula oder keinen Theatersaal gibt, muss sie so planen, dass das Stück etwa im Treppenhaus, im Keller oder auf dem Schulhof gespielt wird.

- **Planung der zeitlichen Struktur**
meint die genaue Analyse der zeitlichen Bedingungen und die daraus resultierenden Planungskonsequenzen.
Wenn etwa der zeitliche Rahmen unveränderbar vorgegeben ist, muss sich das Stück dem anpassen. Wenn man nur ein halbes Jahr Zeit hat und die Schüler nicht an zusätzlichen Probeterminen teilnehmen können, kann man „Die Räuber" von Schiller entweder gar nicht spielen, oder man muss das Stück so bearbeiten, kürzen oder verändern, dass es in diesem halben Jahr umgesetzt werden kann.

- **Planung der inhaltlichen Struktur**
meint die Entwicklung eines Inszenierungsrahmens, der vom Spielleiter vorgegeben wird und kein Gegenstand der Diskussion mit den Schülern ist.

Nach dem Prinzip von „Vorgeben und Loslassen" muss dieser Inszenierungsrahmen weit genug gefasst sein, dass die Schüler darin genug Raum finden, um kreativ aktiv zu werden.

S. 22

Nachtrag und Ausblick

In diesem Kapitel wurde die Notwendigkeit beschrieben, eine für Schüler und Schülertheater spezifische Planung zu erstellen. Dabei wurde die Forderung erhoben, einen Inszenierungsrahmen zu entwickeln.
Im folgenden Kapitel wird beschrieben, wie ein solcher Inszenierungsrahmen aussehen kann, und zwar unter den Vorgaben:

- Es soll ein komplettes Theaterstück, ausgehend von einer dramatischen Textvorlage, als Sprechtheater inszeniert werden.
  Natürlich gibt es auch eine Vielzahl von anderen Möglichkeiten: von der szenischen Collage bis zu einer vollständigen Eigenproduktion. Dazu mehr im 3. Kapitel.

S. 44 ff.

- Es soll die oben formulierte Frage „Was können wir, was das professionelle Theater nicht kann?" beantwortet werden.

Die Konsequenz ist dann:

- Es wird eine andere Art von Theaterarbeit ermöglicht und
- es werden ästhetisch andere theatrale Bilder entstehen.

2. Die dramatische Textvorlage – von Sophokles bis Sartre

2.1 Von den sieben Kernfragen zu ersten Antworten

Sieben Kernfragen

Fordert man Lehrer auf, die von einer dramatischen Textvorlage ausgehend ein komplettes Theaterstück im Bereich Sprechtheater inszenieren wollen, ihre Kernfragen zum Aspekt Spielleitung zu formulieren, so hört man am häufigsten die sieben folgenden:

1. „Wie soll ich mit einer Gruppe, die viel zu groß ist, vernünftig arbeiten?"

2. „Wie komme ich an Stücke, die ich spielen kann?"

3. „Wie komme ich zu einer gerechten Besetzung der Rollen?"

4. „Wie motiviere ich meine Schüler, das ganze Jahr durchzuhalten?"

5. „Wie komme ich zu einer gerechten Beurteilung, wenn Schülerin A 20 Seiten Text hat und ständig auf der Bühne ist und Schüler B in nur einer Szene den dritten Baum von links spielt, und den natürlich gänzlich ohne Text?"

6. „Was sollen alle die Schüler machen, die gerade nicht auf der Bühne proben?"

7. „Wie komme ich zu einer schülergerechten Theaterarbeit?"

Man erkennt schnell, dass diese Fragen sich gegenseitig bedingen und eigentlich nur ein einziges, aber komplexes Problemfeld darstellen:

Die Gruppe ist sehr groß. → Weil sie so groß ist, finde ich kein Stück mit so vielen Rollen. → Und selbst wenn ich eins gefunden habe, ist die Besetzung schwierig, weil alle die Hauptrollen spielen wollen. → Weil es davon aber nur zwei oder drei gibt, sind alle, die keine Hauptrolle bekommen, enttäuscht und von nun an schwer zu motivieren. → Weil es nur zwei oder drei Hauptrollen gibt, bekomme ich auch Schwierigkeiten mit der Beurteilung. → Weil ich dann auch noch ständig mit meinen beiden Hauptdarstellern proben muss, sind alle anderen zum Nichtstun verurteilt. → Weil sie nichts tun, ist dies keine schülergerechte Arbeit.

Dieser Faden ließe sich durchaus noch weiterspinnen. Eines aber ist klar: Ein deutlich erkennbares Problem ist vorprogrammiert!

Ich weiß, dass einige Spielleiter all dies mit Zweit- und Drittbesetzungen und den damit verbundenen zweiten und dritten Auftritten bewältigen. Aber löst das unser Problem wirklich? – Andere Spielleiter schreiben viele neue Rollen ins Stück hinein, arbeiten in Kleingruppen, erklären 10 Schüler zu Licht- und Tontechnikern usw. Und noch einmal: Löst das unser Problem wirklich?

Erste Antwort: Ungewöhnliche Besetzungskonzepte

Zurück zur Frage: „Was können wir, was das professionelle Theater nicht kann?" Anders gefragt: „Wo liegen unsere Stärken?" Eine erste Antwort erscheint zunächst vielleicht paradox, sie lautet:

Wir haben etwas, was das Profitheater nicht hat: jede Menge Schüler und somit Schauspieler!

Die Umkehrung der Beschwerde „Leider haben wir so viele Schüler!" lautet: „Was ist das Gute daran, dass wir so viele Schüler haben?"
Die im ersten Moment vielleicht nicht nachvollziehbare Antwort lautet: „Wir können zum Beispiel 2-Personen-Stücke durchaus mit vielleicht 25 Schülern spielen, wobei diese 25 auch ständig auf der Bühne sind".
Dieses Prinzip der ungewöhnlichen Besetzungskonzepte erzeugt eine außergewöhnliche Situation, denn

- aus Kostengründen könnte kein Schauspielhaus so etwas machen,
- alle oben gestellten Fragen beantworten sich fast von selbst und
- es entstehen zugleich neue, ästhetisch ungewöhnliche theatrale Bilder.

Ein konkretes Beispiel

Um zu veranschaulichen, wie genau ein Stück, das mit einem dieser ungewöhnlichen Besetzungskonzepte arbeitet, aussehen könnte, hier ein Beispiel:

Der Lehrer und Spielleiter Frank Herdemerten aus Essen führte mit seinen Schülern das Stück „Die Unterrichtsstunde" von Eugène Ionesco auf.
In diesem absurden Theaterstück geht es um Macht und Ohnmacht, um beherrschen und beherrscht werden im Beziehungsgeflecht zwischen einer 18-jährigen Schülerin und einem alten Professor. Daneben gibt es nur noch eine weitere Nebenrolle, die des Dienstmädchens Marie, die selten und immer nur sehr kurz auftritt.
Alle Schüler trugen während des Auftritts einen einheitlichen schwarzen Grunddress und darüber, als Symbol für die Schülerin, eine Art rosafarbene Schürze, die ein großes halbkreisförmiges Dekolleté hatte. Diese Schürze war an den Schulterteilen der T-Shirts angenäht. Schlug man sie nun über den Kopf hinter den Körper, so wurde sie zu einem schwarzen Gehrock, als Symbol für den Professor.
Jeder Akteur konnte auf der Bühne also beides sein, Schülerin oder Professor, je nachdem, ob die Schürze vorne oder der Gehrock hinten positioniert war. Im Verlauf des stetig absurder werdenden Spiels waren fast immer alle 25 Schüler auf der Bühne. Dabei wurden die Machtstrukturen durch die Anzahl der Akteure verdeutlicht: etwa ein schwacher Professor umringt von 23 starken Schülerinnen oder vier schwache Schülerinnen im Gegenpart zu 20 starken Professoren oder jeweils 12 etwa gleich starke Schülerinnen und Professoren.
Am Ende des Stücks ersticht der Professor die Schülerin. Es ist sein 40. Mord an diesem Tag. Lediglich Marie, das Dienstmädchen –, wer mitgezählt hat, wird bemerkt haben, dass da noch jemand fehlt – war traditionell, also einfach besetzt. Am liebsten würde der Professor auch sie töten. Aber Marie, die einzige Normale in dem Geschehen, ist stärker. Sie tritt deshalb hoch erhoben auf Stelzen auf. Sie hilft dem Professor, die Leiche zu beseitigen. Dann klingelt es, eine neue Schülerin steht vor der Tür, das Stück beginnt von vorn.

Der Inszenierungsrahmen

An diesem Beispiel von Frank Herdemerten kann man nun erklären, was unter der Planung eines Inszenierungsrahmens mittels eines ungewöhnlichen Besetzungskonzepts verstanden werden sollte.
Frank Herdemerten gab seinen Schülern zu Beginn des Schuljahres Folgendes vor:

der Text in der Originalfassung von Eugène Ionesco

„Die Unterrichtsstunde"

das Besetzungskonzept

die Idee der doppelten Kostümierung

Diese drei Komponenten bildeten den Rahmen, der selbst nicht mehr Gegenstand der Diskussion war. Innerhalb dieses Rahmens konnten und sollten sich die Schüler frei bewegen. Sie hatten Folgendes zu leisten:

- **Die Textbearbeitung und Textaufteilung**
Sie kürzten und bearbeiteten den Text und nahmen die zu leistende Textaufteilung vor. Dazu später mehr in diesem Kapitel im Abschnitt 2.2.

S. 24 ff.

- **Die zahlenmäßige Gewichtung**
Sie analysierten den Text dahingehend, wie in den einzelnen Szenen das Machtgefüge und daraus resultierend die Anzahl der Schülerinnen bzw. der Professoren konkret gewichtet werden musste.

- **Die Besetzung**
Sie legten fest, wer in welcher Szene welche Rolle spielt.

- **Das Kostüm**
Sie entwickelten die konkrete Umsetzung des Kostüms. Herdemerten hatte nur vorgegeben: Das Kostüm soll es ermöglichen, beide Rollen zu spielen.

- **Die Planung der Szenen**
Sie machten in Kleingruppen Entwürfe für den Verlauf der einzelnen Szenen, entwickelten also Lösungsvorschläge zum Beispiel zu folgenden Fragen: Wann kommt es zum Tausch „Schülerin wird Professor" und umgekehrt? Wie verändern sich die Positionierungen? Gibt es Auf- oder Abgänge, und wenn ja, wann und wie? usw.

- **Was ist mit Marie?**
Sie entwickelten die Idee der Marie auf Stelzen.

- **u. v. m.**

In einer schülergerechten und pädagogisch sinnvollen Theaterarbeit – hier am Beispiel eines ungewöhnlichen Besetzungskonzepts – muss also generell beides geschehen:

Vorgeben und Loslassen

Die Vorgaben müssen dabei so angelegt sein, dass die theatralen Bilder nahezu zwangsläufig andere werden. Und das Loslassen muss ein echtes Loslassen sein. Hier müssen die Spielleiter darauf vertrauen, dass die Schüler in einem kreativen Prozess sinnvolle und überzeugende Ideen entwickeln.

Am Anfang meiner eigenen Schultheaterarbeit stand auch ich immer wieder vor der Situation, dass meine Schüler Bilder entwickelten, die nicht die meinen waren. Denn natürlich entwickelte ich beim Konzipieren eines solchen Inszenierungsrahmens automatisch Vorstellungen, wie eine Umsetzung aussehen könnte. Ich habe meinen Schülern nicht wirklich zugetraut, eigene und dennoch überzeugende Vorstellungen zu kreieren. Aber ich habe mich getäuscht und gelernt, dem kreativen Potenzial meiner Schüler zu vertrauen!

Protest

Wenn ich anderen Spielleitern dieses Beispiel von Frank Herdemerten vorstellte, kamen häufig Proteste:

- „Das funktioniert doch nie!“
- „So etwas machen meine Schüler nicht mit!“
- „Ein solches Stück kann ich unmöglich den Eltern meiner Schüler und den Kollegen vorsetzen!“
- „Das versteht doch kein Mensch!“

Ich kann diese Einwände nur allzu gut verstehen, möchte aber Folgendes entgegnen:

- „Das funktioniert nie?“

Wenn wir es etwa im Rahmen meiner Fortbildungen praktisch ausprobierten, wurde ausnahmslos klar: Doch, es funktioniert.

- „So etwas machen Schüler nicht mit?“

Natürlich reagieren sie zunächst befremdet. Aber dann erkennen sie, welche Vorteile eine solche Inszenierung für sie hat, und lassen sich darauf ein. Wenn dann die ersten theatralen Bilder auf der Bühne entstehen, sind sie mehr und mehr fasziniert.

- „Ein solches Stück kann man niemandem vorsetzen?“

Es ist überliefert, dass Kaiser Josef II. nach einer von Mozarts Premieren zu diesem gesagt haben soll: „Das ist wieder einmal ein harter Brocken für meine Wiener!“ Und Mozart soll geantwortet haben: „Lassen wir sie dran kauen!“ Natürlich wird – um im Bild zu bleiben – jemand, der bisher nur bürgerliche deutsche Küche kennt, erstaunt sein, wenn man ihm ein Stück Pizza zum Probieren anbietet. Aber wird er sich deshalb gleich angewidert abwenden?
Bertolt Brecht hat es einmal anders gesagt: „Das Theater darf nicht danach beurteilt werden, ob es die Gewohnheiten seines Publikums befriedigt, sondern danach, ob es sie zu ändern vermag.“

Die theatralen Bilder, die durch die ungewöhnlichen Besetzungen entstehen, sind natürlich ebenfalls ungewöhnlich, aber auch reizvoll.
Inzwischen haben wir an meiner Schule unser Publikum „erzogen", und heute lautet ein typischer Kommentar nach dem Stück: „Die ersten 10 Minuten bin ich wieder einmal fast verrückt geworden, weil ich überhaupt nicht durchgeblickt habe, aber als ich das Prinzip dann verstand, fand ich es toll!"

- „Das versteht kein Mensch?"

Doch! Man versteht es! Es dauert vielleicht etwas, aber dann macht es „Klick".
Und: Die Zuschauer werden aus der Rolle des passiven Betrachters gerissen. Sie müssen mitdenken und das bereitet Vergnügen!

Ein weiterer Punkt des Protests bezieht sich darauf, dass die Schüler von der Entwicklung der Vorgaben und somit von der konzeptionellen Planung ausgeschlossen sind. Wie im obigen Beispiel deutlich wurde, gab Herdemerten den Rahmen vor, und dieser wurde nicht mehr diskutiert. Dies mag autoritär oder gar diktatorisch erscheinen. Aber wie sollen denn ästhetisch ungewöhnliche theatrale Bilder und damit eine andere Art von Theater entstehen, wenn wir nicht die Weichen zum Entwickeln solcher Bilder stellen?

Achtung: Wir geben nicht die Bilder vor, sondern stellen Bedingungen her, sodass unsere Schüler sie entwickeln können!
In den Köpfen der Schüler sind diese Bilder noch nicht. Die gewünschten kreativen Prozesse müssen in der pädagogischen Arbeit in diesem Sinne gesteuert werden. Wir können unsere Schüler nicht einfach auffordern: „Werdet mal kreativ und entwickelt eine andere Art von Theater!"

De facto läuft es bei einem Teil meiner eigenen Theaterarbeit inzwischen aber anders: In meinem Theaterprojekt sitzen Schüler, die seit vielen Jahren dabei sind. Mit ihnen setze ich mich sehr wohl zusammen, und wir entwickeln den Inszenierungsrahmen gemeinsam. Das geht aber nur, weil diese Schüler den Überblick über die Möglichkeiten kennen und die Prinzipien selbst schon auf der Bühne erprobt haben.

Im Übrigen: Planen müssen wir sowieso! Wir kämen ja auch nicht auf die Idee, als Mathematiklehrer zu Beginn des Schuljahres in eine Klasse zu gehen und die Schüler zu fragen: „Na, was sollen wir dieses Jahr denn in Mathematik mal so machen?" Natürlich planen wir unsere Unterrichtsreihen und gehen mit einem klaren Konzept in die Stunden.

Von Spielleitern, die mehrere Theaterstücke zur Auswahl stellten, hörte ich, dass dies zu großen Diskussionen geführt hätte, die nicht selten ohne Konsens endeten.

Sieben auf einen Streich

Kommen wir zurück zu den eingangs dieses Kapitels formulierten sieben Kernfragen, und betrachten wir sie nun vor dem Hintergrund ungewöhnlicher Besetzungskonzepte:

1. Wie soll ich mit einer Gruppe, die viel zu groß ist, vernünftig arbeiten?
   → Dieses Problem ist für alle Zeiten gelöst.

2. Wie komme ich an Stücke, die ich spielen kann?
   → Auch dieses Problem ist keines mehr. Wir können nun wieder alles spielen und müssen uns nicht länger auf die Suche nach Stücken mit einer ausreichenden Anzahl von Rollen begeben, wobei uns das erstens bei etwa 30 Schülern kaum gelingen wird und zweitens, selbst wenn wir ein solches Stück gefunden haben, wie gesagt, auch nicht weiterhilft.

3. Wie komme ich zu einer gerechten Besetzung der Rollen?
   → Ein weiteres Mal: Das Problem gibt es nicht mehr. Die Schüler wollen unbedingt „Romeo & Julia" spielen – das wollen sie immer –, und zugleich wollen 11 der 15 Mädchen Julia sein. In Ordnung, sollen sie doch! – Ich möchte an dieser Stelle in aller Klarheit feststellen: Seitdem ich so arbeite, hat es kein einziges Mal mehr eine ernsthafte Besetzungsdiskussion gegeben.

4. Wie motiviere ich meine Schüler, das ganze Jahr durchzuhalten?
   → Weil alle das spielen können, was sie sich gewünscht haben, sind sie hoch motiviert. Erneut: Das Problem ist vielleicht nicht gänzlich vom Tisch, aber doch erheblich kleiner geworden.

5. Wie komme ich zu einer gerechten Beurteilung, wenn Schülerin A 20 Seiten Text hat und ständig auf der Bühne ist und Schüler B in nur einer Szene den dritten Baum von links spielt?
   → Es gibt die Schülerin mit ihren 20 Seiten Text nicht mehr und den beklagenswerten Baum schon gar nicht; oder vielleicht doch, aber Schüler B ist dann sicher nicht nur der Baum, sondern hat noch eine oder mehrere andere Rollen. Ich muss mich wiederholen: Das Problem ist gelöst.

6. Was sollen alle die Schüler machen, die gerade nicht auf der Bühne proben?
   → Sie sind ja fast immer alle auf der Bühne! Und außerdem können sie in ihren Besetzungsgruppen auch parallel arbeiten. Wiederum: Problem passé.

7. Wie komme ich zu einer schülergerechten Theaterarbeit?
   → Wie schon oben ausgeführt ist diese Art der Arbeit mit dem hohen und kreativen Eigenanteil der Schüler zutiefst schülergerecht. Meine Schüler signalisieren mir stets, dass sie sich mit dem Stück in hohem Maße identifizieren können, weil sie es zu ihrem Stück gemacht haben. Ein letztes Mal: Das Problem ist gelöst.

S. 156f.

Ich möchte an dieser Stelle jedoch nicht missverstanden werden: Ich behaupte nicht, dass es – nur weil man mit ungewöhnlichen Besetzungskonzepten arbeitet – keine Probleme mehr gibt. Die gibt es sehr wohl, aber es sind nicht mehr die sieben oben beschriebenen. Hierauf wird in Kapitel 6.4 noch eingegangen.

2.2 Die vier ungewöhnlichen Besetzungskonzepte

Nachdem im vorherigen Abschnitt ein Beispiel für die konzeptionelle Planung eines Inszenierungskonzepts am Beispiel des Stücks „Die Unterrichtsstunde" beschrieben wurde, sollen nun die unterschiedlichen Spielarten der ungewöhnlichen Besetzungskonzepte erläutert werden.
Der Einfachheit halber soll dies wiederum am Beispiel eines konkreten Stücks geschehen: „Picknick im Felde" von Fernando Arrabal.

In diesem absurden Antikriegsstück geht es um den Soldaten Zapo, der – dümmlich, aber gutmütig – mutterseelenallein im Schützengraben hockt und mit seiner Situation ganz offensichtlich völlig überfordert ist. Da tauchen plötzlich seine Eltern auf, Herr und Frau Tepan, „bewaffnet" mit Picknickkörbchen und Regenschirm: „Wir dachten, du langweilst dich womöglich. Da wollten wir dir einen kleinen Besuch abstatten. Schließlich muss dieser Krieg doch ermüdend sein!"
Zapo ist dies unangenehm, aber was soll er machen? Noch ehe das Picknick beginnen kann, taucht Zepo, ein feindlicher Soldat auf, ebenso überfordert mit der Situation und ebenso dümmlich, aber gutmütig wie Zapo. Zapo nimmt Zepo gefangen und fesselt ihn, um ihn kurz darauf wieder loszubinden, denn Zepo soll auch am Picknick teilnehmen.
Zwei Sanitäter betreten die Bühne, die verzweifelt nach Verwundeten und Leichen suchen: „Und wir haben noch nichts gefunden, dabei haben wir ununterbrochen gesucht!" Auch hier erfolglos, ziehen sie wieder von dannen.
Im folgenden Gespräch wird die Frage nach dem Sinn des Krieges aufgeworfen, und Herr Tepan hat die zündende Idee: „Dann machen wir doch Schluss mit dem Krieg! – *(zu seinem Sohn:)* Du, du sagst deinen Kameraden, dass die Feinde keinen Krieg wollen. Und *(zu Zepo:)* Sie, Sie sagen Ihren Kameraden dasselbe. – Und alle gehen nach Hause!"
Der allgemeine Jubel, der ob dieser wunderbaren Idee entsteht, geht unter im ohrenbetäubenden Lärm eines Luftangriffs, bei dem alle umkommen. Am Ende treten die beiden Sanitäter erneut auf und transportieren die Leichen ab.

Das komplette Stück inklusive aller Inszenierungsüberlegungen ist in der Version, wie wir es an unserer Schule gespielt haben, im 8. Kapitel detailliert dargestellt. S. 170ff.

Übersicht

Ausgangspunkt unserer Überlegungen soll – wie gesagt – ein ungewöhnliches Besetzungskonzept sein. Hier lassen sich vier Modelle oder Varianten erkennen:

1. Die Mehrfachbesetzung
Dies bedeutet, dass es mehrere Zapos, Zepos, Mütter und Väter gibt, die gleichzeitig auf der Bühne agieren.

2. Die Parallelinszenierung
Es gibt mehrere Bühnen oder Bühnensegmente, auf denen das Stück parallel gespielt wird. Auf jedem dieser Bühnensegmente spielen jeweils ein Zapo, ein Zepo, ein Vater und eine Mutter.
Fotografien zu diesem Stück in einer Parallelinszenierung auf vier Bühnensegmenten finden sich im 8. Kapitel. S. 175ff.

3. Die Rotationsbesetzung
Zapo wird in der 1. Szene zunächst von Schüler A, in der 2. Szene von Schüler B, in der 3. Szene wieder von Schüler A, in der 4. Szene von Schüler C gespielt usw.

4. Der Rollentausch
Dies bedeutet, dass ein Schüler, der zunächst Zapo gespielt hat, nun den Vater spielt usw.

Durch Rollentausch kann ein Stück mit vielen Rollen von weniger Schülern gespielt werden, was die Ausgangsüberlegung konterkariert. Deshalb sollte der Rollentausch im Schülertheater in fast allen Fällen in der Mischung mit einem der anderen Besetzungskonzepte eingesetzt werden. Mögliche Mischformen werden im Folgenden kurz beschrieben.

In dem Inszenierungskonzept des Stücks „Die Unterrichtsstunde" wurde eine Mischform verwendet:

- Es wurde mit Mehrfachbesetzung gearbeitet, denn es waren ja mehrere Professoren und mehrere Schülerinnen gleichzeitig auf der Bühne.

- Darüber hinaus wurde auch mit Rollentausch gearbeitet, denn durch die doppelte Kostümierung wurden Schüler, die den Professor gespielt hatten, in der folgenden Szene u.U. zu Schülerinnen oder umgekehrt.

Nur um die Palette der Möglichkeiten zu skizzieren, hier noch ein weiteres, nicht erprobtes Extremmodell für mögl. Mischformen am Beispiel von „Picknick im Felde": Parallelinszenierung mit Mehrfachbesetzung, Rotation und Rollentausch:

- Es gibt zwei Bühnensegmente, auf denen jeweils 2 x Zapo, 1 x Vater, 1 x Mutter und 2 x Zepo spielen.
  (12 Schüler agieren in Parallelinszenierung und Mehrfachbesetzung.)

- Nun kommt es zur Rotation, bei der andere Schüler von außen jeweils die beiden Zapos und Zepos ablösen.
  (Jetzt haben 16 Schüler zumindest einmal agiert.)

- Anschließend kommt es zum Rollentausch, indem jeweils ein Zapo und ein Zepo zu einem weiteren Vater bzw. zu einer weiteren Mutter werden.
  (Auf jedem Segment spielen jetzt jeweils: 1 x Zapo, 2 x Vater, 2 x Mutter und 1 x Zepo.)

- Nun kommt es zum Segmentwechsel, indem vom ersten Bühnensegment jeweils ein Vater und eine Mutter abgezogen werden, die zum zweiten Bühnensegment wechseln.
  (Auf dem ersten Bühnensegment spielen jetzt vier Schüler. Dort gibt es keine Mehrfachbesetzung mehr. Auf dem zweiten Bühnensegment agieren 1 x Zapo, 3 x Vater, 3 x Mutter und 1 x Zepo.)

- Dies kann beliebig weitergesponnen werden.

Um die ungewöhnlichen Besetzungskonzepte zu illustrieren, hier noch einige Fotografien aus dem Stück „Dennis ist O.K." von Kay Jesko, das wir in Mehrfachbesetzung und mit Rollentausch gespielt haben.

2 x Dennis

20 x Dennis

Das Stück ist für vier Personen geschrieben. Alle Schüler trugen über einem schwarzen Grunddress sehr reduzierte Kostümteile, die dem Zuschauer schnell und leicht ermöglichten, die jeweilige Rolle den Schauspielern zuzuordnen:

Stefan Schulze, Vater:	grellgrüne Krawatte
Sabine Schulze, Mutter:	bordeauxrote Schürze
Jenny, Tochter:	weiß umrandete, große Sonnenbrille
Dennis, Sohn:	weiße Weste

3 x Vater mit Mutter

6 x Jenny

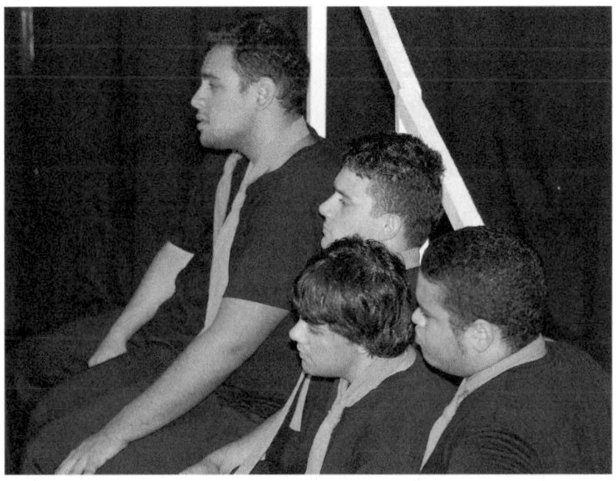

4 x Vater

5 x Jenny

Vater und Mutter

2 x Vater mit Jenny

Die inhaltliche Begründung

Es mag ja stimmen, dass die ungewöhnlichen Besetzungskonzepte viele Probleme in der theatralen Arbeit mit Schülern lösen, aber dies allein kann nicht die Begründung für ein solches Arbeiten sein! Also:

Wie begründen wir die ungewöhnliche Besetzung inhaltlich?

Der Grund für den Einsatz einer solchen Besetzung muss zwingend inhaltlicher Natur sein, sich also aus der Interpretation der Textvorlage ergeben bzw. sich durch den Text begründen lassen.
In Herdemertens Inszenierung des Stücks „Die Unterrichtsstunde" wurden die Machtstrukturen durch die Mehrfachbesetzung visuell dargestellt.

Im Beispiel „Picknick im Felde" kann etwa das Beliebige und das Uniforme des Soldatischen verbildlicht, die Absurdität des Geschehens durch die Vervielfältigung unterstrichen werden.
Sicher lassen sich noch weitere inhaltliche Begründungen denken. Aber eines muss klar sein: Wenn wir inhaltlich nicht begründen können, warum wir unser Stück etwa auf fünf Bühnensegmenten oder in Mehrfachbesetzung spielen wollen, müssen wir die Finger davon lassen. Ansonsten wäre das Ganze nichts als l'art pour l'art.

Die konkrete Umsetzung

Das Besetzungskonzept muss auch formal geklärt werden, eine Reihe von Entscheidungen müssen getroffen werden:

Zuerst muss geklärt werden, für welches der vier oben beschriebenen ungewöhnlichen Besetzungskonzepte wir uns entscheiden. Natürlich kann hier auch die Entscheidung für eine Mischform getroffen werden.

Dann muss je nach Besetzungskonzept Folgendes geklärt werden:

Bei der Mehrfachbesetzung:
- Wie viele Zapos, Zepos, Väter, Mütter und Sanitäter soll es geben? – Und warum?
- Ändert sich diese Anzahl, und wenn ja, wann? – Und warum?
- Welcher Schüler genau spielt wann welche Rolle?

Bei der Parallelinszenierung:
- Wie viele Bühnensegmente soll es geben?
- Wo sind diese Bühnensegmente aus der Sicht des Zuschauers positioniert?
- Welcher Schüler genau spielt auf welchem Bühnensegment welche Rolle?

Bei der Rotationsbesetzung:
- An welchen Stellen im Stück kommt es zur Rotation? – Und warum?
- Wie genau wird die Übergabe inszeniert?
- Wie wird für den Zuschauer sichtbar, dass der Schüler B, der Schüler A als Zapo abgelöst hat, ebenfalls Zapo ist?
- Welcher Schüler genau spielt wann welche Rolle?

Beim Rollentausch:
- An welchen Stellen im Stück erfolgt der Rollentausch? – Und warum?
- Wie genau wird der Tausch inszeniert?
- Wie wird für den Zuschauer sichtbar, dass Schüler A, der Zapo gespielt hat, nun der Vater ist?
- Welcher Schüler genau spielt wann welche Rolle?

Die Textaufteilung

Wenn man sich die vier ungewöhnlichen Besetzungskonzepte vor Augen führt, dann wird relativ schnell die Frage auftauchen: „Wie soll denn der Text gesprochen werden, wenn etwa mehrere Schüler gleichzeitig auf der Bühne eine einzige Rolle verkörpern?"

Was geschieht mit dem zu sprechenden Text?

Natürlich muss die gesamte dramatische Textvorlage bei allen vier ungewöhnlichen Besetzungskonzepten Textpassage für Textpassage neu aufgeteilt werden. Im Folgenden werden – der Einfachheit halber wiederum am Beispiel von „Picknick im Felde" – die fünf Möglichkeiten, die sich hier ergeben, skizziert:

Die fünf Möglichkeiten der Textaufteilung

Wenn das Besetzungskonzept formal geklärt und inhaltlich begründet ist, sollten die aus der Besetzung resultierenden Probleme der Textaufteilung gelöst werden. Dies sollten die Schüler tun, nachdem wir ihnen die fünf folgenden Möglichkeiten erklärt und sie mit ihnen ausprobiert haben:

- **Das chorische Sprechen:**

Mehrere Schauspieler sprechen eine Textpassage – etwa eine des Zapo – gemeinsam und gleichzeitig.
Wirkung: Der Text bekommt mehr Gewicht, Zapo erscheint mächtiger.

- **Das kanonische Sprechen:**

Der Begriff ist von den Musikern ausgeliehen und meint: Mehrere Schauspieler sprechen denselben Text im Kanon, sie beginnen also zeitlich etwas versetzt.
Wirkung: Es entsteht ein textlicher Klangteppich. Der Zuhörer wird den Text nicht mehr Wort für Wort nachvollziehen können, er wird sich aus den einzelnen Sprachfetzen seinen persönlichen Sinn herstellen müssen. Dieses kanonische Sprechen eignet sich erfahrungsgemäß nur, wenn es sich um eine längere Textpassage handelt.

- **Der aufgeteilte Text:**

Zapo A spricht zum Beispiel die ersten Sätze, den ersten Satz, den ersten Teilsatz, die ersten Wörter oder das erste Wort; Zapo B fährt fort, und Zapo C führt zu Ende.
Wirkung: Obwohl mehrere Akteure sprechen, wird deutlich, dass es sich nur um einen Zapo handelt.

- **Der wiederholte Text:**

Zapo A spricht eine Textpassage, die von Zapo B wiederholt wird.
Wirkung: Der Text erhält durch die Wiederholung größere Bedeutung.

- **Das Echo:**

Zapo A spricht eine monologartige Textpassage, in die Zapo B einige Schlüsselbegriffe echoartig einwirft, ohne dass Zapo A seinen Redefluss unterbricht.
Wirkung: Die echoartig eingestreuten Schlüsselbegriffe werden dem Zuhörer besonders ans Herz gelegt.

Auch hier sind Mischformen dieser fünf Möglichkeiten denkbar. Einige Beispiele:

- Eine konkrete Textpassage kann von drei Gruppen chorisch gesprochen werden, wobei die einzelnen Chöre zeitversetzt beginnen, also einen Kanon herstellen.

- Der Text ist in kürzere Textpassagen unterteilt, die von einer Person vorgetragen und von einem Chor wiederholt werden.

- Eine meiner Schülerinnen schlug zuletzt vor: „Können wir das Echo nicht auslagern und damit schon vor dem Monolog beginnen?" Wir haben das ausprobiert und für gut befunden.

- In einem Stück des Aachener Spielleiters Eckhard Debour standen viele Schüler im Publikum verteilt und sprachen – jeder in seinem eigenen Tempo und mit seinem persönlichen Sprachduktus, also nicht chorisch – dieselbe Textpassage. Nach einer Weile wechselten die Schüler ihre Position und begannen von vorne. Dies wiederholte sich einige Male. Der Zuhörer befand sich inmitten eines Klangteppichs und konzentrierte sich mal auf den einen, mal auf den anderen Schüler. Im ersten Durchlauf war das Erfassen des Sinns noch fast unmöglich, aber durch die Wiederholungen gelang es.

Weil alle diese fünf Arten, den Text zu sprechen, unterschiedliche Wirkungen erzielen, gilt auch hier: Es muss inhaltlich geklärt werden, warum etwa die eine Textpassage chorisch, eine andere kanonisch gesprochen werden soll.

Die konkrete neue Textaufteilung sollte – wie oben bereits angesprochen – von den Schülern geleistet werden. Dies geht natürlich am Schreibtisch, aber sinnvoll ist das gewiss nicht. Die Schüler sollten vielmehr ihre Überlegungen sofort praktisch ausprobieren, mehrere Möglichkeiten gegeneinander abwägen und sich dann, Textpassage für Textpassage, für eine konkrete Textaufteilung entscheiden.

Dies muss dann schriftlich festgehalten werden. Anders gesagt: Der Text und die Regieanweisungen müssen, nachdem die Schüler ihn in der jeweiligen Inszenierungsform durch praktisches Erproben schließlich neu aufgeteilt haben, in einer für sie klar zu erkennenden Form neu aufgeschrieben werden.

Hilfreich sind die folgenden Leertabellen:

Tabelle für Mehrfachbesetzung:

Rolle	Text

In diese Tabelle tragen die Schüler zunächst handschriftlich ein:

- Spalte 1: die Rollenbesetzung und ggf. die Art des Sprechens, also z. B. „Herr Tepan 1+2 *(chorisch)*" oder „Frau Tepan 2" oder „Zapo 4".

- Spalte 2: der zu sprechende Text

Unter Umständen ist es hilfreich, mit drei Spalten zu arbeiten:

- Spalte 1: Rollenbesetzung
- Spalte 2: namentliche Belegung, also z. B. „Sebastian und Johann"
- Spalte 3: der zu sprechende Text

Hier ein Beispiel mit zwei Spalten:

Rolle	Text (+ Anmerkungen)
Herr Tepan 1+2 *(chorisch)*	Willst du deinen Vater etwa lehren, was Krieg und Gefahr bedeuten? Für mich ist das alles nur Kinderspiel! Wie oft bin ich, um nur dies zu erwähnen, von der fahrenden Untergrundbahn abgesprungen! (Anmerkung: der chorische Text)
Frau Tepan 1	Wir dachten, (Anmerkung: der aufgeteilte Text)
Frau Tepan 2	du langweilst dich womöglich. (Anmerkung: der aufgeteilte Text)
Frau Tepan 3	Da wollten wir dir einen kleinen (Anmerkung: der aufgeteilte Text)
Frau Tepan 4	Besuch abstatten, (Anmerkung: der aufgeteilte Text)
Frau Tepan 2	Besuch abstatten, (Anmerkung: der wiederholte Text)
Frau Tepan 1	Besuch abstatten. (Anmerkung: der wiederholte Text)
Frau Tepan 3	Schließlich muss dieser Krieg doch ermüdend sein! (Anmerkung: der aufgeteilte Text)
Zapo 4	Das kommt darauf an.
Zapo 2	Das kommt darauf an. (Anmerkung: der wiederholte Text)

Anschließend muss der neu entstandene Text für alle Schüler kopiert oder in einer Endfassung abgetippt und gedruckt werden. Auch das kann an die Schüler delegiert werden. Gleiches gilt für die folgenden Tabellen:

Tabelle für Parallelinszenierung:

Bühne	Rolle	Text

In diese Tabelle tragen die Schüler zunächst handschriftlich ein:

- Spalte 1: das Bühnensegment, also z. B. „A" oder „B" oder „C" ...
- Spalte 2: der Rollenname und ggf. die Art des Sprechens, also z. B. „Herr Tepan" oder „Frau Tepan" *(chorisch) ...*
- Spalte 3: der zu sprechende Text

Hier ist es u.U. hilfreich, mit vier Spalten zu arbeiten: Spalte 1 = Bühne, Spalte 2 = Rollenbesetzung, Spalte 3 = namentliche Belegung (Sebastian), Spalte 4 = der zu sprechende Text.

Hier ein Beispiel mit drei Spalten:

Bühne	Rolle	Text (+ Anmerkungen)
A	Herr Tepan	Willst du deinen Vater etwa lehren, was Krieg und Gefahr bedeuten? Für mich ist das alles nur Kinderspiel!
B	Herr Tepan	nur Kinderspiel! (Anmerkung: der wiederholte Text)
A	Herr Tepan	Wie oft bin ich, (Anmerkung: der aufgeteilte Text)
C	Herr Tepan	um nur dies zu erwähnen, (Anmerkung: der aufgeteilte Text)
A	Herr Tepan	von der fahrenden Untergrundbahn abgesprungen! (Anmerkung: der aufgeteilte Text)
B+C	Frau Tepan *(chorisch)*	Wir dachten, du langweilst dich womöglich. Da wollten wir dir einen kleinen Besuch abstatten. Schließlich muss dieser Krieg doch ermüdend sein! (Anmerkung: der chorische Text)
A	Frau Tepan	ermüdend sein! (Anmerkung: der wiederholte Text)

Tabelle für Rotation oder Rollentausch:

Rolle	Besetzung	Text

In diese Tabelle tragen die Schüler zunächst handschriftlich ein:

- Spalte 1: die Rolle, also zum Beispiel „Zapo" oder „Frau Tepan" ...
- Spalte 2: die Besetzung, also zum Beispiel „Wolfgang" oder „Hildegard" ...
- Spalte 3: der zu sprechende Text

Hier erneut ein Beispiel:

Rolle	Besetzung	Text (Anmerkungen)
Herr Tepan	Wolfgang	Willst du deinen Vater etwa lehren, was Krieg und Gefahr bedeuten? Für mich ist das alles nur Kinderspiel. Wie oft bin ich, um nur dies zu erwähnen, von der fahrenden Untergrundbahn abgesprungen!
Frau Tepan	Hildegard	Wir dachten, du langweilst dich womöglich. Da wollten wir dir einen kleinen Besuch abstatten. Schließlich muss dieser Krieg doch ermüdend sein!
Zapo	Wolfgang	Das kommt darauf an. (Anmerkung: Rollentausch)

Die Subtextarbeit

Vor, während oder nach der hier beschriebenen Arbeit der Textaufteilung bei ungewöhnlichen Besetzungskonzepten gilt darüber hinaus immer, wenn wir uns im Sprechtheater bewegen:

gründliche und sorgfältige Subtextarbeit!

Unter Subtext versteht man all das, was unausgesprochen, quasi unter der konkreten Textpassage, mitschwingt.

Wenn zum Beispiel eine Figur in einer bestimmten szenischen Sequenz unterschwellig aggressiv reagiert, wird sie dies in den seltensten Fällen konkret aussprechen. Sie wird eben nicht sagen: „Ich bin unterschwellig aggressiv, also pass auf, was du sagst!", sondern nur: „Pass auf, was du sagst!"
Dennoch muss die emotionale Befindlichkeit mitgespielt, also etwa durch eine Veränderung der Stimmlichkeit, der Körperhaltung, der Mimik oder der Gestik verkörpert werden.
Der Subtext ergibt sich somit aus der Interpretation des Textes. Sie verfolgt das Ziel, durch eine genaue Analyse der konkreten Textpassage im Zusammenhang mit der sie umgebenden Spielsituation diese emotionale Befindlichkeit allen agierenden Personen auf der Bühne bewusst zu machen und zu klären, wie sie schauspielerisch genau umzusetzen ist, damit später auch die Zuschauer dies nachvollziehen können.
Manchmal finden wir in der Textvorlage der Autoren bereits Subtextvorgaben als Regieanweisungen, also etwa *(aufbrausend)* oder *(zunehmend verständnislos)* oder *(reagiert nun trotzig)*. Gibt es sie nicht, müssen wir sie erarbeiten und gegebenenfalls unserer Textvorlage hinzufügen.

Nachdem in den vorherigen Abschnitten die unterschiedlichen Möglichkeiten von ungewöhnlichen Besetzungskonzepten und die aus ihnen resultierenden Konsequenzen für die Textaufteilung beschrieben wurden, sollte nun über die folgenden sieben Bereiche der Inszenierung nachgedacht werden, um den Inszenierungsrahmen sinnvoll zu komplettieren.

Weitere sieben Bereiche komplettieren den Inszenierungsrahmen.

Dies sind die schauspielerischen und technischen Hilfsmittel:

1. Kostüm 2. Requisite 3. Maske	schauspielerische Hilfsmittel bzw. die Spielmittel
4. Bühnenbild 5. Licht 6. Musik und Ton 7. Spezialeffekte	technische Hilfsmittel

Bevor diese sieben Bereiche im Einzelnen genauer untersucht werden können, muss jedoch zunächst über eine weitere Frage grundsätzlich nachgedacht werden, die sich unmittelbar auf diese sieben Bereiche auswirkt:

2.3 Exkurs: Zwischen Naturalismus und Stilisierung

Was die obigen sieben Bereiche betrifft, bewegt sich das Schülertheater, genauso wie das professionelle Theater, im Spannungsfeld zwischen Naturalismus und Stilisierung.

Das naturalistische Theater versucht, die Handlung möglichst realistisch oder, wie man sagt, „eins zu eins" auf der Bühne umzusetzen. Die theatralen Bilder sollen sich so eng und detailgetreu wie möglich an der Wirklichkeit orientieren.
Das stilisierte Theater hingegen ist stets bemüht, durch Reduktion und Verfremdung ungewöhnliche und abstrakte Bilder zu produzieren.

Naturalismus oder Stilisierung?

Ich möchte hierzu keine Dogmen platzieren, aber es seien einige grundsätzliche Überlegungen erlaubt:

- Wir befinden uns mit der Kunstform Theater stets in Konkurrenz zum Film mit seinen nahezu perfekt erscheinenden Realismusmöglichkeiten. Dazu erkläre ich meinen Schülern, dass es auf der Theaterbühne nicht um die Darstellung von Wirklichkeit, sondern um die Inszenierung von Wirklichkeit geht.
  Auch der Film inszeniert Wirklichkeit, aber er tut dies anders. Theater entsteht, lebt und stirbt ganzheitlich in der realen Zeit, während die reale Zeit des Films nur die seiner Rezeption, nicht die seiner Entstehung ist. Banal gesagt: Das Schöne am Theater ist: Es ist leibhaftig da, und man kann es riechen!

- Ausschließlich realistisch zu sein ist auch deshalb ein zumindest schwieriger Weg.

- Das Übertragen der Prinzipien des rein naturalistischen Theaters wird in den meisten Fällen an den schulischen Bedingungen scheitern. Wir haben im Schülertheater in der Regel weder die finanziellen Möglichkeiten, um Kostüme, Requisiten, Bühnenbildelemente usw. bis ins Detail realistisch darzustellen, noch die licht-, ton- und bühnentechnischen Bedingungen oder die allgemeinen räumlichen Ausstattungen für ein solches Theater.

- Umgekehrt zeigen uns die Prinzipien des reduzierten und stilisierten Theaters Wege auf, dieses Defizit wettzumachen.

- Durch Reduktion und Stilisierung verändern wir zudem das Rezeptionsverhalten des Zuschauers. Er ist nicht länger nur Konsument des Fertigen, sondern wird zum Beobachter des Unfertigen und Abstrakten, somit zum aktiven Zuschauer, der das Unfertige gedanklich fertigstellen und das Abstrakte interpretieren muss, um dem Geschehen zu folgen. Und dies bereitet, wie schon einmal erwähnt, Vergnügen.

Aber noch einmal: Keine Dogmen!

Für mich persönlich gibt es – was Schülertheater betrifft – zwar eine klare Tendenz hin zur Stilisierung und weg vom Naturalistischen, aber keine grundlegende Ablehnung. Anders gesagt: Wenn es Sinn macht, ein echtes Indianerkostüm, einen echten Tomahawk, eine echte Kriegsbemalung, ein echtes Tipi und ein echtes Lagerfeuer zu präsentieren, dann bitte! Und wenn es Sinn macht, all dies zu reduzieren oder zu stilisieren, umso besser!
Mein Motto an dieser Stelle lautet: Was zwingend realistisch umgesetzt werden muss, muss realistisch umgesetzt werden. Ansonsten bieten die Möglichkeiten von Reduktion und Stilisierung die oben beschriebenen Vorteile und verhelfen uns außerdem, zu ungewöhnlichen theatralen Bildern zu gelangen.

Vor diesem Hintergrund werden die genannten sieben Hilfsmittel im Folgenden deshalb auch stets auf den Aspekt von Reduktion und Stilisierung hin zu untersuchen sein. Sie auf Realismus hin zu untersuchen ist überflüssig.

2.4 Die schauspielerischen und technischen Hilfsmittel

Nach diesem Exkurs zurück zu den sieben Hilfsmitteln, also den schauspielerischen und technischen Hilfsmitteln und zu der Frage:

Wie ergänzen und stützen die sieben Hilfsmittel den Inszenierungsrahmen?

Dabei stehen also die dramatische Textvorlage und das Besetzungskonzept samt Textaufteilung bereits fest. Die hier implizierte Reihenfolge ist eine theoretisch-analytische und sagt nichts über die wirkliche Reihenfolge aus, in der geplant wird.
Ausgangspunkt der Planung kann zum Beispiel ein reizvolles Spielmittel sein, zu dem wir uns ein passendes Stück suchen, um dann ein ungewöhnliches Besetzungskonzept zu finden.
Das Folgende wird dabei von der Spielleitung vorgegeben oder gemeinsam mit erfahrenen Schülern entwickelt.

Kostüm – Grunddress oder Pomp?

Was brauchen wir, bezogen auf unseren Inszenierungsrahmen, unbedingt, und was kann einfach entfallen?
Häufig sah ich in Schülertheateraufführungen einen einheitlichen schwarzen Grunddress, der nur um wenige – realistische oder reduzierte bzw. stilisierte – Kostümelemente angereichert wurde.

In Frank Herdemertens „Die Unterrichtsstunde" wurde mit dem Trick Schürze ↔ Gehrock so verfahren.
Darüber hinaus bietet der experimentelle Umgang mit textilem und nicht textilem Material eine Vielzahl von Möglichkeiten, abstrakte und stilisierte Verkleidungen zu schaffen.
Beim Prinzip der Rotationsbesetzung können Kostüme als rollenspezifische Merkmale die Rotation verdeutlichen: Trägt etwa der Schüler A als Herr Tepan in „Picknick im Felde" bei seinem ersten Auftritt einen Strohhut, und trägt auch Schüler B in einer der Folgeszenen wiederum eben diesen Strohhut, so wird dies dem Publikum signalisieren, dass nun Schüler B die Rolle des Herrn Tepan übernommen hat.

Requisite – Fernglas oder Pappröhre?

Was brauchen wir, was kann entfallen?
Jedes Requisit, wie alles auf der Bühne, zieht Fokus, lenkt also die Aufmerksamkeit des Zuschauers auf sich. Anders gesagt: Je weniger überladen das Spiel ist, desto mehr stehen die Schauspieler im Mittelpunkt der Betrachtung. Deshalb kann hier gelten: Reduktion im Sinne von Vereinfachen oder Weglassen bewirkt u.U. nicht weniger, sondern mehr.
Andererseits eignen sich Requisiten hervorragend, um das gesamte Spiel zu stilisieren. Dies bedeutet aber: Da der Zuschauer aufgefordert wird, die abstrakten Spielmittel zu interpretieren, wird durch die stilisierten Spielmittel wieder Fokus von den Akteuren auf der Bühne abgezogen.
Die Entscheidung für oder gegen ein bestimmtes Requisit sollte rein pragmatisch getroffen werden. Allerdings kommt noch ein weiterer Faktor zum Tragen:
Arbeitet man mit dem Prinzip des ungewöhnlichen und stilisierten Spielmittels als zentrales, ausschließliches Requisit, so erhält das gesamte Stück ein inszenatorisch verbindendes Moment, und die Wirkung, die davon ausgeht, ist nicht zu unterschätzen. In diesem Zusammenhang wurde bereits die Pappröhre angesprochen, die zum Beispiel zum Fernglas werden kann. Auch Kartons in unterschiedlichen Größen habe ich schon als ein solches Spielmittel in Schülertheateraufführungen gesehen. Hier lassen sich viele weitere Beispiele denken, wobei immer auch zu berücksichtigen bleibt, dass all dies finanziert werden muss. Pappröhren und Kartons sind gute Beispiele für leicht zu beschaffende und billige Spielmittel.

Maske – Alles oder nichts?

Der Begriff Maske meint zweierlei: die Schminkmaske, der auch der Aspekt „Frisur" zugeordnet wird, und die wirkliche Maske.
Schminkmasken wirken nur dann, wenn sie professionell gemacht sind. Ansonsten ist die Wirkung eher peinlich. Erneut sollte also gefragt werden: „Was bringt uns die Schminkmaske in Bezug auf unsere Inszenierung, und brauchen wir sie wirklich?"

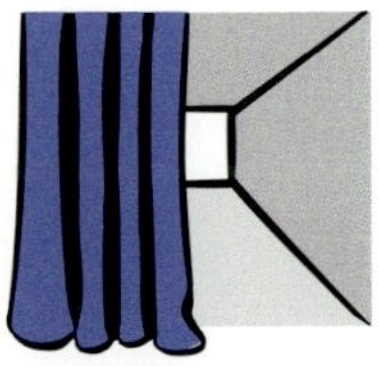

Als wir das Stück „Doch einen Schmetterling hab ich hier nicht gesehen" von Lilly Axter spielen wollten, in dem es um Kinder und Jugendliche im Konzentrationslager und im Warschauer Getto geht, war schnell klar: Wir müssen uns schminken!

Da das aber niemand von uns konnte, holten wir uns Hilfe von einer professionellen Maskenbildnerin, die an einem Wochenende einen Workshop mit uns durchführte, in dem sie die Schüler lehrte, wie und womit sie sich gezielt für dieses Stück schminken konnten. Der Effekt war eindeutig positiv.

Und noch etwas trat ein, womit ich damals gar nicht gerechnet hatte: Vor jeder Aufführung versammelten sich die Schüler, um sich gegenseitig zu schminken, und in kürzester Zeit entstand eine konzentrierte Ruhe. Von Minute zu Minute kamen die Schüler mehr in ihre Rolle hinein; die Gesamtgruppe „verwandelte" sich; denn sich gegenseitig zu schminken bedeutet auch, einen anderen sehr nah an sich heranzulassen –, ein gruppendynamischer Nebeneffekt, der sehr geholfen hat.

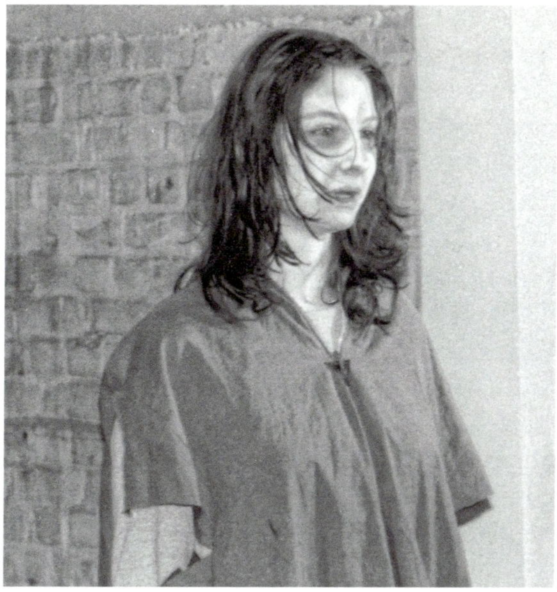

Wir müssen uns schminken!

Die wirkliche Maske, egal, ob die kleine Augenlarve, die Halbmaske oder die Vollmaske, bewirkt wiederum zweierlei: Sie verdeckt einerseits, indem sie die Mimik ganz oder teilweise reduziert, und prägt andererseits einen bestimmten Ausdruck. Beim Sprechen allerdings sind Halbmasken eher störend, Vollmasken machen das Sprechen in der Regel völlig unmöglich.
Bestimmte Masken, wie etwa die der Commedia dell'arte, sind an bestimmte Rollen geknüpft. So ist etwa, um nur zwei Figuren zu nennen, Arlecchino die Figur, die sich auf der Bühne alles herausnehmen darf. Pantalone hingegen ist zumeist der wohlhabende, aber geizige venezianische Kaufmann, der aufgrund seines hohen Alters oft kränkelt. Der Einsatz dieser Masken sollte in keinem Fall „irgendwie so" erfolgen oder nur, weil die Masken „doch so schön sind".

Bühnenbild – Realismus oder Stilisierung?

Welches Ziel verbinden wir mit einem Bühnenbild, bezogen auf unsere Inszenierung? Aus vielerlei Gründen gilt auch hier oft: Weniger ist mehr!

Denken wir zunächst rein praktisch:
Verschiedene Bühnenbilder bringen zwangsläufig Umbaupausen mit sich.

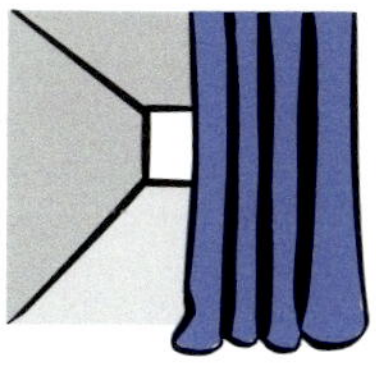

Ich werde nie das folgende abschreckende Beispiel vergessen, das ich mir als Juror ansehen „durfte": Das Stück begann damit, dass der Vorhang auf- und das Licht anging. Auf der Bühne stand eine komplette Küche, und wenn ich sage „komplett", dann meine ich das auch so: ein Kühlschrank, eine Spüle, ein vollständig eingeräumter Küchenschrank, ein Tisch samt Bestuhlung, eine an einer Säule befestigte Küchenuhr sowie eine Anrichte mit Toaster und Messerbänkchen … Es war einfach alles da! Auf einem der Stühle saß ein 12-jähriges Mädchen mit Küchenschürze, die – natürlich echte – Möhren raspelte. Ein 14-jähriger Junge im Anzug mit Krawatte und einem schlecht angeklebten Vollbart betrat durch den Seiteneingang und durch eine – natürlich wiederum – echte Tür die Bühne, sah sich um und fragte: „Frau, ist Denise nicht da?" – „Nein, Eugen, hier ist sie nicht!" Der Vater zuckte die Schultern, schaute mürrisch und ging durch die Tür wieder ab.

Und dann geschah das Unfassbare: Das Licht ging aus, der Vorhang zu, ein riesiges Getöse hinter dem Vorhang setzte ein, und es dauerte und dauerte und dauerte! Nach endlosen sechs Minuten öffnete sich der Vorhang wieder, und als das Licht anging, sah ich ein komplett eingerichtetes Wohnzimmer, und wenn ich erneut sage „komplett", dann meine ich das wieder so.
Ich erspare mir an dieser Stelle die Details. Aber so geht es natürlich nicht.

Wozu der Vorhang? Vorhänge sollten im modernen Theater nur dann eingesetzt werden, wenn es für sie zwingende Gründe gibt. Ansonsten reicht ein dunkles Umbaulicht. Was soll in der Küchenszene deutlich werden? A) Es ist eine Küche, und B) Vater und Mutter stellen fest, dass Denise nicht da ist. Um das bühnenbildtechnisch zu zeigen, brauche ich so gut wie nichts: vielleicht nur einen Stuhl und eine Schüssel, in die – von mir aus echte – Möhren geraspelt werden.
Die ganze erste Szene hätte komplett wegfallen müssen! Das Spiel hätte im Wohnzimmer beginnen können, wenn die beiden Sätze in der Küche hinter der Bühne gesprochen worden wären. Oder im Wohnzimmer, ein oder zwei Sätze hinzugefügt; das hätte jedem klargemacht, dass Denise nicht in der Küche ist.

S. 44 ff.

Auf das gänzlich altersunspezifische Spiel möchte ich im 3. Kapitel ausführlich eingehen.

Aber ich behaupte: Um all das ging es in dieser Aufführung gar nicht. Es ging vielmehr darum, eine komplette Küche und anschließend ein komplettes Wohnzimmer zu zeigen. Als ich die Gruppe im Nachgespräch sehr behutsam darauf hinzuweisen versuchte, bekam ich zur Antwort: „Aber wir haben uns doch so viel Mühe gegeben!" – In der Tat! Wenn ich mir vorstelle, was in dieser Zeit alles hätte getan werden können … Ich stelle es mir lieber nicht vor.

Denken wir nun wirtschaftlich:
Opulente Bühnenbilder sind häufig sehr teuer und Geld haben wir im Schülertheater immer zu wenig. Also muss auch hier die Devise lauten: Wenn es inhaltlich Sinn macht: Ja zu Reduktion und Stilisierung.

Denken wir schließlich inhaltlich, also inszenatorisch:
Geht es in unserem Stück um Hierarchien und Dominanz, können wir vielleicht mit Leitern oder einer nach hinten ansteigenden Terrassenbühne arbeiten, um Verhältnisse von unten und oben zu visualisieren. Geht es um Angst, Flucht, Verstecken etc., dann sind zum Beispiel Stellwände, umgekippte Tische, Wände aus textilem Material hilfreich.
Manchmal verstärkt gerade der bewusste Verzicht auf jegliches Bühnenbild die Stückaussage. Oder wir arbeiten nach dem dadaistischen Prinzip und bringen zusammen, was scheinbar nicht zusammengehört.

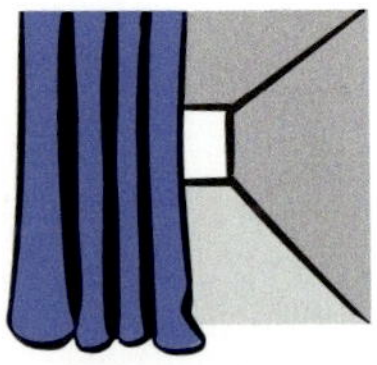

Frank Herdemerten kam beispielsweise zu Beginn des Schuljahres mit vielen kleinen, runden Trampolins in die Theatergruppe und sagte den Schülern: „Spielt doch einmal damit, experimentiert, versucht herauszubekommen, was damit geht." Natürlich hüpften alle zunächst auf den Trampolins herum, aber dann entdeckten sie, was mit diesem Material noch alles möglich war. – In der fertigen Aufführung hüpfte übrigens keiner mehr.
In meinem eigenen Theaterprojekt gibt es 50 x 50 x 50 cm große schwarze Kisten, die in vielen Jahren immer wieder zum Einsatz kamen. Sie waren Tische, Stühle, Säulen, Betten, Wände, Lasten, Trennlinien, Schränke, …

Licht – Ohne Licht geht es nicht!

Anders als bei den vier bisher angesprochenen Hilfsmitteln spielt das Licht eine Sonderrolle. Auch ohne Kostüm, Maske, Requisite oder Bühnenbild ist Theaterspiel möglich; ohne Licht geht es nicht.

Wir unterscheiden:

- **natürliches Licht**

Das Straßentheater etwa findet im Tageslicht statt, und selbstverständlich können wir mit Schülern auch im fahrenden Bus Theater spielen. Aber schon hier wird die Grenze zu dem Licht, das ich

- **vorhandenes Kunstlicht**

nennen möchte, u.U. überschritten. Fährt der Bus durch einen längeren Tunnel, wird die Innenbeleuchtung das Tageslicht ersetzen. Und Straßentheater bleibt auch dann Straßentheater, wenn es in einer beleuchteten Einkaufspassage stattfindet. Wenn unser Schülertheater im Treppenhaus der Schule spielt, können wir uns mit dem vorhandenen Licht ebenso begnügen wie im Klassenraum oder im Keller.
Dann aber können wir das Licht auch nicht gezielt einsetzen, um bestimmte Effekte zu erzielen, sieht man einmal davon ab, dass etwa im Keller das Licht an- oder ausgemacht, also mit Blacks gearbeitet werden kann. In der Regel werden wir es jedoch mit

- **künstlichem Bühnenlicht**

zu tun haben.

Ich kenne Theatergruppen, die seit vielen Jahren nur etwa 10 % ihres Etats für Kostüme, Requisiten oder Bühnenbild ausgeben. Die restlichen 90 % fließen in die Erweiterung und Verbesserung der hauseigenen Lichtanlage.
Und dafür gibt es gute Gründe. Eine professionelle Lichtanlage wird die Wirkung unseres Spiels erheblich verbessern können. Dies steht zwar im Widerspruch zu der eingangs aufgestellten These, dass wir uns nicht am professionellen Theater orientieren dürfen, doch was das künstliche Bühnenlicht angeht, müssen wir so professionell wie nur irgend möglich sein.
Ähnliches gilt übrigens auch für den Einsatz der oben beschriebenen Schminkmaske, u.U. der Tonanlage und aus sicherheitstechnischen Gründen für den Einsatz von Spezialeffekten. Die beiden letztgenannten Aspekte werden in den folgenden Punkten noch genauer erläutert.

Weil die lichttechnischen Bedingungen im eigenen Haus unzureichend sind, weichen manche Theatergruppen in professionelle Theaterräume aus, die bessere Lichtbedingungen haben.
Das hat weitere Vorteile: Auch die Bedingungen der Bühne, der Bühnentechnik, der Tonanlage oder die Bedingungen für das Publikum können optimiert werden, zumal ein anderer als der schulische Raum auch eine andere Rezeption fördert.
Und das Schülertheater öffnet sich, wenn es seine Ergebnisse im Stadtteil oder in der Gemeinde präsentiert.
Mithilfe einer professionellen Lichtanlage können wie von Zauberhand Lichträume, Lichtbilder und Stimmungen entstehen. Der Einsatz von Verfolgern, Kopf-, Boden-, Gassen-, Frontal- oder Gegenlicht mit all ihren Kombinationen beschert uns eine unerschöpfliche Quelle von Möglichkeiten, die es zu nutzen lohnt.

Kurze Begriffsklärung:

Bodenlicht	kommt steil von unten.
Frontallicht	kommt von vorn.
Gassenlicht	kommt durch abgehängte Gassen quer von der Seite.
Gegenlicht	kommt von hinten, leuchtet also durch die Akteure hindurch in den Zuschauerraum.
Kopflicht	kommt steil von oben.
Verfolger	sind Scheinwerfer, die während der Aufführung bewegt und deren Lichtkreis vergrößert bzw. verkleinert werden können.

Hier müssen wir auch so etwas wie die Entwicklung eines Lichtkonzepts in die Planung des Inszenierungsrahmens mit einbeziehen. Hat man in der eigenen Schule solche Bedingungen, braucht man allerdings qualifizierte Lichttechniker, die die Anlage bedienen können. Allein die modernen programmierbaren Lichtmischpulte sind eine Wissenschaft für sich. Weichen wir in professionelle Theaterräume aus, so sind vor Ort zumeist Fachleute.

Obwohl ich mir einbilde, mich mit „Licht" grundsätzlich auszukennen, verzichte ich bewusst darauf, einem solchen Fachmann zu sagen: „Richten Sie mal den Scheinwerfer dahin." Ich gebe ihm vielmehr eine Stimmung oder einen gewünschten Effekt vor. Den Rest macht der dann schon.

Hat man all diese Bedingungen nicht und kann man räumlich auch nicht ausweichen, so muss unser Inszenierungsrahmen, vielleicht auch schon die Stückauswahl, dem Rechnung tragen. Dann sollten wir die Bühne lieber mit dem kalten Licht von zehn Halogenstrahlern aus einem Baumarkt ausleuchten oder im Kohlenkeller bei Neonlicht spielen, wobei wir dann allerdings auf jegliche romantische Stimmung verzichten müssen. Will man eine solche, so helfen vielleicht 50 brennende Kerzen.
Aber dann muss jemand von der Feuerwehr anwesend sein!

Abschließend noch kurz einige Bemerkungen zum

- **Speziallicht:**

Schwarzlicht etwa eröffnet schöne theatrale Möglichkeiten, aber dann muss gewährleistet sein, dass der Bühnen- und Zuschauerraum komplett verdunkelt werden kann. Auch das Schattenspiel ist letztlich dem Licht zuzuordnen. Und wiederum gilt: Was genau wollen wir erreichen und wozu benötigen wir genau dieses Licht? Die Tatsache, dass es an der Schule einige Schwarzlichtröhren gibt oder dass „es doch so schön aussieht", ist allein keine Begründung für ihren Einsatz.

Musik und Ton – Live oder off?

Es gilt zu unterscheiden einerseits zwischen „live" und „aus dem Off" und andererseits zwischen Musik und Geräuschen.

- **Musik live**

Sie kann, egal ob instrumental oder vokal, entweder begleitende oder szenische Funktion haben. Wird etwa das Theaterspiel mit leisem Gitarrenspiel, einer Flötenmelodie oder einigen Klavierakkorden unterlegt, so hat diese Musik **begleitende Funktion**. Sie ist eine Art Stimmungstupfer, der das Geschehen auf der Bühne atmosphärisch unter-

malt. Die Musik kann das Geschehen auf der Bühne auch rhythmisieren: Ein Beispiel: Ein Pärchen sitzt engumschlungen auf einer Parkbank – verbotenerweise, wie sich gleich herausstellen wird. Die Szene wird begleitet von einem ruhigen Oboensolo. Plötzlich betritt der Vater des Mädchens die Bühne, die jungen Leute springen auf, sie fühlen sich ertappt, spritzen auseinander, rennen kopflos herum und fliehen in verschiedenen Richtungen. Mit dem Aufgang des Vaters bricht das Oboensolo abrupt ab und wird von einem schnellen und hektischen Trommelrhythmus abgelöst. Auch hier hat die Musik begleitende Funktion, wobei sie zugleich das Spiel auf der Bühne taktet. Betritt jedoch eine Schülerin in ihrer Rolle die Bühne und beginnt zu singen oder steht ein Schüler mit einer Laute auf der Bühne und beginnt, für seine Angebetete zu spielen, so ist die Musik **szenisch begründet**. Der Gesang und das Lautenspiel sind hier Teil des Theaterspiels. Dabei ist es unerheblich, ob der Gesang der Schülerin oder das Lautenspiel des Schülers zusätzlich durch weitere – vor oder neben der Bühne platzierte – live gespielte Instrumente begleitet wird.
Hier sind natürlich auch Mischformen denkbar: Der Gesang erfolgt live, das Playback kommt **aus dem Off**, wird also von außen eingespielt.
Haben wir in unserer Theatergruppe keinen Schüler, der eine Laute spielen kann, geht das nicht. Umgekehrt kann es aber auch nicht sein, dass die Schülerin, die so schön singen kann, nur deshalb singt, weil sie so schön singen kann.

- **Musik aus dem Off**

Das Einspielen der Musik aus dem Off ist die am häufigsten praktizierte Variante.

Hier sei kurz angemerkt, dass wir uns gedanklich immer noch im Sprechtheater auf der Grundlage einer dramatischen Textvorlage befinden und nicht im Musiktheater, also etwa dem Musical. Auch die Musik aus dem Off kann szenisch begründet sein, begleitende oder überbrückende Funktion haben.
In dem bereits in 2.2 erwähnten Stück „Picknick im Felde" sagt Frau Tepan in der Originalversion: „Ich lege eine Grammofonplatte auf!", und in der anschließenden Regieanweisung heißt es: *(Sie tut es. Es ist ein Paso doble. Alle drei sitzen auf der Erde und hören zu.).*
Hier ist die Musik – egal ob sie aus dem Off oder von einem Grammofon auf der Bühne eingespielt wird – szenisch begründet.
Wird die Musik genauso wie das oben beschriebene Gitarrenspiel oder der Wechsel von Oboensolo zu Trommelrhythmus eingesetzt, dabei jedoch aus dem Off eingespielt, hat sie wieder begleitende Funktion.
Wird während einer Umbaupause Musik eingespielt, hat sie **überbrückende Funktion**.
Die Diskussion, ob live gespielte Musik besser ist als Musik, die aus dem Off eingespielt wird, oder umgekehrt, halte ich für sinnlos.

- **Geräusche aus dem Off**

Häufig sehen die Regieanweisungen dies vor: *(Man hört Straßenlärm.)* oder *(Plötzlich beginnt die Kirchturmuhr zu schlagen. Sie schlägt 12-mal.)* oder *(Ein Gewitter mit heftigen Donnerschlägen setzt ein.).* All diese Einspielungen aus dem Off sind wiederum szenisch begründet, da sie sich direkt auf das Spiel beziehen und ihre Existenz aus der Handlung ableiten.

- **Geräusche live**

Gemeint sind hier nicht die O-Töne, die aus dem Spiel heraus entstehen: Ein Schüler auf der Bühne schlägt mit der Faust auf den Tisch, und dieses Geräusch hört man selbstverständlich. Gemeint ist vielmehr das Offenlegen oder Karikieren der Regieanweisung. Drei kleine Beispiele:

Man soll Straßenlärm hören: Acht Schüler beginnen, sichtbar im Bühnenhintergrund Motoren-, Hup- oder Bremsgeräusche zu imitieren.

Die Kirchturmuhr soll schlagen: Eine Schülerin kommt mit einem kleinen Gong in die Bühnenmitte und schlägt 12-mal darauf.

Es soll donnern: Drei Schüler gehen mit großen, aber dünnen Metallplatten, die sie hin und her schwingen, einmal von links nach rechts über die Bühne.

Generell ist uns mit Musik und Ton eine breite Palette von Möglichkeiten in die Hand gegeben, die wir häufig ohne großen Aufwand nutzen können. Aber jeder einzelne Einsatz muss über den Inszenierungsrahmen begründet sein. Hier noch ein bisschen Techno, da noch ein bisschen Rap (weil: Rap kommt immer gut), in der Mitte noch eine Opern arie und am Schluss ein großer Chor – passen wir auf, dass wir unser Stück nicht aus den Augen verlieren! Zu viel Musik und Ton kann schnell alles erschlagen. Andererseits kann Musik auch eine den dramaturgischen Gesamtbogen verbindende Funktion bekommen, wenn man sich auf eine bestimmte Art von Musik beschränkt: etwa ausschließlich live gespielte Klaviermusik oder aus dem Off eingespielte Titel von nur einer CD.

Spezialeffekte – Die Nebelmaschine und die Feuerwehr

Hier fällt mir als Erstes die gute alte Nebelmaschine ein. Und mit ihr viele kleine Geschichten:
Weil in der Durchlaufprobe direkt vor der Premiere so viel an dem Ding herumgespielt wurde, waren in der Aufführung die Patronen leer.
Die Nebelmaschine macht Krach, und deshalb verstand man den Text kaum noch.
Einer der Akteure bekam vom Nebel einen solchen Hustenanfall, dass die gesamte Handlung stockte ...
Natürlich kann ein Nebelteppich, der den ganzen Bühnenboden bedeckt, ein schönes Stimmungsbild ergeben. Aber lohnt der Aufwand, und kann man diese Stimmung nicht auch durch Licht oder Musik erzielen?
Gleiches gilt für die Schnee- oder Seifenblasenmaschine oder gar die wassertechnischen Effektgeräte. Beim Einsatz von pyrotechnischen Effekten werden sofort Sicherheitsbestimmungen relevant.
Also noch einmal: Muss dieser Aufwand, bezogen auf die Inszenierung, zwingend sein? Wenn ja, dann muss man die entsprechenden Geräte und Materialien kaufen oder mieten. Ansonsten: Weg damit!

Nachtrag und Ausblick

In diesem Kapitel wurde gezeigt, welche Faktoren bei der Planung eines Inszenierungsrahmens zum Tragen kommen, wenn wir

- eine dramatische Textvorlage umsetzen wollen,
- dabei ein ungewöhnliches Besetzungskonzept verwenden und
- die weiteren schauspielerischen und technischen Hilfsmittel stimmig abgeklärt haben.

Im folgenden Kapitel sollen mögliche Darbietungsformen für das Schülertheater in den Mittelpunkt der Überlegungen gerückt werden, wenn es keine dramatische Textvorlage gibt, die inszeniert werden soll.

3. Keine dramatische Textvorlage – was nun?

3.1 Das grundsätzliche Problem: Rollenalter – Lebensalter

Die im 1. und 2. Kapitel beschriebene Vorgehensweise basierte auf der These, dass sich das Schülertheater nicht am professionellen Theater orientieren darf, sondern nach den eigenen Stärken suchen muss. Dies führte uns zum Aspekt der Gruppengröße und dann zu den vier ungewöhnlichen Besetzungskonzepten.
Schülertheater weist neben der Gruppengröße aber noch eine weitere Besonderheit auf: Dies ist die spezifische Alterszugehörigkeit, die uns zunächst wiederum vor ein Problem stellt:

Das Rollenalter entspricht in den meisten Stücken nicht dem Lebensalter unserer Schüler!

Der erste Ausweg ist klar: Man sucht altersspezifische Stücke. Und die gibt es. Es sind nicht viele, aber es gibt sie. Ein Beispiel hierfür ist das schon angesprochene Stück von Lilly Axter „Doch einen Schmetterling hab ich hier nicht gesehen", in dem fast ausschließlich Kinder und Jugendliche vorkommen. Kein professionelles Theater wird ein solches Stück spielen können, und insofern wird die besondere Alterszugehörigkeit zur zweiten Stärke des Schul- und Schülertheaters.
Häufig werden wir es jedoch mit Stücken zu tun haben, in denen die meisten, manchmal alle Rollen von Erwachsenen übernommen werden sollten, und die haben wir nicht oder nur dann, wenn wir zum Beispiel mit einer freien Theatergruppe kooperieren. Übernehmen Schüler jedoch die Erwachsenenrollen, so ist dies höchst problematisch.

Eine bildhübsche 17-Jährige spielt beispielsweise die Hecabe aus den Troerinnen. Sie ist perfekt auf alt geschminkt; die Weißhaarperücke sitzt wunderbar; ihre gesamte Körpersprache ist exzellent. Und was sehen wir? Hecabe? Ich wage das zu bezweifeln. Wir sehen eine perfekt auf alt geschminkte, bildhübsche 17-Jährige mit Weißhaarperücke, die verzweifelt versucht, Hecabe zu sein. So geht es eben nicht!

Bei der bisher beschriebenen Vorgehensweise ist dieses Problem über die Stilisierung mittels der ungewöhnlichen Besetzungskonzepte in den Hintergrund verschoben worden. Die Visualisierung, etwa durch eine Mehrfachbesetzung, rückt ja gerade ganz andere Aspekte des Spiels in den Vordergrund. In „Die Unterrichtsstunde" wurden etwa die Machtstrukturen visualisiert. In einer solchen Inszenierung ist das altersunspezifische Spiel sekundär geworden. Für alles Folgende gilt deshalb:

Das Grundproblem des altersunspezifischen Spiels ist stets mitzubedenken.

3.2 Das Spektrum der Möglichkeiten – ein erster Überblick

Neben der bisher besprochenen Möglichkeit, eine dramatische Textvorlage zu bearbeiten und zu inszenieren, stehen dem Schülertheater viele weitere Möglichkeiten offen, die zunächst exkursartig von fünf unterschiedlichen Positionen aus beleuchtet werden:

Erste Position: Theater unterteilt man ungefähr seit der Mitte des 19. Jahrhunderts traditionell in vier Sparten:

Die vier Sparten: Sprechtheater, Musiktheater, Tanztheater und Figurentheater

- Unter Sprechtheater versteht man Schauspiel, Komödie und Tragödie.
- Das Musiktheater umfasst im klassischen Sinn Musical, Oper und Operette. S. 74f.
- Der Oberbegriff Tanztheater bezieht sich auf das Ballett, auf das Tanztheater selbst und auf das Bewegungstheater. S. 75ff.
- Das Figurentheater meint das Marionettenspiel, das Schattentheater, das Hand- oder Stabpuppenspiel, …

In der darstellenden Kunst gibt es weitere Darbietungsformen, die sich nicht so ohne Weiteres in die Kategorisierung der vier Sparten eingliedern lassen. Als Beispiele dafür seien die Pantomime, der Clown, das Straßentheater oder das schwarze Theater genannt.

Zweite Position: Es lassen sich zwei äußere Formen des Theaterspiels erkennen.

Die zwei äußeren Formen: Gesamtstück – szenische Collage

- Das in sich geschlossene Gesamtstück erzählt in einem oder mehreren Akten eine durchlaufende Geschichte.
- Der Begriff „szenische Collage“ meint ein Nacheinander von einzelnen, in sich abgeschlossenen Szenen, die im Gegensatz zur dramatischen Vorlage inhaltlich nicht aufeinander aufbauen. Dabei sollte ein wahlloses Nacheinander jedoch vermieden werden.
  So können die einzelnen Szenen durch eine inhaltliche Klammer, also einen gemeinsamen inhaltlichen Bezug, miteinander verbunden werden. Dies kann ein thematischer Schwerpunkt sein (Liebe, Schule, Familie, Heimat, …) oder ein geschichtlicher (die NS-Zeit, das Theater zu Shakespeares Zeiten, das Berlin der letzten hundert Jahre, …).
  Neben der inhaltlichen Klammer sollte es auch inszenatorische Gemeinsamkeiten geben, die dem Gesamtstück einen einheitlichen Rahmen geben.

Dritte Position: Auch was die Rolle des Publikums betrifft, lassen sich unterschiedliche Ansätze ausmachen:

Welche Rolle spielt das Publikum?

- Zunächst gilt für Theater stets, dass der Zuschauer den Schauspieler betrachtet, der eine Rolle verkörpert.
  Dies bedeutet, dass Theater und Publikum untrennbar miteinander verbunden sind, oder anders gesagt, dass es Theater ohne Publikum nicht gibt. In der Regel geschieht dies in der Übereinkunft aller Beteiligten:
  Der Zuschauer weiß, dass er einem Schauspieler zuschaut, der eine Rolle spielt.

- Dieses Prinzip bleibt auch im Mitmachtheater erhalten, das vor allem im Kinder- und Jugendtheater Bedeutung erlangte. Zwar wird der ein oder andere Zuschauer hier zeitweise zum Schauspieler, das System variiert also, dennoch gibt es stets Schauspieler und Zuschauer, womit die oben beschriebene Übereinkunft weiter Bestand hat.

S. 70 ff.

- Im verdeckten Theater wird dieses Prinzip in zweierlei Hinsicht bewusst durchbrochen. Der Zuschauer weiß zunächst weder, dass er einem Schauspieler zuschaut, der eine Rolle verkörpert, noch dass er selbst Zuschauer ist. Des Weiteren spielt er dabei mehr oder weniger mit, je nachdem, ob er aktiv in das Geschehen eingreift oder in der Betrachterrolle verharrt.
  Er wird also unter Umständen selbst zum Schauspieler, ohne dies zu wissen. Die von Augusto Boal ursprünglich als „Theater der Unterdrückten" entwickelte Form, die stets in der Öffentlichkeit stattfindet, möchte auf gesellschaftliche Situationen hinweisen, zum Nachdenken anregen und zur Diskussion auffordern. Das verdeckte Theater ist deshalb politisch motiviert und nicht zu verwechseln mit dem Klamauk, den uns etwa eine Sendung wie „Verstehen Sie Spaß?" liefert.

Vierte Position: Das Maß der Festlegung kann unterschiedlich sein:

Festlegen oder improvisieren

- In der Regel steht das komplette Spiel fest. Es ist Szene für Szene geprobt worden und wird genau so präsentiert.

S. 72 ff.

- Dies ist zum Beispiel im Improvisationstheater anders. Das Publikum entscheidet hier maßgeblich mit, was und wie gespielt wird, indem es etwa ein Thema, bestimmte Rollen, ein Genre, den Beginn oder das Ende vorgibt.

Fünfte Position: Schließlich kann der Ort des Spiels variieren:

Nur eine Bühne oder Stationentheater

- Normalerweise findet das Theaterspiel an nur einem Ort statt, der für die jeweilige Form geeignet ist oder die notwendigen Voraussetzungen bietet. Die Oper etwa benötigt Bühne, Orchestergraben und Zuschauerraum; der Ort des Straßentheaters ist die Straße; der Handpuppenspieler wiederum braucht eine für ihn geeignete Bühne. Auf all diesen Bühnen beginnt und endet das jeweilige Spiel. Dies bleibt auch dann so, wenn es an diesem jeweiligen Ort mehrere Bühnen oder Bühnensegmente gibt, also etwa eine Haupt- und zwei Nebenbühnen.

S. 50 ff.

- Das Stationentheater dagegen wandert und mit ihm das Publikum.
  Beispiel: Das Stück beginnt im großen Lagerkeller der Schule, wird im Treppenhaus und anschließend in der Mensa fortgeführt und endet in der Aula.
  In jeder einzelnen Station findet der Zuschauer eine neue Bühne vor.

Natürlich können diese fünf Punkte alle miteinander vermischt werden. Hier einige Beispiele von vielen denkbaren Kombinationen:

- Sprechtheater kann als Stationentheater aufgeführt werden.

- Vor Beginn des Musicals, in der Pause der Oper oder auch mitten in der Operette kann verdecktes Theater gespielt werden.

- Tanztheater kann als szenische Collage konzipiert werden.
- Das Marionettentheater kann sich beim Improvisationstheater bedienen.
- In die als Sprechtheater angelegte szenische Collage können Elemente des Schattentheaters einfließen.
- In der Komödie können Chöre im Sinne des Musiktheaters auftreten.

Alle diese Möglichkeiten können ins Schülertheater einfließen und bieten der Spielleitung somit eine breite Palette, die auszunutzen sich lohnt.

3.3 Das Sprechtheater

Bleiben wir zunächst noch eine Weile beim Sprechtheater und sehen uns die folgenden neun Möglichkeiten genauer an:

„In Anlehnung an …"/Die Vorlage in Prosa/Stationentheater/Vorlage Lyrik/Vorgespielt – Nachgespielt/Die Eigenproduktion/Kabarett/ Verdecktes Theater/Improvisationstheater

„In Anlehnung an …"

In Programmheften zu Schultheateraufführungen heißt es oft „Eigenproduktion nach …" oder „In Anlehnung an …" oder „Freie Bearbeitung vor dem Hintergrund von …". Im Gegensatz zu der im vorigen Kapitel beschriebenen Bearbeitung, bei der die Originaltexte weitgehend erhalten bleiben, ist mit dieser Art der Bearbeitung ein wesentlich radikalerer Umgang mit dem Text gemeint. Im Extremfall bleibt vom Stück nur noch der Handlungsverlauf übrig, und auch der ist oft durch Aktualisierung oder Modernisierung stark verändert, wohingegen der ursprüngliche Text komplett umgeschrieben worden ist. Zwischen einem solchen Extremfall und der werkgetreuen Umsetzung der dramatischen Textvorlage liegt eine große Spannbreite, innerhalb derer der Grad der Nähe zum Original bzw. der Grad des sich Entfernens beliebig variieren kann.

Für die Vorgehensweise bedeutet dies: Man muss auch hier in den Prozess der konzeptionellen Planung einsteigen, folglich die zeitliche und organisatorische Struktur analysieren. Darauf aufbauend ist ein Inszenierungsrahmen zu entwickeln, in dem alles zu bedenken ist, was für die Inszenierung sinnvoll ist, also etwa:

- ein Besetzungskonzept mit den daraus resultierenden Konsequenzen für die Textaufteilung,
- die Entwicklung der Figürlichkeiten und
- die Klärung der die Inszenierung stützenden Faktoren aus den Bereichen der schauspielerischen und technischen Hilfsmittel.

Dies ist im 2. Kapitel ausführlich beschrieben worden und muss deshalb hier nicht näher thematisiert werden.

Texte schreiben braucht Zeit.

In einem Punkt jedoch unterscheidet sich die Vorgehensweise grundsätzlich: Je weiter wir uns vom Originaltext entfernen, desto größer wird logischerweise der Textanteil werden, den wir an seine Stelle setzen müssen, und dies führt uns auf direktem Weg zu einem – vielleicht gerade für Schülertheater spezifischen – neuen Problem:
Die Qualität von Theaterstücken wird nicht zuletzt von der Kraft der Sprache bestimmt. Schreiben wir nun mit Schülern Texte um, müssen wir dem Rechnung tragen. Auch Schüler können zu qualitativ hochwertigen Textergebnissen kommen, aber dies geht nicht mal eben so nebenbei, sondern braucht sehr viel Zeit. Die Schüler benötigen sie und die Spielleitung ebenso.
Die Erfahrung hat gezeigt, dass eine solche Textarbeit deutlicher Hilfe bedarf. Ansonsten sind die Ergebnisse häufig ein mehr oder weniger minderwertiges „Blabla", mit dem wir uns nicht abfinden dürfen.
Außerdem muss der neue Text zeitlich natürlich vor Beginn der Probearbeit entstehen, beziehungsweise spätestens parallel zur Entwicklung der Figürlichkeiten. Stellen wir uns ein Jahresprojekt vor: Weil die Schüler keine schauspielerischen Vorerfahrungen mitbringen, beginnt das Schuljahr mit einem achtwöchigen Schauspielkurs.
S. 95 ff.
Ein solches Vorgehen wird im 4. Kapitel ausführlich beschrieben.

Parallel dazu müsste nun auch der neue Text geschrieben werden, damit im Anschluss sofort mit der Probearbeit begonnen werden kann.

Acht Wochen im laufenden Schuljahr sind nicht viel Zeit! Ich selbst habe deshalb schon mehrfach zusammen mit einem Teil meiner Schüler zwei oder drei Wochen in den Sommerferien zusammengesessen und in einer kompakten Arbeitsphase mehrere Stunden pro Tag an dem neuen Text geschrieben.

An dieser Stelle sei noch auf ein heikles Problem hingewiesen. Ich habe Schultheatergruppen und ihre Aufführungen gesehen, die von ihrem Stück sagten: „Eigenproduktion nach …". Von einer Eigenproduktion war in der Aufführung dann aber nichts zu sehen. Sprach ich die Spielleitung oder die Gruppe darauf an, wurde mir nicht selten mit einem verschmitzten Lächeln und hinter vorgehaltener Hand mitgeteilt: „Das haben wir nur in unser Programmheft geschrieben, um die Verlagsgebühren zu umgehen." Darauf kann ich nur antworten: „Wenn das mal gut geht!"

Was das altersunspezifische Spiel betrifft, muss dieses Problem wieder über Stilisierungen in den Hintergrund verschoben werden. Dasselbe gilt ebenso für die beiden folgenden Punkte „Die Vorlage in Prosa" und „Stationentheater".

Die Vorlage in Prosa

Ein weiterer möglicher Ausgangspunkt ist die literarische Vorlage in Prosaform. Diese muss dialogisiert werden. Das ist umso einfacher, je mehr wörtliche Rede die Prosavorlage bereits enthält. Was das Umschreiben des Textes und die Vorgehensweise bezüglich der konzeptionellen Planung betrifft, so gilt genau das, was soeben bzw. bisher angesprochen wurde.
Um jedoch die auf Aristoteles zurückgehende Forderung umzusetzen, dass im Theater eine Einheit von Handlung, Ort und Zeit herzustellen sei – und eine solche Einheit gibt es in der Prosavorlage nur in den seltensten Fällen –, muss ein eigenständiger Bühnenbezug entwickelt werden.

Der Verlauf der Handlung ist also so zu konzipieren, dass er in einem bestimmten Zeitraum von zum Beispiel 90 Minuten an einem Ort, sprich einer Bühne, sichtbar werden kann. Dies bedeutet zwingend:

Bei der Planung des Inszenierungsrahmens muss auch ein szenisches Konzept entwickelt werden.

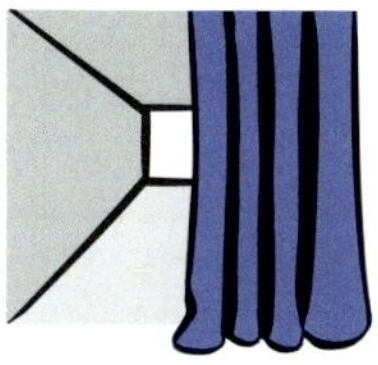

Der Anschaulichkeit halber wird hier nun eine Möglichkeit für ein solches Vorgehen am Beispiel des Stücks „Le petit prince" von Antoine de Saint-Exupéry beschrieben, wie sie an unserer Schule praktiziert wurde:

Zu Beginn des Arbeitsprozesses stand eine Kette von Überlegungen, die mit Theater zunächst nur zweitrangig zu tun hatten – und dies ist für das Schülertheater keineswegs ungewöhnlich:

- Es begann mit einer Anfrage an unsere Schule, ob wir mit unserer Theatergruppe einen Beitrag zum internationalen Schülertheaterfestival in Albertville leisten wollten, das dort 1997 im Zusammenhang mit dem Europatag stattfinden sollte. Die Vorgaben der Festivalleitung lauteten:
  Das Stück muss in französischer Sprache gespielt werden und darf nicht länger als 30 Minuten dauern.

- In Zusammenarbeit mit Schülern aus den Französischkursen des 9. und 11. Jahrgangs und ihrer Fachlehrerin standen wir vor der Aufgabe, diese Vorgaben umzusetzen. Da in beiden Kursen der Französischunterricht erst im 9. bzw. 11. Jahrgang begonnen hatte und die Schüler nur über Grundkenntnisse verfügten, war sofort klar, dass ein sprachlich einfaches Stück gefunden werden musste.

- Die Entscheidung fiel schließlich auf „Le petit prince".

- Aber dies ist eine Erzählung, die folglich dialogisiert werden musste.

- Nach relativ kurzer Zeit wurde deutlich, dass der Rahmen von 30 Minuten nicht zu halten war. Das Stück würde länger dauern.

- Wir machten aus der Not eine Tugend und beschlossen, genau dies zu thematisieren, und nannten unser Stück „Von der Unmöglichkeit, die Geschichte des kleinen Prinzen in 30 Minuten auf die Bühne zu bringen".

- Nun entwickelten wir zunächst folgende **inhaltliche** Idee:
  Das Stück sollte mit einer seiner Kernaussagen beginnen. Der Fuchs sagt mitten in der Erzählung zum kleinen Prinzen: „Man sieht nur mit dem Herzen gut. Das Wesentliche ist für die Augen unsichtbar." Nun sollte ein Spiel im Spiel entstehen. Ein Schüler in der Rolle des Regisseurs unterbricht: „Die 30 Minuten sind um!" Eine Diskussion zwischen den Schauspielern und dem Regisseur entsteht: „Was sollen wir tun?" – „Ich habe schon immer gesagt, dass man das in 30 Minuten nicht schafft!" – „Aber wir haben nur 30 Minuten!" – „In Ordnung, dann versuchen wir es noch einmal!" Das Stück beginnt von vorne, und jetzt ist mit „von vorne" der wirkliche Beginn der Erzählung gemeint. Nach etwa 27 Minuten kommt das Spiel wieder zu dem Satz des Fuchses: „Man sieht nur mit dem Herzen gut. Das Wesentliche ist für die Augen unsichtbar." Der Regisseur unterbricht erneut, die soeben

beschriebene Diskussion brandet ein zweites Mal auf … Das Stück sollte enden, wenn das Publikum das Prinzip der Wiederholung verstanden hat und zu applaudieren beginnt.

Im Anschluss entstand die **szenische** Idee:
Ausgangspunkt hierfür waren ein Bühnenbild und ein Spielmittel. Es sollte eine Podestlandschaft entstehen, über die der Prinz auf einem Tretroller von Planet zu Planet reisen kann.

- Der Originaltext sollte, wenn es sich um wörtliche Rede handelte, weitgehend erhalten bleiben. Die Prosapassagen hingegen sollten, stark gekürzt und neu formuliert, von zwei Erzählern gesprochen werden, die dem Publikum die Kernaussagen als Herolde vermittelten.

- Und erst jetzt begann die konkrete Textarbeit, also das Umschreiben der Erzählung, wobei dieses Umschreiben stets vor dem Hintergrund der szenischen Idee geschah. Anders gesagt: Die Geschichte wurde in die theatrale Form hineingegossen.

Dieses Beispiel verdeutlicht, was unter der Forderung „Es muss ein szenisches Konzept entwickelt werden" verstanden werden kann. Neben all den Faktoren bei der Entwicklung eines Inszenierungsrahmens wurde ein Bühnenbezug geschaffen, der es ermöglichte, den Prosatext beizubehalten bzw. entsprechend umzuschreiben. Anders gesagt: Nicht die Text-, sondern die inszenatorische Arbeit steht bei einem solchen Vorgehen am Anfang der Überlegungen.

Stationentheater

Es soll in vier Punkten kurz skizziert werden, was bei der konzeptionellen Planung einer Inszenierung in Stationen zusätzlich beachtet werden sollte.

Vier Besonderheiten des Stationentheaters

Zur Verdeutlichung geschieht dies wiederum an einem konkreten Beispiel: Lilly Axters Stück „Doch einen Schmetterling hab ich hier nicht gesehen", das wir an unserer Schule in Stationen gespielt haben.

1. Jede Bühne hat ihre eigenen Merkmale, und der Raum prägt und initiiert dabei den Prozess der Inszenierung.

In meinen Fortbildungen konnte ich immer wieder feststellen, dass Kleingruppen, die auf einer großen Bühne gearbeitet hatten, zu gänzlich anderen Ergebnissen kamen als solche, die ihre Vorstellungen in einem kleinen Raum entwickelt hatten. Beide Ergebnisse waren reizvoll, aber eben unterschiedlich.
Da wir es beim Stationentheater mit mehreren Bühnen zu tun haben, empfiehlt es sich deshalb, dass die Entwicklung der Szenen dort geschieht, wo sie bei der Aufführung auch präsentiert werden sollen:

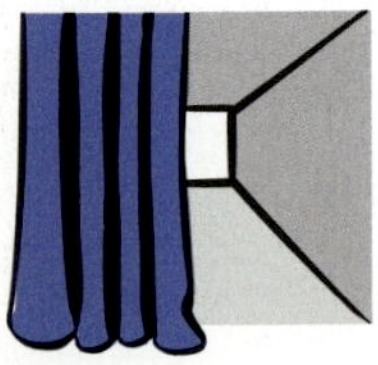

Als klar war, dass wir dieses Stück in Stationen an unserer Schule aufführen wollten, führten die ersten Schritte uns deshalb kreuz und quer durch unsere Schule auf der Suche nach geeigneten Räumlichkeiten für Bühnen. An diesen jeweiligen Stationen inszenierten, probten und präsentierten wir unser Stück.

Später führten wir dieses Stück allerdings auch außerhalb unserer Schule auf, und das war nicht unproblematisch:

- im Rahmen des Landesschülertheatertreffens NRW an einer anderen Schule in Minden-Lübbecke,
- beim Theaterfestival in Korbach nachts im mittelalterlichen Stadtkern,
- in Köln im NS-Dokumentationszentrum ELDE-Haus,
- im Rahmen der Kölner Schultheaterwoche in den unterirdischen Räumen und Gängen des Kölner Schauspielhauses und schließlich
- an Stätten jüdischen Lebens rund um das historische Rathaus in Köln.

Und überall war das Stück völlig anders. Die Open-Air-Bedingungen am Rathaus waren mit denen im ELDE-Haus mitten zwischen erschütternden Dokumenten aus der NS-Zeit genauso wenig zu vergleichen wie die Kellergewölbe des Schauspielhauses mit denen des Foyers der Mindener Schule. Und es war nicht nur anders für uns, die wir uns auf die jeweils neuen Verhältnisse vor Ort einstellen mussten, es war auch anders für die Zuschauer, weil die Räumlichkeiten die Wirkung enorm beeinflusste.

2. Typisch für Stationentheater ist in fast allen Fällen auch das zahlenmäßig kleine Publikum, da man ja nicht von einer Schulaula zur nächsten wandert, sondern in der Regel in kleineren Räumlichkeiten aufführt, die die Anzahl der Zuschauer automatisch begrenzt. Im Stationentheater ist nicht nur auf die Ausstattung der jeweiligen Bühnen durch Licht oder Podeste zu achten, auch für das Publikum müssen jeweils angemessene Bedingungen, zum Beispiel eine Bestuhlung, geschaffen werden.

3. Auch die Übergänge von Station zu Station müssen bei der inhaltlichen Planung mitgedacht und die Lösungen entsprechend inszeniert werden. Denn es kann ja nicht sein, dass etwa die Spielleitung sich am Ende einer Szene an das Publikum wendet und verkündet, alle sollen schön brav mitkommen, weil das Stück gleich im Treppenhaus des C-Traktes weitergeht. Die Gänge sind Teil des Spiels, also selbst Theater! Deshalb gilt es zu beantworten: „Wie werden die Gänge von Station zu Station initiiert?" – „Welcher Schauspieler führt oder begleitet das Publikum?" – „In welcher Rolle tut er dies?"…

In unserer Inszenierung des Stücks von Lilly Axter gab es eine ältere Schülerin, die sich zu Beginn des Stücks um einige jüngere Schüler in der Rolle von Kindern im Ghetto kümmerte und sie an der Hand überall hin mitnahm. Zur Beruhigung sang sie ihnen dabei immer dieselbe kleine Melodie ohne Text vor und forderte auch das Publikum durch Gesten auf, ihr zu folgen. Diese kleine Gruppe war das inszenatorische Bindeglied in unserem Stück.

4. Eine inhaltliche Begründung für das Spiel in Stationen muss ebenfalls bei der Entwicklung des Inszenierungsrahmens mitgedacht werden. Nur wegen der schönen Räume dort Theater zu spielen reicht nicht. Es muss die Frage beantwortet werden: „Warum gehen die Zuschauer von Station zu Station?"

Bei der Planung unserer Inszenierung wurde uns sehr schnell klar: Selbstverständlich kann man Lilly Axters Stück auch auf einer einzigen Bühne spielen. Aber das Publikum braucht Zeit! Die einzelnen sehr ergreifenden und erschütternden Szenen müssen verarbeitet werden. Und die Zeit hierzu bekamen die Zuschauer durch das Gehen von Station zu Station.

Obwohl das Stationentheater überwiegend in Verbindung mit Sprechtheater vorkommt, ist es natürlich nicht daran gebunden. Auch Musik-, Figuren- oder Tanztheater kann in Stationen aufgeführt werden. Das soeben Gesagte trifft dabei auf alle diese Sparten genauso zu.

Vorlage Lyrik

Gedichte gehören für Schüler oft zu den eher weniger beliebten Unterrichtsthemen: zu schwer, zu wenig zugänglich, zudem nicht selten noch zu Interpretationsstückwerk zerhackt, ... Da bietet das szenische Interpretieren von Lyrik eine reizvolle Herausforderung und sinnbringende Abwechslung im dichten Analysedschungel. Außerdem bereichern lyrische Texte die Bühne, was bisher eher dramatischen Texten vorbehalten war.
Bevor genauer beschrieben wird, wie Lyrik szenisch umgesetzt werden kann, sind zunächst drei zentrale Fragen im Sinne einer grundsätzlichen Weichenstellung zu beantworten, die das weitere Vorgehen entscheidend beeinflussen:

Erste Frage: „Wie sieht das Endergebnis aus?"

Wenn wir uns entschließen, Lyrik zu inszenieren, wird das Endergebnis – und damit springen wir gedanklich ans Ende unserer Arbeit – zwingend eine szenische Collage sein, also eine Aneinanderreihung einzelner, inhaltlich nicht aufeinander aufbauender Szenen, es sei denn, wir inszenieren nur ein einziges Gedicht. Diese Collage sollte mehr sein als eine reine Lesung und wenn möglich auch mehr als eine szenische Lesung.
Auch sollte möglichst vermieden werden, dass bei der szenischen Umsetzung eine Dopplung des Textes entsteht, da dies auf Dauer uninteressant und deshalb langweilig ist. Die Umsetzung muss vielmehr eine Deutung beinhalten bzw. einen oder mehrere neue Aspekte – auch im Sinne von Brechung, Kontrast usw. – hervorbringen. Zugleich darf die Collage kein wahlloses Nacheinander sein. Deshalb empfiehlt es sich, vereinheitlichende inhaltliche Merkmale zu entwickeln.

- Diese erhält man, indem zum Beispiel ein historischer Schwerpunkt gesetzt wird, also etwa nur Gedichte des Barock, des Expressionismus oder die eines bestimmten Dichters wie Andreas Gryphius, Georg Heym oder Gottfried Benn ausgewählt werden.

- Genauso kann ein thematischer Schwerpunkt zum vereinheitlichenden Merkmal werden, wenn man sich etwa entschließt, Großstadt- oder Liebeslyrik umzusetzen.

Darüber hinaus sollten in der szenischen Umsetzung unbedingt vereinheitlichende inszenatorische Merkmale entwickelt werden, damit die einzelnen Szenen der Collage auch visuell miteinander verbunden werden. Auch hier muss ein Inszenierungsrahmen entwickelt werden, in dem die unterschiedlichen schauspielerischen und technischen Hilfsmittel berücksichtigt und festgelegt werden. Ein einheitliches Bühnenbild kann genauso zum verbindenden Element werden wie ein Kostümkonzept oder ein ausschließliches Spielmittel.

Zweite Frage: „Wie verhindern wir, dass das Publikum erschlagen wird?"

Bei einer solchen Collage von Gedichten, also der Aneinanderreihung von sprachlich – im Vergleich zu dramatischen Dialogen – oft noch viel dichteren Texten, muss dar-

auf geachtet werden, dass den Zuschauern Raum und Luft gegeben wird, damit sie die Texte erfassen und genießen können. Ansonsten besteht die Gefahr, dass sie nach dem fünften oder siebten Gedicht „abschalten".
Dies können wir erreichen, indem wir bei der theatralen Umsetzung die folgenden vier Aspekte berücksichtigen:

- unterschiedliche Verfahren einsetzen,
  (die abwechslungsreich in dem Nacheinander der Szenen aufeinander folgen. Diese Verfahren werden gleich genauer erläutert.)

- Textpassagen wiederholen oder aufteilen, chorisches oder kanonisches Sprechen verwenden, Echos einbauen,
  (durch die Anlage der Dialogisierung und durch den Einsatz der unterschiedlichen Sprechtechniken, die im Bereich der ungewöhnlichen Besetzungskonzepte im 2. Kapitel beschrieben wurden)

S. 29

- Tempoisierung und Rhythmisierung beachten,
  (besonders zum Beispiel beim Spiel ohne Text)

- nonverbale Elemente einbauen und ihnen Raum geben. (Musik, Bilder, ...)

Dritte Frage: „Wie kommen wir zu einem Pool von Gedichten?"

Da in der szenischen Collage mehrere Gedichte zur Aufführung kommen werden, muss eine Sammlung von Gedichten angelegt werden.

- Die Theatergruppe kann vorhandene Gedichte übernehmen.
  Dann gilt es zu klären: Wie kommen die Schüler an die Gedichte? Gibt die Spielleitung die Gedichte vor? Tragen die Schüler diese zusammen? Arbeitet ein Deutschkurs der Theatergruppe zu? usw.

- Sie kann vorhandene Gedichte umschreiben.
  Im Sinne von Analoggedichten wird der formale Aufbau des Ursprungsgedichts übernommen und in diese Form wird ein neuer Inhalt hineingeschrieben.

- Sie kann Gedichte selbst schreiben.
  Eine solche Textarbeit braucht Zeit, will man zu qualitativ hochwertigen Textergebnissen kommen.

Die Entscheidung, wie genau man zu einem solchen Pool kommt, sollte pragmatisch getroffen und mit dem zeitlichen Umfang des Projekts abgeglichen werden. Je mehr Zeit zur Verfügung steht, desto eher können die Schüler an der wie auch immer gearteten Erstellung eines solchen Pools beteiligt werden.

Im Folgenden werden vier Verfahren vorgestellt, die alle in die Collage einfließen und sich auch vermischen können. Der Einfachheit halber werden die Verfahren hier an konkreten Beispielen dargestellt. Der thematische Schwerpunkt soll dabei exemplarisch „Lyrik von und über Migranten" sein. Diese Gedichte sind eine kleine Auswahl derer, die im Deutschunterricht des 11. Jahrgangs meiner Kollegin Tina Sumanovic entstanden bzw. thematisiert wurden. Die folgenden Vorschläge für die szenische Umsetzung wurden nicht wegen ihrer „unfassbaren Genialität" so gemacht, sondern um das jeweilige Verfahren möglichst klar darzustellen.

Vier Verfahren bei der szenischen Umsetzung von Lyrik

Das erste Verfahren: Das Gedicht wird dialogisiert

S. 147f.

Der Text wird auf mehrere Personen aufgeteilt. Präsentiert wird es über herauszuarbeitende körperliche Figürlichkeiten und über die Sprache, also über: Tempoisierung, Rhythmisierung, Dynamisierung, Akzentuierung und Betonung. Hierzu mehr im 5. Kapitel. Bei diesem Verfahren können natürlich auch die anderen unterschiedlichen Möglichkeiten der Textaufteilung zum Einsatz kommen: das chorische oder kanonische Sprechen, die Textwiederholungen oder das Echo.

Ich verschmelze

Zwei Kulturen, zwei Seelen,

zweifach gefüllte Speisekammer meines Ichs,
Zu Hause Döner, sonst Pommes,
Beides lieb Ich, alles brauch Ich.
Entscheiden will Ich mich nicht –

Sonst wäre das nicht mein wahres Ich.
(Schülergedicht)

Nun eine mögliche dialogisierte Fassung, wobei das Gedicht von zwei Personen vorgetragen werden soll.

	Der dialogisierte Text	Bemerkungen
1	**Zwei** Kulturen,	
2	zwei **Kulturen**,	Wiederholung mit anderer Betonung
1	**zwei** Seelen,	
2	zwei **Seelen**,	Wiederholung mit anderer Betonung
1	zweifach gefüllte Speisekammer meines Ichs,	
2	Zu Hause Döner,	
1	sonst Pommes,	
2	Beides lieb Ich,	
1	alles brauch Ich.	
2	Entscheiden will Ich mich nicht –	
beide	Sonst wäre das nicht mein wahres Ich.	chorisches Sprechen

Das zweite Verfahren: Neue Elemente kommen hinzu.

Der Gedichttext wird wie beim ersten Verfahren dialogisiert. Es kommen aber noch neue Text-, Spiel-, Musik-, Ton- oder Bildelemente hinzu.

José F.A. Oliver
Woher

Identitätskrise
sagt man

der „2. Generation" nach

Identitätskrise

Wie kann man
von einer Krise sprechen

wenn es niemals
eine
Identität

für uns gab

Aus: José F. A. Oliver: AufBruch. Verlag: Das Arabische Buch. Berlin, 4. Auflage 1997. © Verlag Hans Schiler 2002

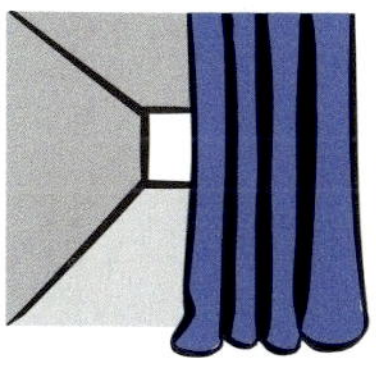

Nun eine mögliche szenische Umsetzung, bei der das zweite Verfahren zum Tragen kommen soll:

Dabei wird das erste Wort des Gedichts „Identitätskrise" dem Dialogtext mehrfach vorangestellt und zum Anlass genommen, Spielelemente in die szenische Umsetzung einzubauen. Natürlich können diese Elemente auch in der Mitte des Gedichts eingefügt und/oder dem Gedicht nachgestellt werden:

Auf der Bühne verteilt sitzen, hocken, stehen, ... einzelne Schüler im Freeze – jeder in einer typischen Pose. Ein weiterer Schüler geht als Spielführer über die Bühne von Person zu Person, tippt der ersten auf die Schulter und „erweckt sie so zum Leben". Diese spricht so lange immer wieder das Wort „Identitätskrise" in einer zu ihrer Figürlichkeit passenden Art und Weise, bis der Spielführer ihr erneut auf die Schulter tippt und die Person wieder einfriert. Dies wiederholt sich, bis alle Personen an der Reihe waren. Der Spielführer verlässt die Bühne.
Dieses Spiel wird von zwei Gruppen beobachtet. Die erste Gruppe (zwei bis drei Personen) steht etwas abseits, die zweite, größere Gruppe (vier bis acht Personen) steht auf mehreren Tischen.

Gruppe 1 *(chorisch, aufgeteilt, mit Echo oder Wiederholungen ...)*	Identitätskrise Sagt man Der „2. Generation" nach
Gruppe 2 *(chorisch, aufgeteilt, mit Echo oder Wiederholungen ...)*	Identitätskrise? Wie kann man von einer Krise sprechen Wenn es niemals eine Identität für uns gab?!

Das dritte Verfahren: Trennung von Text und Spiel

Der gesprochene Text und das interpretierende Spiel werden getrennt.

Gino Chiellino
Es Liebe

sie hatten sich in einer Kneipe
kennengelernt
er sprach ein singendes Deutsch
sie war freier als er
zu hoffen gewagt hatte
beide fanden es toll

später nannten sie es Liebe
taten viel zusammen

als es zu Ende war
ahnten sie nicht, dass
ihre Liebe
ein wenig Exotik gegen
ein bisschen Integration
gewesen war

Aus: Gino Chiellino: Weil Rosa die Weberin ... Dresden: Thelem Verlag 2005, S. 7

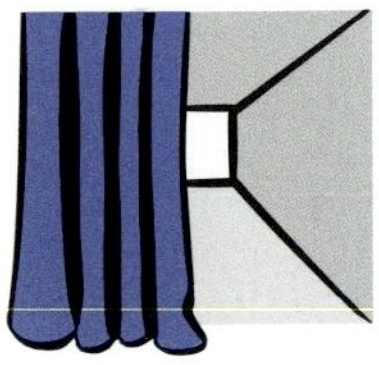

Nun eine mögliche szenische Umsetzung, bei der der Vortrag des Gedichts in einer Hand bleibt, also nicht dialogisiert wird, und zwei weitere Personen – hier nun aber ohne Text – spielen sollen:
Das Gedicht könnte natürlich auch – wie bei den vorangegangenen Beispielen – von mehreren Personen vorgetragen werden.

(Eine Schülerin sitzt schüchtern auf der Ecke eines Tisches. Von der anderen Seite kommt ein ebenso schüchterner Schüler, der sich behutsam nähert, sie anschaut und, am Tisch angekommen, kurz anhält. Dann setzt er sich an die andere Ecke des Tisches.)

Sprecher — sie hatten sich in einer Kneipe
kennengelernt
er sprach ein singendes Deutsch

(Sie schaut ihn erst verstohlen an und sofort wieder weg, rückt dann aber ein kleines Stück näher an ihn heran.)

Sprecher — sie war freier als er
zu hoffen gewagt hatte

(Sie rückt eng an ihn heran. Er legt den Arm um sie. Sie legt ihren Kopf auf seine Schultern.)

Sprecher — beide fanden es toll
später nannten sie es Liebe
taten viel zusammen

(Lichtwechsel und kurze Musikeinblendung, die abrupt abbricht. Die beiden schauen sich noch einmal an, rücken dann deutlich auseinander und schauen in verschiedene Richtungen.)

Sprecher — als es zu Ende war

(Er steht auf und geht weg, während der Sprecher den Schluss spricht.)

Sprecher — ahnten sie nicht, dass
ihre Liebe
ein wenig Exotik gegen
ein bisschen Integration
gewesen war

(langsames fade out des Lichtes)

Das vierte Verfahren: Die Interpretation des Gedichtes wird gespielt.

Der Text ist lediglich Ausgangspunkt. Er wird visuell präsentiert, zum Beispiel über das Programmheft, oder zu Beginn durch einen Beamer auf eine Leinwand projiziert. Er wird jedoch nicht mehr gesprochen.

Zehra Çirak
Dalla fune: Länderkunde

Ein gehend Stück barfuß
einlaufend fürbaß

Ein Wanderer
ein Wand er er
ein Wander er
Einwand erer
Einwander er
Einwanderer
Ein
w
anderer

Aus: Zehra Çirak: Leibesübungen. Gedichte. Köln: Kiepenheuer & Witsch 2000, S. 96

Dieses Gedicht soll nun exemplarisch mit dem vierten Verfahren szenisch umgesetzt werden.
Angenommen, der Text wird auf eine Leinwand projiziert und die Zuschauer können ihn gut lesen. Ansonsten sind Saal und Bühne dunkel. Nach einer ausreichend langen Zeit wird die Projektion ausgeblendet, damit der Fokus allein auf das Spiel gerichtet ist.

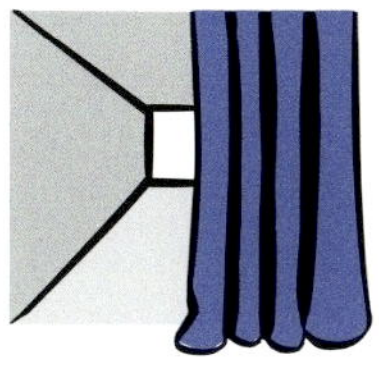

Das Licht geht auf der Bühne an. Im Bühnenhintergrund sitzen vier Schüler jeweils auf einem Stuhl:

A - Eine türkische Schülerin, ungeschminkt, barfuß und bekleidet mit einem langen Rock, einer hochgeschlossenen Bluse und Kopftuch
B - Eine türkische Schülerin, ebenso ungeschminkt, barfuß und bekleidet mit einem langen Rock, einer hochgeschlossenen Bluse und Kopftuch
C - Ein türkischer Schüler, barfuß und westlich modern gekleidet
D - Eine dunkelhäutige Schülerin, ebenso barfuß und westlich modern gekleidet

Auf der Bühne liegen verstreut diverse Kostümteile und Requisiten.
Es beginnt eine Szene, in der sich alle vier Spieler in Etappen verwandeln. Sie gehen jeweils zu einem der Kostümteile bzw. Requisiten, nehmen es auf, gehen an eine freie Position auf der Bühne, nehmen die erste Verwandlung vor, frieren ein, warten die Verwandlungen anderer Spieler ab, gehen dann wieder nach vorne, verwandeln sich erneut usw.
Diese Verwandlungen sind im Folgenden für jeden Spieler in vier aufeinander aufbauende Schritte unterteilt. Es ergeben sich also 16 kurze Sequenzen. Dies sagt aber noch nichts über den Verlauf der Szene aus. Nach der ersten Sequenz der Schülerin A könnte die erste Sequenz der Schülerin C folgen, der sich die zweite Sequenz der Schülerin A anschließt, ... Die konkrete Reihenfolge müsste in den Proben also noch festgelegt werden.

Die vier Schritte der Verwandlung:

A
1. nimmt das Kopftuch ab – 2. schminkt sich und zieht den langen Rock aus (darunter trägt sie Jeans) – 3. zieht die hochgeschlossene Bluse aus (darunter trägt sie ein modernes Top) – 4. zieht sich Pumps an

B
1. findet den Koran und liest darin – 2. wirft sich eine Burka über – 3. breitet einen Gebetsteppich aus – 4. kniet sich hin und beginnt zu beten

C
1. zieht sich eine Lederjacke an – 2. vermummt sich mit einem Schal – 3. zieht Springerstiefel an – 4. schlägt sich mit einem Baseballschläger auf die freie Hand

D
1. findet ihr Abiturzeugnis – 2. liest in einem medizinischen Fachbuch – 3. zieht sich einen weißen Kittel an und hängt sich ein Stethoskop um den Hals – 4. zieht sich weiße Birkenstocksandalen an

Am Ende der gesamten Szene friert auch der letzte Schüler ein. Das Licht blendet langsam aus.

Das Problem des altersunspezifischen Spiels fällt bei der szenischen Umsetzung von Lyrik fast völlig weg, da es in der Regel bei Gedichten selten inhaltliche Vorgaben gibt, die das Alter der auf der Bühne Agierenden vorschreibt. Wenn doch, kann man dies über die unterschiedlichen Verfahren ebenso wie über ungewöhnliche Besetzungen steuern.

Vorgespielt – Nachgespielt

Unter „Vorgespielt – Nachgespielt“ verstehe ich eine Darbietungsform, bei der Schlüsselszenen aus bekannten Stücken der Antike, der Klassik oder der Moderne zunächst im bearbeiteten Original vorgespielt und anschließend in mehreren Variationen nachgespielt werden.

Zuerst die Originalszene – dann die Variationen

Die äußere Form ist also wieder die szenische Collage. Um das Verfahren zu veranschaulichen, sei ein Projekt als Beispiel erwähnt, das an unserer Schule realisiert wurde:

Wie bereits für die szenische Collage generell gefordert, gab es auch hier einen Schwerpunkt. Der thematische Schwerpunkt in unserem Stück war „Liebe“.

- Als Erstes wurde den Schülern der Inszenierungsrahmen vermittelt. Neben der Grundidee von „Vorgespielt – Nachgespielt“ wurde vor allem Folgendes vorgegeben: Über dem durchgehend schwarzen Grundkostüm sollten in allen Szenen einzelne prägnante Kleidungsstücke getragen werden als an die Rolle gebundene Kostümierung, um dem Publikum eine rollenbezogene Orientierung zu ermöglichen. Ferner sollte das gesamte Stück auf einer nach hinten ansteigenden Terrassenbühne aufgeführt werden, die es ermöglichte, u. a. ein „Oben und Unten“ oder ein „Nah und Fern“ zu visualisieren. Darüber hinaus sollte es keine weiteren Bühnenaufbauten geben.

- Diese Idee wurde von den Schülern zu einem späteren Zeitpunkt konkretisiert. Das Schaubild unten deutet an, wie die Schüler unsere Bühne entwickelten und wie sie bei den Aufführungen ausgesehen hat. Die Bühne wurden aus über- und nebeneinander positionierten 1,00 x 2,00 m großen Europodesten zusammengebaut. Die unterschiedlichen Höhen vom Fußboden aus sind dem Schaubild zu entnehmen. Nach vorne und an den Seiten waren diese Podeste mit schwarzen Tüchern verhängt, sodass die Zuschauer nicht darunter schauen konnten. Alle Schüler befanden sich während des gesamten Stücks unter den Podesten und gingen ausschließlich durch die „Löcher“ auf bzw. ab.

Gesamtbühne: 8,00 m breit/4,00 m tief

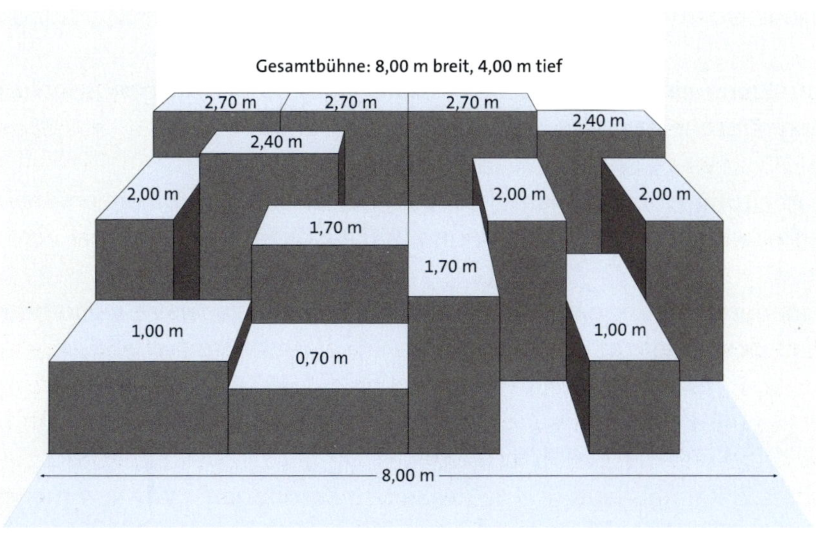

- Die Schüler erhielten nun die 5. Szene im III. Akt aus „Romeo und Julia" im Original. In ihr geht es darum, dass Julia von ihren Eltern aufgefordert wird, den Grafen Paris zu heiraten. Julia ist entsetzt, da sie bereits unsterblich in Romeo verliebt ist, und deutet zaghaft an, dass sie Paris nicht heiraten möchte. Nun sind es ihre Eltern, die entsetzt reagieren: „Geh mir zum Henker, widerspenst'ge Dirne! Ich sage dir: Zur Kirch auf Donnerstag, sonst komm mir niemals wieder vors Gesicht!"

- Die Schüler erstellten von dieser Szene zunächst eine leicht gekürzte Strichfassung, überlegten dann, wie sie in Mehrfachbesetzung gespielt werden könnte, und probten dies.

- Nun wurde eine Kurzversion im Sinne der Kernaussage erarbeitet. Diese Kernaussage könnte in etwa lauten: „Du heiratest Paris!" – „Nein!" Auch diese Kurzversion wurde geprobt und in konventioneller Besetzung gespielt.

- Danach sammelten die Schüler in einem Brainstorming etwa 20 Ideen für Nachgespielt-Szenen nach dem Motto „Wie wäre es, wenn …".
  Hier einige der Ideen:
  Die Geschichte spielt im gutbürgerlichen Milieu der heutigen Zeit./Die türkisch-deutsche Julia soll mit ihrem Cousin aus Izmir verheiratet werden./Julia findet den Vorschlag der Eltern gut und willigt ein. Schließlich ist Paris reich und kann ihr ein gutes Leben ermöglichen. Und was bedeutet schon Liebe?/Die Szene wird in eine bildungsferne, kölsche „Asi-Familie" transportiert./Sie spielt in ferner Zukunft im Raumschiff./Julia monologisiert vorausahnend, was ihre Eltern vorhaben.

- Einige Ideen, wie die Raumschiff-Idee, wurden verworfen, zu anderen bildeten sich Kleingruppen, in denen die Schüler versuchten, den jeweiligen Plot spielerisch zu erproben und daraus resultierend einen ersten Dialogtext zu schreiben.

- Anschließend wurden diese Szenen geprobt und zeitgleich die Texte überarbeitet.

- Mit anderen Schlüsselszenen wurde genauso verfahren.

- Schließlich wurde ein Ablauf der Szenen erstellt, der einen in sich schlüssigen dramaturgischen Bogen ergab.

Bei dem Verfahren „Vorgespielt – Nachgespielt" handelt es sich streng genommen nicht um eine eigenständige Darbietungsform, sondern um eine Mischung aus

- der Umsetzung einer dramatischen Textvorlage, da der Ausgangspunkt ja jeweils eine Originalszene ist,

- der Bearbeitung einer dramatischen Vorlage, da diese Originalszene etwa in den Kurzversionen oder in der Übertragung in die Gegenwart bearbeitet wird, und

- einer Eigenproduktion, da es bei den Nachgespielt-Szenen zu völlig neuen szenischen Entwicklungen kommt.

Die Eigenproduktion

Eingangs des 2. Kapitels lautete eine der sieben Kernfragen: „Wie komme ich an Stücke, die ich spielen kann?" Wenn die Spielleiter den dort beschriebenen Weg, das

Problem über ungewöhnliche Besetzungskonzepte anzugehen und damit das Dilemma der Stückfindung in einem mitgelöst zu haben, nicht gehen wollen, bleibt ihnen als mögliche Option, die Stücke selbst zu schreiben. Dies bietet eine Reihe von Vorteilen. Die Spielleitung

- weiß, aus wie vielen Schülern welcher Altersgruppe genau sich die jeweilige Theatergruppe zusammensetzt,
- kennt den zeitlichen Rahmen, den sie zur Verfügung hat,
- ist mit den räumlichen und technischen Bedingungen an der jeweiligen Schule vertraut,
- überblickt die finanzielle Situation usw.

Entsprechend kann das Stück geschrieben werden. Gibt es in der Gruppe zum Beispiel 12 Jungen und 14 Mädchen des fünften und sechsten Jahrgangs, oder nur 34 Mädchen aus der gymnasialen Oberstufe, können die Anzahl der Schüler, deren Geschlecht und Alterszugehörigkeit, was die Verteilung der Rollen betrifft, bei einer Eigenproduktion sofort mitgedacht werden. Dies bedeutet zugleich, dass einem altersspezifischen Spiel Rechnung getragen werden kann. Auch die zeitlichen, räumlichen, technischen und finanziellen Bedingungen können bereits im Prozess des Schreibens berücksichtigt werden.

Vorteil der Eigenproduktion: Alle Bedingungen können beim Schreiben berücksichtigt werden.

Und noch ein weiterer Vorteil lässt sich erkennen:

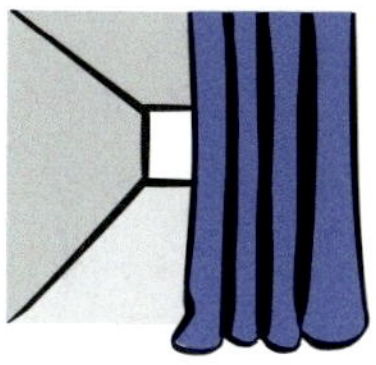

Als Juror für ein Primarstufenfestival im Rahmen des Landesschülertheatertreffens NRW konnte ich ein Stück mit dem Titel „Ich habe einen Traum" sehen. Ausgangspunkt war eine Arbeitsgemeinschaft, die ein Lehramtsanwärter leitete und an der sechs Schüler des 3. und 4. Schuljahrs teilnahmen. Das Thema der AG lautete: „Worüber freut ihr euch? – Wovor habt ihr Angst?" Der Lehrer brachte die Schüler dazu, sehr offen über ihre ganz persönlichen Lebenssituationen, ihre Hoffnungen, Sorgen und Nöte zu sprechen, und sie erzählten ihm schließlich ihre Träume. Der AG-Leiter war so fasziniert, dass er beschloss, diese zusammen mit den Schülern aufzuschreiben und zu kurzen Szenen umzuschreiben. Das Ergebnis war eine ergreifende und zum Teil bedrückende szenische Collage.

Selbst geschriebene Stücke können also, wie das Beispiel deutlich macht, die Lebenswirklichkeit der Schüler aufgreifen und somit sehr dicht am Schüler entstehen.
Aber bei der Entwicklung einer Eigenproduktion lauern auch deutliche Gefahren.
Wie schon mehrfach erwähnt, schreiben sich Texte nicht einmal eben so. Und hat man bei der Vorgehensweise „In Anlehnung an ..." durch die Textvorlage zumindest noch ein inhaltliches und szenisches Gerüst, an dem man sich orientieren kann und das einen dramaturgischen Spannungsbogen liefert, so muss dies in der Eigenproduktion alles selbst entwickelt und austariert werden.
Dies führt uns zu drei Fragen:

1. Was soll geschrieben werden?

Eine Komödie? Ein Drama? Eine szenische Collage? Und wer trifft hier die Entscheidung? Im Sinne von „Vorgeben und loslassen" könnte dies zunächst die Spielleitung sein. Gleichzeitig empfiehlt es sich, die Schüler möglichst früh mit ins Boot zu holen, sie also an der Ideenfindung und inhaltlichen Orientierung zu beteiligen.

2. Wer soll schreiben?

Die Spielleitung? Die Schüler? Beide zusammen?
Wer die Chancen der Eigenproduktion nutzen will, sollte die Schüler am Entstehungsprozess beteiligen. Ein Stück schreiben heißt ja nicht nur, den konkreten Dialogtext zu formulieren; es bedeutet auch, dass etwa ein genereller Plot und einzelne szenische Handlungsstränge zu entwickeln sind, und dies können Schüler mit unserer Hilfe allemal.

3. Wann soll geschrieben werden?

In den Ferien? Vor Beginn der Proben? Im ständigen Wechsel zwischen szenisch freiem Spiel, dem Festhalten der Zwischenergebnisse und dem darauf basierenden weiteren Spiel?
Eine Eigenproduktion kann und wird sich im Verlauf der Arbeit entwickeln und verändern. Es muss also zu Beginn der Arbeit vielleicht noch nicht das ganze Stück Wort für Wort feststehen. Aber zumindest die grundsätzliche Handlung in ihrer szenischen Abfolge sowie die Rollen und deren Charaktere müssen klar umrissen sein. Andernfalls probt man ins Nichts hinein und riskiert ein Scheitern.

Sind all diese Fragen ausreichend beantwortet, muss die Spielleitung wiederum in die konzeptionelle Planung einsteigen, also einen Inszenierungsrahmen entwickeln.
Die Eigenproduktion ist demnach mit einem deutlichen Mehraufwand verbunden, dem neben der inhaltlichen und inszenatorischen Arbeit vor allem auch bei der Planung der zeitlichen Struktur Rechnung getragen werden muss. Ein Stück selbst zu schreiben bedeutet, sehr viel Zeit in die Entwicklungsarbeit zu investieren. Hat man diese Zeit, kann man sich auf einen solchen Prozess einlassen, hat man sie nicht, lautet die einzig logische Folgerung: Finger weg!

Kabarett

Wenn man mit Schülern ein Kabarettprogramm auf die Bühne bringen will, wird dies von zwei Faktoren bestimmt, die in diesem Kapitel bereits ausführlich thematisiert worden sind:

- Das Programm wird, das bedingt die Natur der Sache, eine szenische Collage sein.
- Und es wird eine Eigenproduktion sein, es sei denn, dass bereits existierende fertige Kabarettszenen, zum Beispiel in einer historischen Revue, nachgespielt werden sollen.

Sollen die Kabarettszenen selber entwickelt werden, tauchen sofort zwei Fragen auf:

Was ist Kabarett? – Wer schreibt die Szenen?

- **Was ist Kabarett?**

Oder anders gefragt: Was ist spezifisch für Kabarett?
Wir bewegen uns im großen Raum des Komödiantischen. Ich möchte die Diskussion, wie und wodurch sich das Kabarett von Comedy oder Sketch abgrenzt, bewusst nur andeuten, da die Grenzen in den vergangenen Jahren immer weniger zu fassen sind: Im deutschsprachigen Raum war der Begriff Kabarett sowohl vor dem Zweiten Weltkrieg, vertreten etwa durch Werner Fink (Die Katakombe), Erich Kästner oder Kurt Tucholsky, als auch nach dem Zweiten Weltkrieg, vertreten etwa durch Hanns Dieter Hüsch (Die Tolleranten), Dieter Hildebrandt (Münchener Lach- und Schießgesellschaft) oder Günther Pfitzmann (Die Stachelschweine), stets gleichbedeutend mit politischem Kabarett, das seine Themen häufig direkt in oder zumindest sehr nah an der „großen Politik" fand.
In den 70er-Jahren erweiterte sich das Spektrum um allgemeine gesellschaftspolitische Themen.
In den 90er-Jahren gab das Privatfernsehen der Comedy eine Plattform und löste damit einen wahren Comedy-Boom aus.
Heute spannt sich ein Bogen, etwa von Matthias Riechling bis hin zu Mario Barth, wobei Letztgenannter mit Kabarett nun wirklich nichts mehr gemein hat. Dazwischen aber tummelt sich eine Vielzahl von Komödianten, die tendenziell mehr oder weniger politisch agieren.
Wenn man überhaupt eine Definition wagen will, so könnte diese lauten, dass im Kabarett neben dem Witz immer auch ein gesellschaftskritischer und satirischer Ansatz erkennbar sein muss.

- **Wer schreibt die Szenen?**

Ich kenne Spielleiter, die die Szenen selber schreiben. Das ist zwar legitim, aber das Ergebnis wird dann eher ein Lehrertheater denn ein Schülertheater sein. Besser ist es, wenn die Schüler in die inhaltliche Entwicklung der Szenen eingebunden werden.

Besteht zwischen der Spielleitung und den Schülern hierüber Konsens, steht die Entwicklung der Szenen an.

Das Modell einer Kabarettszene

Das folgende Modell beschreibt, was beim Bau einer Kabarettszene zu beachten ist. In ihm werden einerseits die Felder benannt, die bei der Entwicklung einer Kabarettszene von Bedeutung sind. Andererseits verdeutlicht das Modell durch die Pfeile das Bedingungsgeflecht, in dem diese Felder zueinander stehen.

Wie baut man eine Kabarettszene?

Im Mittelpunkt des Modells steht die Szene. Sie ist die Summe oder das Ergebnis der um sie herum gruppierten Felder. Das Modell wird durch die gestrichelte Linie in eine obere und untere Hälfte geteilt: Die Felder der unteren Hälfte sind für das Publikum in der fertigen Szene auf der Bühne präsent, also sichtbar bzw. hörbar, die der oberen Hälfte sind es nicht. Sie spielen jedoch bei der Entwicklung der Szene eine entscheidende Rolle.

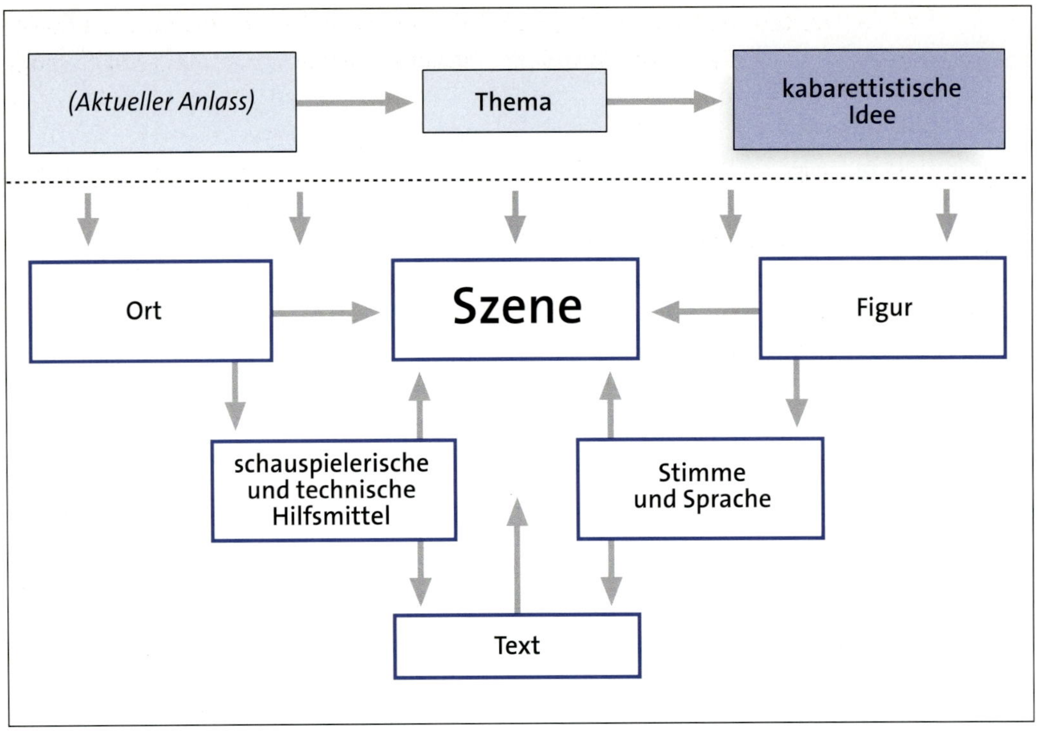

Die untere Hälfte des Modells:
Um zu einer fertigen Kabarettszene zu gelangen, müssen wir uns mit den folgenden fünf Feldern beschäftigen:

- Der Ort, an dem die Szene spielen soll, muss definiert werden. Dies kann ein konkreter Ort sein (etwa im Kloster, an der Bushaltestelle, am Strand …). Es kann auch der jeweilige Theaterraum der Aufführung sein. Außerdem muss der Ort des Publikums mitdefiniert werden. Es muss also geklärt sein, ob das Publikum quasi von außen auf den Bühnenraum schaut oder ob es sich selbst im szenischen Raum befindet. Wenn es in der Szene zum Beispiel um eine Seminarveranstaltung geht, kann der Schauspieler auf der Bühne das Publikum in seiner Rolle als Seminarteilnehmer ansprechen und somit Bühne plus Zuschauerraum zum Seminarraum machen. Schließlich kann der Ort auch als „im Irgend- oder Nirgendwo" undefiniert bleiben. Aber auch das muss in der Planung der Szene mitgedacht werden.

- Die schauspielerischen und technischen Hilfsmittel müssen, wie in jeder anderen Szene, auch im Kabarett unterstützend eingesetzt werden.

- Der konkrete zu sprechende Text als Monolog oder Dialog muss geschrieben werden.

- Die Figürlichkeit der Schauspieler muss herausgearbeitet werden, d. h., die Aspekte des Corpus sind so anzulegen, dass die gewünschte Wirkung für das Publikum klar erkennbar ist.

- Dem Aspekt Stimme/Sprache kommt in der Kabarettszene eine besondere Bedeutung zu. Deshalb ist er hier aus dem Bereich des Corpus und der Figürlichkeit ausgekoppelt und besetzt ein eigenes Feld. Die Sprache kann eine berufsbezogene sein, also etwa die des Pfarrers, des Arztes, … Es kann mit Dialekten gearbeitet werden oder die Stimmparodie zum Einsatz kommen, …

Wie die Pfeile andeuten, fließen alle diese fünf Felder in die Szene ein und bedingen sich gegenseitig. Als Beispiel noch einmal der Moderator einer Seminarveranstaltung:

- Er wird, je nach Anlage seiner Figürlichkeit, gelangweilt, aggressiv, hochnäsig, verschüchtert, ... sein.
- Dies wiederum wird in seiner Stimme hörbar werden müssen,
- und auch der Text wird sich der Figürlichkeit anpassen müssen, da sich die Wortwahl des Aggressiven von der des Gelangweilten unterscheiden wird.
- Ein adäquates Kostüm und bestimmte Spielmittel, wie eine Flipchart oder ein Zeigestock, können die Figur unterstützen
- und sie schließlich in dem klar definierten und bereits angesprochenen Raum auftreten lassen.

Hier kommt im Kabarett – nicht zwingend, immer aber häufig – dem Aspekt des armen Theaters bzw. der Reduktion eine große Bedeutung zu.
Dies kann am Beispiel des Bühnenbildes leicht verdeutlicht werden:
Da sich das Gesamtprogramm als szenische Collage präsentiert, in der viele kurze, aber völlig unterschiedliche Szenen direkt aufeinander folgen, kann nicht jedes Mal ein komplett neues naturalistisches Bühnenbild auf- und abgebaut werden. Hier muss reduziert werden.
Und noch ein weiterer Aspekt muss mitgedacht werden:
Da wir uns, wie schon eingangs gesagt, im komödiantischen Raum bewegen, können und sollten alle Felder tendenziell übertrieben angelegt werden, um das humoristische Moment zu unterstützen.

Die obere Hälfte des Modells:
Beim Entwickeln einer Kabarettszene kann der Ausgangspunkt ein aktueller Anlass sein, etwa das Ergebnis einer Bundestagswahl, ein konkreter politischer Skandal, ...
Dieses Feld ist kursiv gedruckt, weil ein solcher Anlass im Gegensatz zu allen anderen Feldern nicht zwingend gegeben sein muss.
Dieser Anlass, wenn es ihn denn gibt, führt auf direktem Weg zum Thema der Szene.

Alle bisher angesprochenen Felder in der unteren und oberen Hälfte ergeben in ihrer Gesamtheit ein allgemeines Szenenmodell, das so im Prinzip auch für die anderen Variationen des Sprechtheaters, die bisher schon angesprochen wurden, gelten kann.
Was die Szene jedoch zu einer Kabarettszene macht, ist die Brücke zwischen Thema und dem dunkel unterlegten Feld „kabarettistische Idee".

Zur Verdeutlichung ein konkretes Beispiel:

In der Szene soll es thematisch – grob formuliert – um den kritiklosen Umgang mit Computer und Internet gehen. Die kabarettistische Idee könnte nun lauten:

> „Wir verhalten uns zu unseren Rechnern wie Gläubige. Und dies soll durch den Text verdeutlicht werden, indem das bekannteste christliche Gebet, das ‚Vater unser', die formale Grundlage liefert."

Wenn diese Brücke zwischen Thema und kabarettistischer Idee geschlagen ist, könnte der konkrete Text geschrieben werden, also zum Beispiel:

„Rechner unser, der du heißt Computer, gespeichert sind unsere Daten, dein Internet komme, dein Wille geschehe, wie zu Hause also auch per Laptop unterwegs ...“ (RB)

Abschließend müssen wir uns mit den restlichen Feldern beschäftigen und folgende Fragen beantworten:
- Wie viele Personen tragen in welcher Figürlichkeit diesen Text vor, und wie sehen sie auf der Bühne aus?
- Wie soll der Text gesprochen werden oder klingen?
- Wo befinden sich die Vortragenden?

Dieses Beispiel zeigt, dass es im Brückenschlag zwischen Thema und kabarettistischer Idee zu einem Transfer, einer Verfremdung, einer Abstraktion kommt, und genau dies macht neben den inhaltlichen Faktoren das Kabarettistische aus.

Verfremdung – die Basis des Kabarettistischen

Unabhängig von der Verbindung zwischen Thema und kabarettistischer Idee erlangt der Begriff der Verfremdung Bedeutung, auch was die Entwicklung des Komödiantischen betrifft. Hier gibt es unterschiedlichste Formen und Arten der Verfremdung. In jedem Fall muss der Zuschauer diese gedanklich zurückführen, er muss sie sozusagen entfremden.

Auf einige der häufigsten und beliebtesten dieser Verfremdungstechniken soll hier kurz eingegangen werden[1].

Beispiele für Verfremdungstechniken im Kabarett

Hier lassen sich drei Ebenen erkennen:
1. Die Verfremdung auf der Textebene, 2. Die Verfremdung im Zusammenwirken mehrerer Aspekte und 3. Die Verfremdung durch Überhöhung und Steigerung.

1. Die Verfremdung auf der Textebene:

Der Lückentext
Im Text fehlen Textteile.
Beispiel: „Als ich gestern Abend den Fernseher ....., da sah ich diese ..... mit dem Claus Kleber. Ich bin dann direkt zu einem anderen Sender ....., weil, also Nachrichten finde ich irgendwie nicht so ..... . In Sat 1 lief so eine dieser täglichen ..... . Also, was ich da ja ganz grauenhaft ....., nee, das stört mich wirklich, also, immer, wenn das gerade so richtig ..... , da blenden die dann plötzlich ..... . Ich gehe dann meistens aufs ..... oder mach mir in der Küche noch schnell ein ....“

Die Verkürzung
Sie scheint nur im ersten Moment logisch.
Beispiel: Der Nachrichtensprecher: „Und hier zum Abschluss der Nachrichten noch schnell die Lottozahlen. *(Blick zur Studiouhr)* Ich sehe, die Zeit drängt, *(schreibt irgendetwas) .....* zusammen – 148.“ (RB)

[1] Die folgenden Beispiele stammen zum Teil aus der Feder von Dr. Rolf Breuer, Rhetorik- und TV-Coach für Manager und Fernsehjournalisten (www.tv-trainer.de). Sie sind mit einem „RB“ gekennzeichnet.

Die semantische Doppeldeutigkeit
Die Textaussage hat zwei Bedeutungen.
Beispiel: „Geld stinkt nicht, es sei denn, man scheißt drauf." (RB)
Oder:
„Ich ernte immer großes Lob, wenn ich in meinem Biotop." (s. auch Ähnlichkeit)

Die Ähnlichkeit
Die Textaussage spielt klanglich auf etwas anderes an.
Beispiel: „In der Bundesrepublik stieg im vergangenen Monat die Zahl der Ratlosen auf 4,6 Millionen." (RB)

Anlehnung an die Form
Der Text erinnert in seiner Form an einen anderen. Diese Variante wird auch häufig bei Liedern verwendet.
Beispiel: Refrain von „Sexbomb" (Tom Jones)
„Big Mäc, Big Mäc, Fritten und Speck,
ich scheiß auf die Figur! Was brauch denn ich en Sixpäck?
Big Mäc, Big Mäc, da werd ich jeck!
Diäten machen keinen Zweck! ..."

Oder wie bereits oben erwähnt:

„Rechner unser, der du heißt Computer,
gespeichert sind unsre Daten ..."

Die Verlagerung
Das fast wörtliche Übernehmen des Textes bei gleichzeitiger Verlagerung der Spielsituation
Beispiel: Zauberflöte, 1. Akt, 1. Szene, Tamino: „Zu Hilfe!"
(Die Bühne ist das Lehrerzimmer – Es klingelt – Ein Lehrer kommt völlig derangiert durch das Publikum, verfolgt von einigen Schülern – Er singt)
„Zu Hilfe, zu Hilfe, sonst bin ich verloren,
zu Hilfe, zu Hilfe, sonst bin ich verloren,
den grausamen Schülern zum Opfer erkoren, barmherziger Rektor!
Schon nahen sie sich, schon nahen sie sich,
ach rettet mich,
rettet, rettet, schützet mich,
schützet, schützet, rettet,
rettet, rettet, schützet mich! [...]"

Die logisch unlogische Folgerung
Im Text taucht eine Folgerung auf, die logisch erscheint, jedoch unlogisch ist. Beispiel: „Die fünf Weisen haben für das kommende Jahr ein Wirtschaftswachstum von 1,7 Prozent vorausgesagt. Wie viel Prozent hätten zehn Weise geschätzt?" (RB)

Oder (nicht ausformuliert):

Viele von uns werfen alte Medikamente in den Abfalleimer. So gelangen diese auf die Mülldeponien, dann ins Grundwasser und so wieder in die Nahrungskette zurück. Jeder Schluck führt zur Aufnahme dieses neuen, alles heilenden Supermedikaments.

Die nicht erfüllte Erwartungshaltung
Im Text wird eine bestimmte Erwartung aufgebaut, der jedoch nicht entsprochen wird. Beispiel: „Manche meinen, Fußball sei ein Spiel auf Leben und Tod. Dies stimmt natürlich nicht. – In Wirklichkeit ist es viel ernster."

Oder:

„Viele meinen, unsere Wirtschaft steht direkt vor dem Abgrund. Ich kann Sie beruhigen: De facto sind wir schon einen Schritt weiter."

Die Wiederholung
Im Text werden zentrale Begriffe in den Vordergrund gerückt und ständig wiederholt. Beispiel: *(schnell gesprochen und als Rap vorzutragen)*
„Diese Denker sagen immer, dass sie denken, ich denk nix,
und weil die das so denken, denk ich, denkste, jetzt erst recht!
Und dann sach ich mir, ich denk jetzt einfach immer, was ich sach
und ich sach auch, was ich denk, solln se sagen, was se wolln! ..."

2. Die Verfremdung im Zusammenwirken mehrerer Aspekte:

Hier geht es um Verfremdung, die entsteht, wenn man zusammenbringt, was so nicht zusammengehört.

Durch schauspielerische oder technische Hilfsmittel
Beispiel: Die Klobürste als Mikrofon

Oder:

Im Pelzmantel in der Sauna

Durch die Spielsituation
Beispiel: Szene: „Der politische Stoffladen" *(Die Verkäuferin in einem Stoffgeschäft bedient und berät den imaginären Kunden.)*
„Wie? -------- Wo wir die schwarzen Stoffe haben? – Gehen Sie mal ein Stück weiter nach rechts *(verfolgt den imaginären Kunden mit den Augen)* -------- nee, noch weiter nach rechts, dahin, wo steht „Merkel-Stoffe" -------- Ja, da, genau da! -------- Was? – Nein! – Schwarz ist seit Jahren eigentlich die dominierende Volksfarbe! ----- Obwohl, ganz oft ribbeln die Stoffe am rechten Rand so auf, und da kommen dann diese braunen Kettfäden zum Vorschein, ekelhaft!!!
-------- Ach, dann wollen Sie doch lieber rot? -------- Da müssen Sie wieder zwei Gänge zurück -------- Ja, genau, nach links!"

Oder (nicht ausformuliert):

Die Kaffeefahrt zur A4 im Nebel, um zu sehen, wie es kracht.

3. Die Verfremdung durch Überhöhung und Steigerung:

Neben der Verfremdung auf der Textebene und im Zusammenwirken mehrerer Aspekte sind die Überhöhung und die Steigerung das häufigste Mittel der Verfremdung. Dabei können sich Überhöhung und Steigerung auf alle Felder des Kabarettmodells beziehen, also wiederum auf den Text, aber auch auf die Figuren, die Spielmitten, die

Stimme usw.
Auch hierfür ein Beispiel, wobei nur der Beginn und das Ende der Szene zu lesen sind. Dazwischen steigert sich das Szenario im Text sehr behutsam:

„Raucher-Erlass"
(Beginn) Pünktlich zu Beginn des neuen Schuljahres 2005/2006, also am Montag, dem 22.08.2005, trat in ganz NRW der „Raucher-Erlass" in Kraft. Danach darf auf dem gesamten Schulgelände nicht mehr geraucht werden. – Was ist seitdem geschehen? Schon einen Tag später fragte eine Abordnung der SV-Vertretung, die in Windeseile über eine Telefonkette einberufen wurde – normalerweise dauert so etwas fünf Wochen, aber da der SV-Lehrer selber raucht, ging's diesmal etwas schneller –, fragte also diese Abordnung der SV-Vertretung beim Schulleiter an: „Gilt das etwa auch für uns, uns Schüler, und wo ist dann die Raucherecke?" Die Antwort des militant nichtrauchenden Schulleiters war wie immer kurz und klar: „Auf dem gesamten Schulgelände darf nicht mehr geraucht werden!" Auf die erneute Nachfrage der SV: „Auch nicht die Oberstufenschüler?", bemerkte er nur: „Auf dem gesamten Schulgelände darf nicht mehr geraucht werden!"
...
Ab hier beginnt die Steigerung.
...
(Ende) Weil nach wie vor Schüler versuchen, das Gelände zum Rauchen zu verlassen, wurden zwei Tage später die Schulzäune mit Stacheldraht verstärkt und an eine Hochspannungsleitung angeschlossen. Zeitgleich nahm der Hausmeister in allen Pausen mit einem Rudel Rottweiler seinen Dienst in den Gebüschen auf. Seit Montag ist das Gelände hinter der Mensa vermint. Am Mittwoch traf aus Düsseldorf die vom Schulleiter angeforderte Schüler-Staffel, kurz SS, zur Unterstützung ein. Seit Donnerstag ist das gesamte Gelände mit Rauchmeldern gesichert. Vier Tote, zehn Schwerstverletzte und acht Versetzungsanträge von Lehrern später – rauchte der Schulleiter entnervt seine erste Zigarette.

Die hier beschriebene Verfremdung findet nicht nur Eingang ins Kabarett, sie kann genauso wie Reduktion und Stilisierung überall eingesetzt werden, um beim Publikum Sehweisen zu brechen, Erwartungshaltungen bewusst entgegenzuwirken, zum Nachdenken anzuregen, ...
Allerdings ist der hier verwendete Verfremdungsbegriff keinesfalls gleichzusetzen mit der „Brecht'schen Verfremdung" im epischen Theater, obwohl sich hier und da durchaus Schnittmengen erkennen lassen.

Mögliche Vorgehensweisen – drei Tipps

Wenn wir eine Kabarettszene entwickeln wollen, kann die Vorgehensweise wie folgt aussehen:
Über den aktuellen Anlass in der oberen Hälfte kommen wir zum → Thema, entwickeln nun → eine kabarettistische Idee, gehen von da aus zur unteren Hälfte des Modells, definieren den → Ort, schreiben den → Text, entwickeln → Figuren sowie deren → Stimme und Sprache und klären schließlich, welche → schauspielerischen und technischen Hilfsmittel zum Einsatz kommen sollen.

Tipp 1:
Eine solche Vorgehensweise ist aber keineswegs zwingend. Im kreativen Prozess können wir von jedem Feld ausgehen.
Vielleicht bringt ein Schüler in die Probe ein ungewöhnliches Requisit mit, und die

Gruppe denkt sich einen dazu nicht passenden Ort aus. Damit sind Grundlagen für eine komödiantische Situation geschaffen. Möglicherweise entstehen anschließend im freien Spiel erste Ansätze für Figuren und Textfragmente. Durch ein solches spielerisches Vorgehen gelangen wir in der Regel zu anderen interessanten szenischen Bildern. Die Kette wird Schritt für Schritt weiterentwickelt, bis alle Felder inhaltlich bearbeitet und geklärt worden sind.

Tipp 2:
Die Erfahrung hat gezeigt, dass etwa 80 Prozent der Ideen im Papierkorb landen. Und dies ist nicht weiter verwunderlich. Eine wirklich witzige kabarettistische Szene zu kreieren gelingt nicht automatisch per Knopfdruck. Komisch zu sein ist nun wirklich nicht das Leichteste, was man im theatralen Bereich realisieren kann. Der Erfolg hängt von der Tagesform, von Zufällen, von einer plötzlich entstehenden genialen Idee ab. Dies bedeutet für unsere Arbeit mit den Schülern:
Wir sollten unbedingt vermeiden, dass etwa eine Kleingruppe stunden- oder wochenlang an einer Idee herumdoktert. Die Schüler haben sich dann so in der Thematik verbissen, dass ein Verwerfen der Arbeit mit großen Enttäuschungen verbunden und in der Folge demotivierend ist.

Meine persönliche Grundregel lautet deshalb: Wenn nach ca. 20 bis 30 Minuten kein wirklich überzeugender Ansatz entwickelt worden ist, lohnt sich ein Weiterarbeiten und Ausfeilen nicht. Anders gesagt: Nach einer relativ kurzen Zeit wird klar, ob die Idee trägt oder nicht.

Tipp 3:
Ironie und Satire verstehen Schüler erst ab einem bestimmten Alter. Kabarett etwa ausschließlich mit 12-Jährigen zu machen wird deshalb scheitern.

Abschließend sei auch hier noch kurz auf die Problematik des altersspezifischen Spiels eingegangen:
Im Kabarett sind wir solange auf der sicheren Seite, so lange wir Szenen entwickeln, die sich einerseits eng an der Lebenswirklichkeit der Schüler orientieren und andererseits aus ihrer Sicht entwickelt und vor allem verkörpert werden können. Verlassen wir diese Seite, wird es schwierig.

Verdecktes Theater

Wenn man einen Raum betritt, in dem sich Menschen befinden, die mit Schülertheater zu tun haben, und die Worte „Verdecktes Theater" fallen lässt, werden alle sofort beginnen, auf das Hitzigste miteinander zu diskutieren. Von wahren Begeisterungsstürmen wie „Eine wunderbare Möglichkeit für das Schülertheater!" bis hin zu totaler Ablehnung wie „Das darf man mit Schülern nicht machen!" wird man alles vorfinden, und die Meinungen bleiben auch nach stundenlangen Diskussionen kontrovers; eine Einigung scheint unmöglich.

Verdecktes Theater – Dürfen wir das?

Sehen wir uns das Problem zunächst rein pragmatisch an und fragen uns, unter welchen Bedingungen Schüler so etwas überhaupt leisten könnten.

- Bei der Planung der Szenen muss der politische Ansatz von Augusto Boal erhalten bleiben. Es muss im Spiel stets darum gehen, auf ein gesellschaftspolitisches Problem hinzuweisen. Es darf also nicht darum gehen, das Publikum lediglich zu veralbern. Die Schüler müssen somit zunächst eine entsprechende Thematik und dann den Beginn einer szenischen Handlung entwerfen. Und diesen Beginn können sie proben.

- Anschließend müssen sie ein breit gefächertes „Was passiert, wenn …" planen, d. h. bereits im Vorfeld möglichst alle Eventualitäten erfassen, um auf jede Reaktion des Publikums vorbereitet zu sein und entsprechend dieser Planung reagieren zu können. Auch dies können sie im Rollenspiel bis zu einem gewissen Punkt proben.

- Dennoch wird immer ein Freiraum erhalten bleiben. Man kann keine solche Szene komplett erfassen. Und dies bedeutet wiederum, dass die Schüler in ihren Rollen improvisieren müssen. Das geht jedoch nur dann, wenn die Schüler über große schauspielerische Sicherheit verfügen.

- Auch das Ende der Szene muss in der Planung mitgedacht werden. Da es in der Regel aber kein organisches Ende geben wird, muss ein Stopp vereinbart werden. Dieser Stopp sollte von außen kommen, da die Schauspieler selbst zu sehr in ihrem Tun verhaftet sind. Es muss also Supervisoren geben, die die Szene beobachten, im geeigneten Moment einschreiten – und dies ist nicht selten ein Notfall – und das Spiel als solches entlarven.
  Und auch dann ist noch nicht Schluss. In den meisten Fällen wird sich nun – und das ist ja auch intendiert – eine Diskussion zwischen den Schauspielern und Supervisoren einerseits und den Zuschauern andererseits entwickeln. Auch diese Diskussion muss geplant werden.

Ist die Spielleitung der Meinung, dass ihre Schüler all dies leisten können, sollte Folgendes beachtet werden:

- Nicht selten sind die Reaktionen der Zuschauer auf das Spiel von Aggressivität geprägt. Wie können wir verhindern, dass diese eskaliert?
  Dies kann bis zu einem gewissen Grad über das Eingreifen der Supervisoren gesteuert werden – aber eben nicht völlig.

- Auch nach der Aufdeckung kann es zu sehr problematischen Reaktionen kommen. Wie geht man damit um?
  In der Tendenz ist dies sogar gewünscht. Es soll ja zur kontroversen Diskussion kommen, und die Reaktion der Zuschauer wird eben nicht immer nur eine erleichterte sein, weil das soeben Gesehene nur Spiel war. Auch in dieser Situation können die Supervisoren als Puffer zwischen den Schauspielern und den Zuschauern agieren. Wiederum: Bis zu einem gewissen Grad können sie beruhigen und schlichten.

- Das verdeckte Theater soll also an einem bestimmten Punkt aufgedeckt werden, um in ein Gespräch mit den Zuschauern einsteigen zu können. Was aber, wenn die dann schon gar nicht mehr da sind? Als Beispiel eine Szene, die in einer Einkaufspassage spielt. Einige Zuschauer werden vielleicht nur kurz zuschauen und dann weitergehen. Mit diesen kann nichts mehr aufgedeckt werden. Können und wollen wir das zulassen?
  Dies hängt von folgender Gewichtung ab: Geht es uns primär um die Aufdeckung und die sich daran anschließende Diskussion, darf man das nicht zulassen; geht es jedoch vorrangig um das Spiel selbst, müssen nicht zwingend alle Zuschauer aufgeklärt werden. Die Entscheidung ist letztlich also eine ideologische.

Ist die Spielleitung auch hier der Überzeugung, dass sie all dies im Griff hat, steht aus pragmatischer Sicht einer solchen Arbeit nichts mehr im Wege.
Ich behaupte aber: Wir können all dies nicht vollständig im Griff haben. Ein Beispiel dazu:

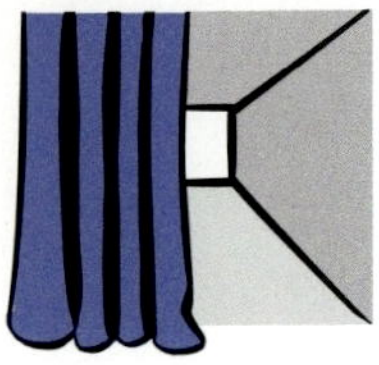

Die Polizeiwache in der Nähe unserer Schule wollte im Bezirksrathaus einen Thementag zur „Gewaltprävention" veranstalten. Die Beamten traten mit der Bitte an mich heran, ob wir da nicht verdecktes Theater spielen könnten. Gemeinsam mit den Polizisten und den Schülern entwickelten wir eine Szene, die wir vor Ort dann auch spielten:
Während der Bürgermeister, der nicht eingeweiht war, eine Rede zur Situation von Gewalt im Viertel hielt, entstand Unruhe unter unseren Zuhörern. Sie brüllten in die Rede hinein, der Bürgermeister hätte keine Ahnung, er solle doch mal eine Woche im Viertel leben, dann bekäme er endlich mal mit, was da alles so passiere. Und unsere Schüler pfiffen und johlten. Das wiederum rief eine zweite Gruppe unserer Schüler auf den Plan. Die Unruhestifter sollten still sein, es sei doch toll, dass endlich mal jemand das thematisieren würde; die, die so laut herumbrüllten, seien total aggressiv und schließlich ginge es an diesem Tag um Gewaltprävention. Das Ganze eskalierte immer mehr, bis ein Schüler aus der einen und eine Schülerin aus der anderen Gruppierung begannen, sich zu schlagen. Auf dieses Kommando hin stürmten einige Polizisten die Halle, trieben die Parteien auseinander, nahmen die Schläger in Gewahrsam, führten sie in Handschellen nach draußen und setzten die beiden in einem Streifenwagen ab. Der fuhr mit Sirene und Blaulicht los, bog in die Tiefgarage des Bezirksrathauses ein, von wo aus die beiden Schüler zusammen mit den Beamten zurück in den Saal gingen, das Podium betraten und das Spiel aufdeckten.
So weit, so gut.
Die verhaftete Schülerin – übrigens ein ausgesprochen liebes und überhaupt nicht aggressives Mädchen – wurde vor dem Bezirksrathaus von einer guten Freundin ihrer Mutter beobachtet, die mit ansehen musste, wie die Arme in Handschellen abtransportiert wurde. Sie rief natürlich sofort die Mutter an und berichtete ihr, was sie da soeben gesehen hatte. Diese war einem Nervenzusammenbruch nahe, da die Tochter leider versäumt hatte, ihre Mutter im Vorfeld zu informieren. Die Mutter hat sich zwei Stunden lang die größten Sorgen gemacht und alle Polizeiwachen in der Umgebung angerufen. Aber natürlich wusste niemand etwas von der Verhaftung ihrer Tochter.

Das war nicht abzusehen. So viel zu: „Ich habe alles im Griff!" – Inzwischen hat die Mutter mir übrigens verziehen!

Im verdeckten Theater bleibt immer ein gewisser Teil, der nicht planbar ist. Das ist natürlich in jedem Theaterstück so, aber die Konsequenzen sind andere. Ich muss als Spielleiter somit gemeinsam mit meinen Schülern bereit sein, dieses Restrisiko einzugehen. Anders formuliert: Kann oder will ich es nicht eingehen, muss ich um das verdeckte Theater einen großen Bogen machen. Das beantwortet zugleich die eingangs gestellte Frage.

Was das altersspezifische Spiel betrifft, so gibt es im verdeckten Theater logischerweise keinerlei Probleme. Die Schüler werden ausschließlich Szenen und Figuren entwickeln, die ihrer eigenen Alterszugehörigkeit entsprechen.

Improvisationstheater

Im Improvisationstheater, das oft auch als Impro-Theater bezeichnet wird, werden dem Publikum einzelne zuvor nicht geprobte Szenen präsentiert. Häufig bestimmen die Zuschauer dabei mit, indem sie den Schauspielern vor Beginn jeder Szene Vorschläge machen. Diese Vorschläge können sein:

- ein Thema (vielleicht: „Spielt etwas zum Generationenkonflikt!"),
- ein Genre (vielleicht: „Spielt die Szene als Drama!"),
- ein oder mehrere Schlüsselbegriffe (vielleicht: „Verwendet im Spiel häufig das Wort Inquisition!"),
- das Ende der Szene (vielleicht: „Schließt mit den Worten: Das also ist des Pudels Kern!"),
- ...

Historisch gesehen greift das Improvisationstheater auf Elemente der Stehgreifkomödie bzw. der Commedia dell'Arte und auf das Extempore zurück.

(Beim Extempore geht der Schauspieler „aus der Zeit" heraus, verlässt also für einen kurzen Moment das vorbereitete Spiel und seine Rolle, um auf nicht geplante Ereignisse reagieren zu können: Mitten im Stück geht das Saallicht an, irgendetwas fällt hinter der Bühne krachend zu Boden, in der ersten Reihe stehen zwei Zuschauer auf und verlassen das Theater usw. Häufig kommentiert der Schauspieler beim Extempore auch Zwischenrufe aus dem Publikum.)

Auf wen genau das Improvisationstheater in der heutigen Form zurückgeht, ist umstritten. Zweifelsfrei jedoch hat der 1933 in England geborene Schauspiellehrer und Regisseur Keith Johnstone mit seinem Konzept des „Theatersports" großen Einfluss. Die Amerikanerin Viola Spolin und deren Sohn Paul Sills entwickelten schon früher Improvisationsspiele und Improvisationstechniken.
Theatergruppen wie etwa die „Bonner Springmäuse" haben sich auf das improvisierte Spiel spezialisiert. Im deutschen Fernsehen wurde diese Form in den Privatsendern durch Comedyshows wie „Frei Schnauze" oder „Schillerstraße" einem breiten Publikum vorgestellt.
Daher kennen auch viele unserer Schüler das Improvisationstheater, und natürlich kommen sie nicht selten mit der Bitte zu uns: „Dürfen wir so etwas auch einmal machen?"
Selbstverständlich dürfen wir, es ist ja schließlich nicht verboten. Und auf den ersten Blick bietet es Vorteile:
Wir können altersspezifisch spielen und alle unsere Schüler können in der Form der szenischen Collage zum Einsatz kommen.
Aber ich warne eindringlich. Zwischen dürfen und können liegen hier Welten.

Improvisationstheater: Können wir das?

Über welche schauspielerischen Kompetenzen müssten unsere Schüler verfügen? Und ich verwende hier bewusst den Konjunktiv.

- Sie müssten schauspielerisch absolut gefestigt sein, um in jeder Situation, ohne aus der Rolle herauszufallen, ihre jeweilige Figürlichkeit präsentieren zu können.
- Sie müssten ein sehr breites schauspielerisches Spektrum beherrschen, also gänzlich unterschiedliche Charaktere verkörpern können.

- Sie müssten sehr spontan sein, um auf das Spiel der Mitspieler oder die Zurufe aus dem Publikum angemessen und zugleich innovativ eingehen zu können.

Aber all dies sind sie, mit Verlaub gesagt, in den allermeisten Fällen nicht. Und selbst wenn zwei oder drei unserer Schüler doch über die soeben genannten Kompetenzen verfügen sollten, hilft das nicht weiter: Alle müssten es können.

Es gibt Spielleiter, die deshalb ein verkapptes Improvisationstheater anbieten, das ich scherzhaft einmal „Multiple-choice-Theater" nennen möchte.
Die Schüler spielen zum Beispiel eine Szene und fragen dann das Publikum: „Wir können das Ganze jetzt noch einmal spielen, und zwar als Oper, als Western oder als Krimi. Was wollt ihr?" Das Publikum entscheidet sich mehrheitlich etwa für die Oper, und die Schülergruppe präsentiert die Opernvariante, die natürlich vorher auf das Genaueste geprobt wurde.
Das hat mit Improvisationstheater natürlich nichts mehr zu tun.

Um Missverständnissen vorzubeugen: Meine Bedenken richten sich im Schülertheater gegen die Darbietungsform Improvisationstheater und nicht gegen die Improvisation selbst. Im Gegenteil: Improvisieren hilft dabei, theatrale Techniken zu erlernen. In diesem Kontext ist die Improvisation, eingebettet in zielgerichtete Übungen, sogar eine der zentralen und unerlässlichen Methoden, mit deren Hilfe unsere Schüler Basiskompetenzen im schauspielerischen Bereich erlangen können.

S. 95 ff.

Darauf wird im 4. Kapitel noch ausführlich eingegangen.

3.4 Das Musiktheater

Verlassen wir das große Feld des Sprechtheaters und wenden uns dem Musiktheater zu. Für diese Sparte gilt:

Musiktheater ist die komplexeste theatrale Präsentationsform.

Mit der Musik kommt neben all den Aspekten, die bisher angesprochen wurden und die auch ins Musiktheater einfließen, ein zusätzlicher Schwerpunkt hinzu und muss somit im Verlauf des gesamten Projekts mitgedacht werden. Bei der Entwicklung eines Inszenierungsrahmens gilt es somit, neben dem figürlich-schauspielerischen Aspekt des Corpus und den inszenatorischen Facetten der schauspielerischen und technischen Hilfsmittel die musikalischen Aspekte in den Vordergrund zu rücken:

- Im Schülertheater findet man fast ausschließlich das Musical, während Oper und Operette kaum zum Einsatz kommen. Und dies hat naheliegende Gründe. Zum einen rückt die Musik des Musicals stilistisch, also etwa rhythmisch, harmonisch, klanglich oder melodisch sowie musikhistorisch deutlich näher an die musikalische Erlebniswelt der Schüler heran. Zum anderen ist der instrumentale Bereich oft wesentlich einfacher zu realisieren, da anders als etwa in der Oper mit ihrem großen Orchester manchmal eine kleine Bandbesetzung ausreicht.

- Auch wenn es an den Schulen kein instrumentales Ensemble gibt, muss dies nicht automatisch ein Ausschlusskriterium sein, da der Live-Gesang von eingespielter Instrumentalmusik, also Playbacks, begleitet werden kann. Dies ist zwar keine optimale Lösung, aber es geht.

- Musiktheater an Schulen erfordert zwingend eine Kooperation zwischen Theaterleuten und Musikern, also zum Beispiel zwischen einer theatralen Spielleitung und einem Musikkollegen. Letzterer muss in jedem Fall die vokalen Parts mit den Schülern einstudieren und auch die instrumentale Begleitung, wenn diese live gespielt werden soll, mit den Instrumentalisten proben. Es ist einleuchtend, dass sich die beiden Parteien, Theaterleute und Musiker, eng aufeinander abstimmen und sinnvoll zuarbeiten müssen – ein Faktor, der eine genaue Analyse der zeitlichen Struktur und eine Klärung der Leitungshierarchien notwendig macht.

- Der im 1. Kapitel formulierte Anspruch, dass Schülertheater nie den Weg der Reduktion der Qualität gehen darf, gilt natürlich auch für den musikalischen Bereich und bedeutet, dass wir uns mit schlecht intonierenden Sängerinnen und Sängern ebenso wenig abfinden dürfen wie mit einer musikalischen Begleitung, die etwa im Timing wackelt, fehlerhaft spielt oder dynamisch überfordert ist.

- Das Problem der Lautstärke muss gelöst werden. Fast immer wird es notwendig sein, zumindest den Sologesang zu verstärken. Nimmt man dazu Mikrofone, egal ob verkabelt oder kabellos, schränkt dies die schauspielerischen Möglichkeiten drastisch ein. Also müssen Headsets her, und in der Folge müssen die technischen und auch die finanziellen Probleme gelöst werden.

- Musiktheater ist, wie der Name schon sagt, Theater. Das Gesamtstück muss ein schauspielerisches bleiben. Ein statisches Nacheinander einzelner Songs hat mit Musiktheater nichts zu tun.

Aus dem wenigen, was hier bereits angedeutet wurde, dürfte eines deutlich geworden sein: Musiktheater mit Schülern gut umzusetzen ist sehr schwer, so schwer, dass ich mir das bisher nie zugetraut habe (obwohl ich in der komfortablen Situation bin, auf ein Musikstudium zurückgreifen zu können). Auch als Juror habe ich nur vereinzelt und nur in Ansätzen überzeugende Schülertheateraufführungen in diesem Bereich gesehen. Und die wenigen wirklich gelungenen Beispiele waren zumeist solche, bei denen fertige Inszenierungen von professionellen Musicalgruppen komplett nachgespielt wurden, also keine oder kaum eigene kreative Entwicklungsarbeit seitens der Schüler stattfand.
Das aber widerspricht den im 1. Kapitel aufgestellten Forderungen, dass wir uns nicht am Profitheater orientieren dürfen und dass ein zentraler Baustein im Schülertheater die kreative Arbeit der Schüler sein muss. Das heißt jedoch keinesfalls, dass ich nicht vielfach mit Elementen des Musiktheaters gearbeitet habe. Im Gegenteil, dies mache ich immer noch und gerne.
In 2.4 sind im Abschnitt „Musik und Ton" hierzu bereits einige Möglichkeiten erwähnt worden.

S. 40 ff.

Es ist aber ein gravierender Unterschied, ob man hier oder da im Sprechtheater einen Song einbaut oder ob man ein komplettes Musical in Szene setzt. Aber mein mangelnder Mut an dieser Stelle soll kein Maßstab sein. Wer es sich zutraut, soll es angehen, denn Musiktheater, so schwer es auch sein mag, ist eine wunderbare Form des Theaters.

3.5 Das Bewegungstheater

Carmina Burana – in trutina

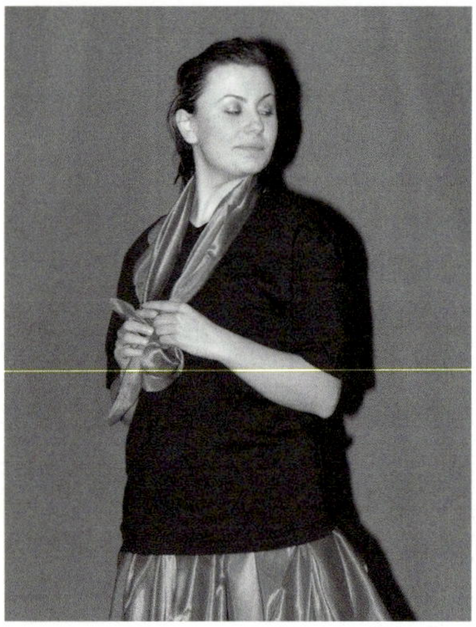

Carmina Burana – Si puer cum puella

Die folgenden Fotografien zum Bewegungstheater entstanden während der Proben zu unserer Inszenierung von „Carmina Burana".

Eine Einordnung

Das Bewegungstheater gehört, wie eingangs dieses Kapitels gesagt, zur Sparte Tanztheater.
Das klassische **Ballett** meint kurz gesagt getanztes Theater, bei dem auf dem Hintergrund einer musikalischen Komposition eine Choreografie erstellt wird. In der Umsetzung greift das Ballett auf alle Aspekte in den Bereichen Corpus, schauspielerische und technische Hilfsmittel zurück, jedoch bei gleichzeitigem Verzicht auf Stimme und Sprache.
Im eigentlichen **Tanztheater**, so wie es vor allem etwa von Pina Bausch oder Tom Schilling entwickelt wurde, wird die Bewegungssprache des klassischen Balletts erweitert. Experimentelle Bewegungselemente rücken ebenso wie der theatrale Ausdruck stärker in den Vordergrund. Wenn Stimme und Sprache partiell eingebunden werden, verliert die Musik im Gegenzug geringfügig an Bedeutung.
Im **Bewegungstheater** rückt entweder das tänzerische oder das schauspielerische Element etwas in den Hintergrund. Die Musik initiiert dabei Bewegungsabläufe, die etwa eine Geschichte erzählen oder eine Stimmung verkörpern.
Ballett und Tanztheater können selbstredend im Schülertheater zum Einsatz kommen, aber nur, wenn ausgebildete Tänzer, Tanzpädagogen, Choreografen oder Personen, die hier anderweitig klare Kompetenzen erworben haben, hinzugezogen werden. Sie müssen ja nicht unbedingt die Spielleitung übernehmen. Aber sie müssen dazukommen, um die tänzerischen Elemente mit den Schülern zu erarbeiten. Nicht zuletzt kennen sie die manchmal unterschätzten körperlichen Risiken, die im Tanz stets vorhanden sind, und können sie berücksichtigen. Sich ohne fundierte Vorkenntnisse diesem Gebiet „mal eben so" zu nähern halte ich für vermessen und anmaßend.

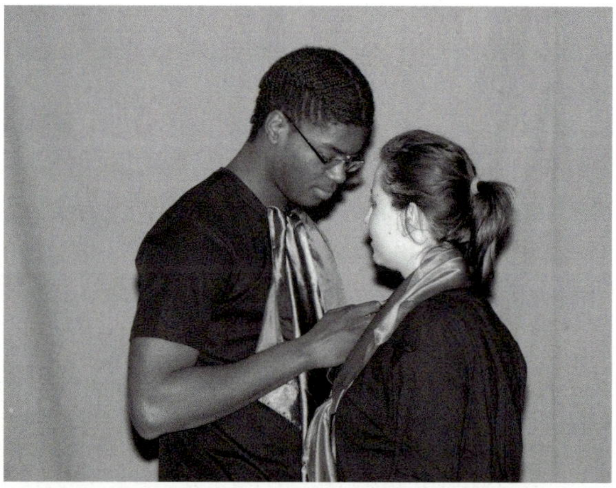

Carmina Burana – Si puer cum puella

Begriffsklärung

Anders ist dies beim Bewegungstheater. Während im Sprechtheater der Schwerpunkt auf die Vermittlung der Inhalte durch den gesprochenen Text gelegt wird, entfallen Stimme und Sprache im Bewegungstheater weitgehend oder ganz und werden durch den Schwerpunkt Bewegung ersetzt. Die Bewegungen zusammen mit Mimik, Gestik und Körperhaltung sind die zentralen Träger der Vermittlung. Im Bewegungstheater verbinden und vermischen sich einerseits Musik mit andererseits Tanz und Schauspiel. Selbstredend gibt es auch Bewegungstheater gänzlich ohne Musik. Diese Form ist im Folgenden jedoch nicht gemeint. Es ist daher logisch, dass es, was die Herangehensweise betrifft, zwei unterschiedliche Ausgangspositionen gibt:

- Die Ausgangsposition kann, wie im Ballett oder im Tanztheater, der Tanz sein.

- Bewegungstheater kann aber auch vom Schauspiel aus angegangen werden.

Die Ergebnisse unterscheiden sich durchaus voneinander. Man sieht es den Stücken an, ob sie in der Zusammenarbeit mit Tänzern oder mit Schauspielern entwickelt wurden. Das bedeutet jedoch nicht, dass sich die unterschiedlichen Herangehensweisen komplett unterscheiden. Es gibt neben den Unterschieden auch eine klar erkennbare, gemeinsame Schnittmenge.

Im Folgenden sollen mögliche Wege beschrieben werden, wie Spielleiter mit ihren Schülern zu Szenen im Bewegungstheater kommen können, wenn sie von der schauspielerischen Seite ausgehen. Dabei setze in an dieser Stelle voraus, dass die Schüler bereits über schauspielerische Kenntnisse und Fähigkeiten verfügen, die sie sich etwa durch eine Auswahl von geeigneten Übungen angeeignet haben.
Eine erste zentrale Fragestellung könnte nun lauten:

Wie kommt man von der Musik zu inhaltlichen Vorstellungen und zu theatralen Bildern?

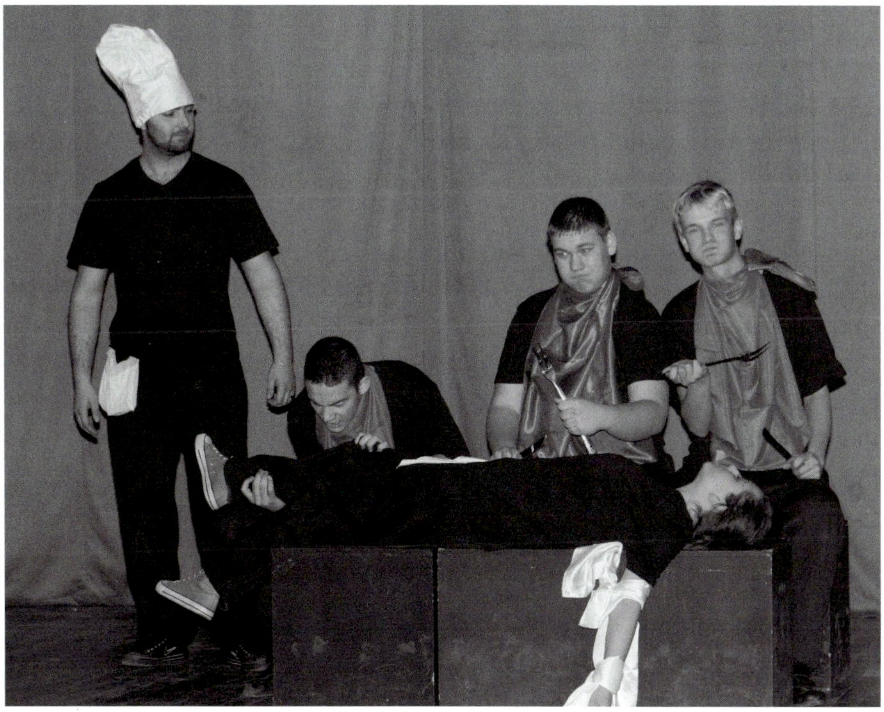

Carmina Burana – olim lacus coleram

Erste Übungen

Übung 1:
Wenn ich das Thema Bewegungstheater angehe, beginne ich stets mit der Übung „Assoziation zu stereotypen Musiken", die den Schülern eine grundsätzliche Vorstellung vermittelt, wie man von der Musik zum Spiel kommen kann. Dabei sollen sie zu instrumentalen Musikstücken Bilder assoziieren und diese in schauspielerische Aktion umsetzen. Die Schüler erhalten dabei folgenden Auftrag:

„Ihr hört nun ein kurzes Musikstück. Stellt euch vor: Ihr sitzt im Kino und hört diese Musik. Sie verkörpert eine Stimmung. Stellt euch nun eine Person vor, die ihr auf der Leinwand seht, und versucht, ohne Sprache, nur durch Mimik, Gestik sowie Körperhaltung und Körperbewegung zu spielen, wie sich diese Person fühlt und was sie tut. Entwickelt also in eurer Imagination Bilder und Bildfolgen.
Der kurze Musikausschnitt, den ihr hört, verändert sich stimmungsmäßig nicht mehr oder nur unwesentlich. Ihr braucht also keine Angst zu haben, dass mitten im Musikstück völlig neue Spielaspekte auftauchen. Das Musikstück drückt lediglich eine bestimmte Stimmung aus, nicht aber Handlungen mit Ausgangspunkt, Entwicklung und Schlusspunkt.
Natürlich gibt es nicht die eine richtige Vorstellung. Es sind mehrere richtige Aktionen vorstellbar. Probiert deshalb, wenn ihr wollt, unterschiedliche Aktionen aus. Schließt zu Beginn des Musikstücks die Augen. Das hilft euch, eure Bilder zu finden und verhindert, dass ihr euch von den Vorstellungen der anderen beeinflussen lasst.
Wenn ihr in eurer Imagination Bilder entwickelt habt, öffnet die Augen und beginnt, diese zu spielen."

Die Schüler hören nun das erste von mehreren Musikstücken, die jeweils etwa zwei bis drei Minuten lang sind. Die Aufgabenstellung bleibt gleich. Alle spielen zu diesen Musiken. Nach jedem Musikstück kann eine kurze Pause gemacht werden, die der Spielleitung die Möglichkeit gibt, kurze Hilfestellungen zu geben. Es sollte zu diesem Zeitpunkt aber nicht zu lange reflektiert oder analysiert werden.
Nach dem dritten Musikstück wird den Schülern angeboten:

„Wenn ihr wollt, könnt ihr versuchen – wiederum ohne Sprache –, eine andere Person in euer Spiel miteinzubeziehen."

Nach dieser spielerischen Phase sollte ein Austausch stattfinden: War das schwer? Ist immer eine Imagination gelungen? War es anstrengend? …
Wichtig ist, dass die Schüler verstanden und ausprobiert haben, wie sie von der Musik zur Assoziation gelangen, da dieser Vorgehensweise sowohl in der Folgeübung als auch in der weiteren Entwicklung von Szenen zentrale Bedeutung zukommt.

Übung 2:
Die Schüler bilden Kleingruppen. Jede dieser Gruppen erhält nun ein etwas komplexeres instrumentales Musikstück.
Zu diesen Stücken sollen sie wie in der ersten Übung Figürlichkeiten entwickeln, die in bestimmten Stimmungen agieren, wobei diese Figuren und Stimmungen nun jedoch im gemeinsamen Gespräch herausgearbeitet werden. Die Musikstücke müssen so ausgewählt werden, dass zusätzlich ein Handlungsablauf assoziiert und umgesetzt werden kann.
Dabei sollte die Musik in dieser Übung noch nicht ausgezählt werden. („In den ersten vier Takten sitzen wir, dann stehen wir in den nächsten zwei Takten auf, gehen sechs

Takte lang herum und setzen uns dann wieder, …") Vielmehr sollten die Schüler mit ihrem Spiel auf musikalische Impulse reagieren. („Wenn der Trommelwirbel kommt, stehen wir auf. Wenn das Saxofon anfängt zu spielen, gehen wir herum, wenn es leise wird, setzen wir uns wieder, …")
Am Ende der Kleingruppenphase präsentieren die Gruppen ihre Ergebnisse. Es folgt nach jeder Präsentation eine Reflexionsphase, in der die Zuschauer der Gruppe zurückmelden, was sie gesehen haben und ob das Gespielte zur Musik passte. Hier könnten auch Verbesserungsvorschläge gemacht werden.

Übung 3:
Durch die genaue Beobachtung der Prozesse und der Ergebnisse wird die Spielleitung erkennen, ob die Schüler noch Schwierigkeiten haben und wo zusätzliche Hilfen notwendig sind.
Schwierigkeiten, die auftauchen können:

- Die Schüler tun sich schwer damit, beim oder nach dem Hören eines Musikstücks Figürlichkeiten oder Handlungsabläufe zu assoziieren.
  Wenn die erste und zweite Übung konzentriert und ernsthaft angegangen wurden, ist dies erfahrungsgemäß nur selten der Fall. Wenn hier dennoch Hilfe notwendig ist, sollten diese Übungen erneut aufgegriffen werden.

- Die Schüler sind nicht in der Lage, ihre Assoziationen schauspielerisch umzusetzen. Wenn die zuvor gemachten schauspielerischen Übungen ausreichend waren, dürfte auch das nicht passieren. Sind hier trotzdem Defizite erkennbar, muss die Spielleitung diese genau analysieren und angemessene Übungen anbieten. Fallen zum Beispiel einige Schüler im Spiel immer noch aus ihren Rollen, kommt es also zu Präsenzbrüchen, sollten mit dem Teil der Schüler, die hier noch Schwächen haben, erneute Präsenz- oder Improvisationsübungen durchgeführt werden.

- Oft haben Schüler rhythmische Probleme. Hier gibt es graduelle Unterschiede von rhythmisch sehr sicheren Schülern bis hin zu rhythmischen „Analphabeten", die vielleicht schauspielerisch sehr talentiert sind, aber einen einfachen Rhythmus oder ein Metrum nicht hören und dann natürlich auch nicht in Bewegung umsetzen können.
  Bis zu einem gewissen Maß kann man das Rhythmusgefühl durch gezielte Übungen entwickeln.
  So kann man zu einem Musikstück alle Zählzeiten oder nur bestimmte, etwa nur die 1 und die 4, klatschen.
  Man kann zu einer rhythmisch einfachen Musik durch den Raum gehen.
  Man kann einfache Rhythmen trommeln. Hier kann etwa in einer Werkstattphase auch ein Musikkollege helfen.
  Aber bei den problematischsten Fällen wird selbst das nur minimale oder keine Erfolge zeitigen. Anstatt diese Schüler nun aus dem Projekt auszuschließen, können wir sie in Stücken einsetzen, in denen der Rhythmus gar keine oder nur eine untergeordnete Rolle spielt. Diese Schüler können auch Passagen des Sprechtheaters im Stück übernehmen oder in der Technik zum Beispiel das Licht bedienen.

- Schließlich kann es vorkommen, dass die Schüler bewegungstechnische Unterstützung brauchen.
  Hier sollten dann Hilfestellungen wie Isolationsübungen oder Übungen zu unterschiedlichen Bewegungsqualitäten, etwa durch Tocs und Fondues, angeboten werden.

Hat die Spielleitung das Gefühl, dass ein gewisses Basiskönnen bei den Schülern vorhanden ist, kann sie das Feld der ersten Übungen verlassen und in die Phase der Entwicklung der angestrebten Szenen übergehen. Dies heißt jedoch nicht, dass die Übungsphase damit endgültig abgeschlossen ist. Erfahrungsgemäß müssen im Verlauf des Prozesses hier und da erneut zielgerichtet Übungen eingestreut werden, um auf konkret aufkommende Probleme in der Umsetzung zu reagieren.

Carmina Burana – fortune plango

Das weitere Vorgehen

Die weitere Vorgehensweise hängt von einigen Grundsatzentscheidungen im Sinne von Vorgaben ab:

- Gibt es eine inhaltliche Vorgabe?
  Soll Bewegungstheater zum Beispiel zu einem Oberthema wie Gewalt oder Beziehungen gemacht werden?

- Gibt es eine musikalische Vorgabe?
  Soll Bewegungstheater zum Beispiel zur Musik „Bilder einer Ausstellung" von Modest Mussorgsky oder „Carmina Burana" von Carl Orff gemacht werden?

Kurz gefragt: „Ist der Ausgangspunkt eine Thematik oder eine Musik?"

Je nachdem, von wo aus wir losgehen, gilt:

Es gibt fünf verschiedene Wege, um zu konkreten Vorstellungen zu gelangen.

Grundsätzlich gilt: Das konkrete Musikstück gibt uns die Möglichkeit, ein Nacheinander von Bewegungs- und Ausdrucksmöglichkeiten zu unseren inhaltlichen und thematischen Vorstellungen zu entwickeln, wobei die zeitliche Struktur des Stücks unsere Aktionen taktet.
Wenn der Ausgangspunk **die Musik** ist, gibt es drei unterschiedliche Wege zur inhaltlichen Vorstellung:

1. Weg: Bei instrumentaler Musik können wir über die Assoziation zu inhaltlichen Konzepten kommen.
Diese Vorgehensweise ist in den ersten beiden Übungen bereits praktiziert worden.

2. Weg: Kennen wir den Titel des Musikstücks, so kann dieser unsere Assoziation leiten. Angenommen, die Theatergruppe möchte eine szenische Collage zu „Bilder einer Ausstellung" von Modest Mussorgsky entwickeln, und nun soll eine Bewegungschoreografie zum Stück „Die Hütte der Baba Yaga" entwickelt

werden. Die Vorlage ist also ein Instrumentalstück, und wir kennen den Titel. Es geht um eine Hexe.
Da es nur wenig Sinn macht, die Hütte, sehr wohl aber die Hexe zu spielen, könnten zuerst von der Gruppe – zunächst völlig unabhängig von der Musik – Bewegungen entwickelt werden, die die Schüler für hexentypisch halten. Danach müssten diese einzelnen Elemente miteinander verbunden, Personengruppen zugeordnet und im Sinne eines Bewegungsablaufs oder einer Choreografie in Beziehung zum Musikstück gebracht werden. Es gilt also zu klären, wann genau welcher Schüler sich wie bewegt.

3. Weg: Handelt es sich um Musik mit gesungenem Text, so wird dieser Text inhaltliche Vorgaben machen können.
Angenommen, die Theatergruppe möchte eine szenische Collage zu Carl Orffs „Carmina Burana“ entwickeln, und nun soll eine Bewegungschoreografie zum Stück „Floret silva“ aus dem Zyklus der Liebeslieder entwickelt werden.
Die Vorlage ist also ein vokales Musikstück, und der Text ist bekannt.

In einem ersten Schritt könnte die Gesamtgruppe nun textanalytisch vorgehen und die Kernaussage dieses Textes herausarbeiten.
In einem zweiten Schritt müssten dann erneut Figürlichkeiten entwickelt und diesen Figürlichkeiten Bewegungsmuster zugeordnet werden.
In einem dritten Schritt käme erneut die Musik ins Spiel, wobei es erfahrungsgemäß nicht sinnvoll ist Zeile für Zeile, sondern eher die herausgearbeitete Kernaussage des Textes in Bewegung umsetzen.
Der zweite und dritte Schritt müssen nicht strikt getrennt nacheinander erfolgen. Natürlich kann es aufgrund von musikalischen Impulsen zur Entwicklung neuer Bewegungen kommen. Die beiden Schritte können und werden sich also oft gegenseitig beeinflussen.

Carmina Burana – floret silva

4. Weg Wenn der Ausgangspunkt nicht wie in den drei vorigen Wegen die Musik, sondern **eine Thematik** ist, müssen Musikstücke gefunden werden, die zu dieser Thematik passen. Lautet das Oberthema zum Beispiel „Beziehungen“, und der Beginn oder das Ende einer Liebesbeziehung sollen dargestellt werden, muss das Musikstück eine romantische, traurige oder dramatische Wirkung haben.
Dies gilt natürlich nur dann, wenn die Musik paraphrasierend und nicht kontrapunktierend eingesetzt werden soll, was auch möglich ist.

Erneut eine fiktive Vorgabe:

- Die Theatergruppe will eine szenische Collage zum Thema „Judenverfolgung im Nationalsozialismus“ oder, allgemeiner formuliert, zum Thema „Gewalt, Vernichtung und Unterdrückung“ machen.

- Ein Schüler hat das instrumentale Musikstück „The Heretic“ von Victor Smolski & The White Russian Orchestra mitgebracht. Er findet, dass sich die Musik für eine Umsetzung zu diesem Thema eignet.

- Er schlägt außerdem vor, Stücke als Symbol für Waffen bei der Umsetzung zu verwenden.

  Der Ausgangspunkt ist also eine Thematik, und es gibt sowohl ein konkretes Musikstück als auch ein Spielmittel. Davon ausgehend können nun wiederum über die thematische und musikalische Analyse Bewegungen und choreografische Elemente entwickelt werden.

5. Weg: Schließlich ist noch ein weiterer Weg möglich: Es gibt bereits so etwas wie eine theatrale Idee und die Vorstellung eines Bewegungsablaufs. Der Ausgangspunkt ist also eine konkrete theatrale Idee. Auch dazu muss dann eine passende Musik gesucht werden.
Auf diesen Weg soll hier nicht weiter eingegangen werden, da er sehr selten Verwendung findet. Im 4. Kapitel wird ein solches Vorgehen jedoch am Beispiel der Übung „Die 6 Stühle" beschrieben.

S. 128 ff.

Carmina Burana – estuans interius

Die Verlaufsgrafik als Hilfe beim Choreografieren

Wenn wir uns im Schülertheater mit Bewegungstheater beschäftigen, taucht häufig das Problem auf, sich über das jeweilige Musikstück in seiner zeitlichen Struktur zu verständigen. Wir benötigen also eine Musiksprache, um choreografische Vereinbarungen punktgenau festzuhalten.
Im Sprechtheater ist eine solche Verständigung über den Text und die Regieanweisungen möglich. Der „Text" im Bewegungstheater ist die Musik, die unser Spiel taktet.
Zwei einfache Möglichkeiten der Verständigung wurden bereits kurz erwähnt:
Wir können uns über musikalische Impulse verständigen, die an bestimmten Stellen im Stück deutlich zu hören sind, also zum Beispiel über das Einsetzen des Gesangs oder eines Instruments, Veränderungen der Lautstärke oder des Tempos, rhythmische Besonderheiten, wie etwa einen Trommelwirbel. Genauso hilft das Auszählen der Musik nach Takten und Zählzeiten.
Aber dies reicht oft nicht aus. Die Verständigung nur über musikalische Impulse ist zumeist unzureichend, das Auszählen in vielen Fällen zu kompliziert. (Die Aussage „Im 52. Takt frieren wir auf der Zählzeit 2 ein" hilft nicht wirklich weiter.)
Wir benötigen eine einfache und zugleich punktgenaue Musiksprache, und diese muss außerdem auch schriftlich festgehalten werden können.
Natürlich kann hier die klassische Notation helfen, aber auch nur dann, wenn alle Schüler unserer Gruppe diese beherrschen, und das ist oft nicht der Fall.
Anders gesagt: Musikstücke sind häufig so angelegt, dass es sinnvoll ist, Methoden anzuwenden, mit deren Hilfe sich die Schüler besser im Stück zurechtfinden und die sie in die Lage versetzen, sich über Passagen zu verständigen. Diese Hilfe muss dabei so angelegt sein, dass sie in schriftlicher Form allen zugänglich ist.

Die Lösung lautet: Verlaufsgrafik

Im Folgenden werden drei unterschiedliche Arten von Verlaufsgrafiken vorgestellt, die sich in der Praxis bewährt haben:

Die Verlaufsgrafik als Taktschema

Wie bereits erwähnt, ist es hilfreich, ein Musikstück taktweise auszuzählen. In der Verlaufsgrafik werden dabei die Takte, ihre Zählzeiten und einige Angaben, etwa zu Wiederholungen, notiert. Eine solche Verlaufsgrafik als Taktschema ist hier am Beispiel des Stücks „Ballett der Küken in den Eierschalen" aus „Bilder einer Ausstellung" von Modest Mussorgsky dargestellt:

Ballett der Küken in den Eierschalen (in der Orchesterversion von Ravel)

Teil A 4/4-Takt:

1. Melodie A-Teil

4/4															
1	2	3	4	1	2	3	4	1	2	3	4	1	2	3	4

Wiederholung der 1. Melodie mit verändertem Schluss

1	2	3	4	1	2	3	4	1	2	3	4	1	2	3	4

Ende der 1. Melodie

												2/4-Takt	
1	2	3	4	1	2	3	4	1	2	3	4	1	2

Dieser A-Teil wird komplett wiederholt, also wieder:

1. Melodie A-Teil

4/4															
1	2	3	4	1	2	3	4	1	2	3	4	1	2	3	4

Wiederholung der 1. Melodie mit verändertem Schluss

1	2	3	4	1	2	3	4	1	2	3	4	1	2	3	4

Ende der 1. Melodie

												2/4-Takt	
1	2	3	4	1	2	3	4	1	2	3	4	1	2

Teil B 4/4–Takt:

1. Melodie B-Teil

4/4															
1	2	3	4	1	2	3	4	1	2	3	4	1	2	3	4

Wiederholung der 1. Melodie B-Teil

1	2	3	4	1	2	3	4	1	2	3	4	1	2	3	4

2. Melodie B-Teil

1 2 3 4	1 2 3 4	1 2 3 4	1 2 3 4

1 2 3 4	1 2 3 4	1 2 3 4	1 2 3 4

Teil A 4/4-Takt:

1. Melodie A-Teil

4/4			
1 2 3 4	1 2 3 4	1 2 3 4	1 2 3 4

Wiederholung der 1. Melodie mit verändertem Schluss

1 2 3 4	1 2 3 4	1 2 3 4	1 2 3 4

Ende der 1. Melodie mit verändertem Schluss

1 2 3 4	1 2 3 4	1 2 3 4	1 2 3 4

Anmerkungen:
Das Stück ist in einen A- und einen B-Teil gegliedert.
Hinter dieser Angabe steht die Taktart, hier also 4/4-Takt.
In der ersten Doppelzeile erkennt man vier Takte, und da es sich, wie gerade gesagt, um einen 4/4-Takt handelt, stehen in der unteren Zeile die vier Zählzeiten.
Außerdem ist über fast jeder Doppelzeile noch eine kurze Notiz zu erkennen, zum Beispiel: 1. Melodie A-Teil.
Im 12. Takt ist ein Taktwechsel zum 2/4-Takt vermerkt.

Die Verlaufsgrafik als grafische Notation

Musiker kennen den Begriff der „grafischen Notation", die im 20. Jahrhundert in der Avantgarde-Musik entwickelt wurde. Dabei werden teilweise zusätzlich zur klassischen Notation, oft jedoch an deren Stelle, grafische Symbole, Farben und/oder Textfragmente verwendet. Eine solche sehr einfache grafische Notation wird hier am Beispiel des Anfangs von „Die Katakomben" wiederum aus „Bilder einer Ausstellung" gezeigt. Die grafische Notation bietet sich hier an, da kein klar durchlaufender Rhythmus hörbar ist, das Stück also kaum ausgezählt werden kann.

Die Katakomben (in der Orchesterversion von Ravel)

Die Schüler erhalten zunächst eine kurze Einweisung im Sinne einer Lesehilfe:
Je höher die Zeichen stehen, desto höher klingen sie auch, je breiter bzw. länger sie sind, desto länger klingen sie auch; „Crescendo" bedeutet „lauter werdend".

bedeutet: Akkordblock

bedeutet: ein einzelner Melodieton

Hier nun der Anfang der Verlaufsgrafik:

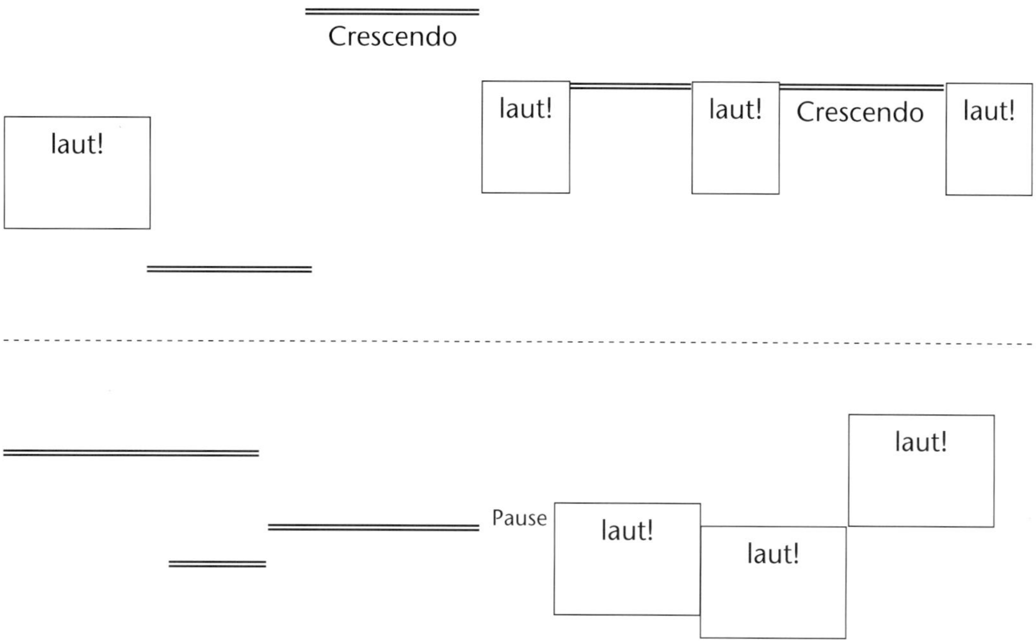

Verlaufsgrafik als „Taktschema mit Text"

Handelt es sich bei dem Musikstück um ein vokales, gibt es also einen gesungenen Text, kann man diesen dem schon beschriebenen Taktschema hinzufügen. Dadurch entsteht eine Verlaufsgrafik, die wesentlich detaillierter ist und somit die Verständigung und das Festhalten von Vereinbarungen exakter ermöglicht.
Als Beispiel für eine solche Verlaufsgrafik hier die erste Strophe und der Refrain des Stücks „Circa mea pectora" aus Carl Orffs „Carmina Burana":

„Circa mea pectora" (Carl Orff)

1. Strophe:

3/4											
Cir-		ca	me-		a	pec-		to-	ra		

mul-		ta	sunt		sus-	pi-		ri-	a		

4/4				5/4				
De-	e	tu-a	pul-chri	tu-di	ne que	me le-	dunt mi-	se- re

3/4											
uh ----------------------			--------------------------			--------------------------			--------------------------		
Cir-		ca	me-		a	pec-		to-	ra		

--------------------------			--------------------------			--------------------------			--------------------------		
mul-		ta	sunt		sus-	pi-		ri-	a		♩

Refrain:

4/8							
Man- da	liet	Man- da	liet	min ge-	sel- le	chu- met	niet.

Man- da	liet	Man- da	liet	min ge-	sel- le	chu- met	niet.

Man- da	liet	Man- da	liet	min ge-	sel- le	chu- met	niet.

min ge-	sel- le	min ge-	sel- le	min ge-	sel- le	chu- met	niet.

min ge-	sel- le	min ge-	sel- le	min ge-	sel- le	chu- met	Ah!

♪	Ah!	♪	Ah!	♪	Ah!	♪	Ah!	---PAUSE---

Anmerkungen:
Schon auf den ersten Blick werden die Vorteile dieser Verlaufsgrafik deutlich: Taktwechsel sind sofort zu erkennen; Zweistimmigkeiten lassen sich einfach darstellen; das Hinzunehmen einfacher Elemente der klassischen Notation erleichtert das Lesen usw.

Meine Erfahrung ist, dass Schüler, auch wenn sie über keinerlei praktische Musikerfahrung verfügen, mit dieser Form der Notation schnell zurechtkommen.
Bei der Entwicklung solcher Notationen bin ich manchmal von der Notation des Komponisten, was etwa die Taktzuordnung betrifft, abgewichen, wenn das beim Hören das Lesen oder beim Lesen das Hören erleichtert.

Besonders wenn es sich um ein instrumentales Musikstück handelt, kann diese Form der Verlaufsgrafik sinnvoll sein. Während den Schülern bei vokalen Stücken der Melodietext noch als Orientierung hilft, bleibt bei instrumentalen Stücken nur die Melodie selbst als Orientierungshilfe.
Die Lösung ist logisch:

Wenn jeder einzelne Ton der im Vordergrund liegenden Melodie vertextet wird, können die Schüler sich wieder am Text orientieren.

Als Beispiel für eine solche Verlaufsgrafik soll wiederum das „Ballett der Küken in den Eierschalen" dienen, das bereits in einer Verlaufsgrafik als Taktschema dargestellt wurde. Beim „Vertexten" ist es hilfreich, wenn der Text einen inhaltlichen Bezug zum Stück hat. Da wir kein Ballett innerhalb der Eierschalen darstellen wollten, waren unsere Küken frisch geschlüpft. Nun hüpften und tollten sie unbeholfen herum und flatterten mit ihren Flügelchen. Aus genau diesen Begrifflichkeiten wurde der Text „gebaut". Das bedeutet aber nicht, dass nun immer und nur dieser Text spielerisch

umgesetzt werden soll. Der Text ist und bleibt primär eine Orientierungshilfe.
Im direkten Vergleich werden die Vorteile der vertexteten Verlaufsgrafik gegenüber dem Taktschema sofort deutlich.

Ballett der Küken in den Eierschalen (in der Orchesterversion von M. Ravel)

Teil A 4/4-Takt

4/4							
Vie- le,	vie- le	klei- ne	Kü- ken	Vie- le,	vie- le	klei- ne	Kü- ken

hüp- fen	in der	Ge- gend	rum und	flat- tern	noch ganz	un- be-	hol- fen.

Vie- le,	vie- le	klei- ne	Kü- ken	Vie- le,	vie- le	klei- ne	Kü- ken

hüp- fen	in der	Ge- gend	rum, ja	hüp- fen	in der	Ge- gend	rum, ja

hüp-	fen	al-	le	in	der	Ge-	gend

4/4				2/4	
rum!	-	-	-	-	Hey!

Dieser A-Teil wird komplett wiederholt, dann:

Teil B 4/4-Takt:

4/4							
Und		sie		flat-	tern	mit	den

Flü-		geln,		Flü-		geln,	

Und		sie		flat-	tern	mit	den

Flü-		geln,		Flü-		geln,	

Sieh mal	sie	tol- len,	sie	tol- len,	sie	tol- len,	sie

tol- len,	sie	tol- len,	sie	tol- len,	sie	tol- len,	he-

rum!	-	-	-	-	-	-	-

-	-	-	-	-	-	-	-

Wiederholung Teil A 4/4-Takt mit verändertem Schluss:

4/4							
Vie- le,	vie- le	klei- ne	Kü- ken	Vie- le,	vie- le	klei- ne	Kü- ken

hüp- fen	in der	Ge- gend	rum und	flat- tern	noch ganz	un- be	hol- fen.

Vie- le,	vie- le	klei- ne	Kü- ken	Vie- le,	vie- le	klei- ne	Kü- ken

hüp- fen	in der	Ge- gend	rum, ja	hüp- fen	in der	Ge- gend	rum, ja

hüp-	fen	al-	le	in	der	Ge-	gend

rum,	-	-	-	-	ja, he-	rum!	

Meine persönliche Erfahrung hat gezeigt: Mit dieser Vertextung ist uns ein Instrument in die Hand gegeben, das noch einen weiteren großen Vorteil mit sich bringt: Unsere Schüler müssen die Musik auswendig lernen. – Mit der Vertextung können sie das problemlos!

Was das Erstellen einer solchen taktgenauen und vertexteten Verlaufsgrafik betrifft, höre ich schon: „Das kann ich nicht!“ Und dieser Einwand ist durchaus berechtigt. Wenn die Spielleiter selbst keine Musikausbildung haben, können sie es in der Regel wirklich nicht. Aber sie können die Vertextungen erstellen, und vielleicht gibt es in der Gruppe Schüler, die die Texte in das Taktschema einbauen können, wenn man ihnen diese Vorlagen zeigt. Und wenn nicht, es gibt ja immer noch die Musikkollegen!

Der Inszenierungsrahmen

Natürlich muss im Bewegungstheater genauso wie im Sprechtheater im Prozess der konzeptionellen Planung wiederum ein Inszenierungsrahmen entwickelt werden.

Da das Gesamtstück, was die äußere Form betrifft, zwangsläufig eine szenische Collage sein wird, gilt es also erneut, inszenatorische Kriterien zu entwickeln, die die einzelnen durch die Musik in sich geschlossenen Szenen miteinander verbinden.
Weil sich das Bewegungstheater an diesem Punkt nicht vom Sprechtheater unterscheidet, muss auf diesen Punkt nicht mehr grundsätzlich eingegangen werden. Lediglich einigen Teilaspekten sollte man im Bewegungstheater Beachtung schenken:

- Die schauspielerischen Hilfsmittel, also etwa die Kostüme oder Requisiten, sollten so angelegt sein, dass sie die Bewegungsfreiheit nicht einschränken.

- Auch beim Bühnenkonzept muss darauf geachtet werden, dass die Schüler Platz haben. Dies meint sowohl die Maße der Bühne, die häufig größer sein muss als beim Sprechtheater, als auch den Einsatz des Bühnenbilds. Eine Terrassenbühne etwa wird ebenso ungeeignet sein wie zahlreiche Bühnenaufbauten, die das Spiel in der Bewegung behindern.
  Häufig kommt im Bewegungstheater dem bereits mehrfach erwähnten Aspekt der Reduktion besondere Bedeutung zu; die typische Bühne im Bewegungstheater ist eher spartanisch schlicht angelegt.

Was schließlich den Aspekt des altersspezifischen Spiels betrifft, befinden wir uns zumeist, wenn die Inhalte dem nicht völlig konträr entgegenstehen, was so gut wie nie der Fall ist, auf der sicheren Seite.
Hier nun exemplarisch der Inszenierungsrahmen, auf dessen Grundlage das Stück „Bilder einer Ausstellung" an unserer Schule als Bewegungstheater entwickelt und aufgeführt wurde.
Er setzte sich aus folgenden sechs Bausteinen zusammen:

Musik:
Mussorgsky (Klavier), Ravel (Orchester), Tomita (Synthesizer), ELP (Rock)

äußere Form:
szenische Collage
Sparte:
Bewegungstheater
↓
dazu **Sprechtheater:**
in den Anmoderationen

„Bilder einer Ausstellung"

Ort:
fiktives Museum mit Bildern und Putzkolonne
↓
szenische Verbindung:
durch Putzkolonne und Promenaden

schausp. + tech. Hilfsmittel:
Haupt- + zwei Nebenbühnen,
Kostüm + Requisiten reduziert,
Putzkolonne naturalistisch

- Die Musik zu den einzelnen Bildern war die Klavierversion von Modest Mussorgsky und die von Ravel instrumentierte Orchesterfassung. Einigen der Szenen lag aber auch die von dem japanischen Komponisten und Musiker Isao Tomita entwickelte Bearbeitung für Synthesizer, anderen Szenen die Rockversion von Emerson, Lake & Palmer zugrunde.

- Es entstand eine szenische Collage, in der die einzelnen Bilder „gespielt" wurden. Sie erwachten sozusagen zum Leben. Während der Musik wurde nicht gesprochen. Die Bilder wurden ausschließlich mit Mitteln der Bewegung dargestellt.

- Diese musikalischen Szenen wurden durch gesprochene Szenen ergänzt, die die Funktion von Anmoderationen hatten.

- Das Stück spielte in einem fiktiven Museum und begann am späten Abend, nachdem die Tore geschlossen und die Besucher das Museum verlassen hatten. Eine Putzkolonne trat auf. Für eine der Putzfrauen war es der erste Tag, sie sah das Bild „Der Gnom" und erschrak. Die anderen beruhigten sie, erklärten ihr mit einfachen Worten, was sie da sah, und endeten mit dem Satz: „Und wenn du genau hinsiehst, dann wird das Bild für dich lebendig!" Die Texte hierzu entwickelten die Schüler.

- Die Promenaden wurden ebenfalls von der Putzkolonne auf ihrem Weg von Bild zu Bild mit den Mitteln des Bewegungstheaters gespielt.

- Was die schauspielerischen und technischen Mittel betraf, so gab es eine Haupt- und zwei Nebenbühnen, auf denen alle Szenen spielten. Nur die Museumsgruppe wanderte durch den Publikumsraum und verharrte während der Musikstücke seitlich der jeweiligen Bühne im lockeren Freeze.
  In den Szenen der Bilder kamen lediglich wenige Requisiten und nur vereinzelt – zum Beispiel in „Das alte Schloss" – Bühnenaufbauten zum Einsatz.
  Die Kostümierung bestand nur aus spärlichen Einzelteilen über einem einheitlichen Grunddress. Im Gegensatz dazu war die Putzkolonne naturalistisch ausstaffiert.

Ausgehend von ersten Übungen über fünf unterschiedliche Wege, die man beschreiten kann, sowie Hilfestellungen mittels Verlaufsgrafiken bis hin zur Entwicklung eines Inszenierungsrahmens, wurde in diesem Abschnitt beschrieben, wie man mit Schülern Bewegungstheater realisieren kann, wenn der Ausgangspunkt die schauspielerische Seite ist.

3.6 Weitere Theaterformen – Anregungen

Neben den schon erwähnten theatralen Darbietungsformen gibt es eine Reihe weiterer möglicher „Ideengeber", die als eigenständige Kunstformen existieren und von denen hier einige erwähnt werden sollen.
Alle diese Formen können unter bestimmten Voraussetzungen im Schülertheater auftauchen bzw. partiell in das Schülertheater einfließen und die Inszenierungen bereichern:

Pantomime

Von Schülern wird der Begriff „Pantomime" oft gleichgesetzt mit „Spiel ohne Worte", und das ist schlicht falsch. So wie man den Begriff heute versteht, meint er eine Kunstform, die in Teilen auch beim Clown, im schwarzen Theater oder im Straßentheater

aufgegriffen wird. Die Ursprünge der Pantomime finden sich, wie beim römischen Pantomimus, im Tanz, und dies ist nicht weiter verwunderlich, da sich doch der Pantomime durch seine Bewegung und nicht oder kaum über die Sprache ausdrückt. Über die Commedia dell'Arte und das Stehgreiftheater entwickelte sich die Pantomime über die Jahrhunderte, bis im 20. Jahrhundert Étienne Decroux mit der „mime pur" den tänzerischen Bereich endgültig verließ, und Marcel Marceau die Pantomime als die Kunstform des Solopantomimen entwarf, die wir heute kennen.
Auf Decroux geht die heutige Pantomimentechnik zurück. Er verglich die Pantomime mit der Sprache. So wie in der Sprache einzelne Worte oder Wortgruppen im Sinne der Rhythmisierung – zum Beispiel durch kurzes Innehalten bei Satzzeichen – zu Sätzen geformt werden, rhythmisiert der Pantomime seinen Vortrag und somit seine Bewegungen mit An- und Entspannung. Hierbei setzen Tocs jeweils den klaren Beginn und das klare Ende eines „Bewegungssatzes", und alle Bewegungen werden durch eine genaue Analyse bewusst auf ein Minimum reduziert. Dies erfordert eine große Körperbeherrschung, die jahrelanges Training erfordert. Im Verlauf des technischen Trainings wird dabei mit einer Vielzahl von festgelegten Positionen oder Bewegungsabläufen gearbeitet. Das pantomimische Gehen etwa ist eine klar festgelegte Abfolge von bestimmten über den Kopf gesteuerten muskulären Prozessen, die sich nicht nur auf das Bewegen der Beine bezieht, sondern alle Teile des Körpers miteinbezieht.
Aus dieser sehr kurzen Darstellung, was Pantomime letztlich ausmacht, dürfte dennoch klar geworden sein, was grundsätzlich und auch für das Schülertheater bedeutsam wird: Pantomime ist deutlich mehr als nur das Spiel ohne Worte, ja es ist im Kern etwas völlig anderes. Während das Spiel ohne Worte organisch aus einer Figürlichkeit entsteht, also sozusagen bauchgesteuert ist, entsteht die Aktion des Pantomimen durch bewusste Entscheidungen für oder gegen eine bestimmte Bewegung. Sie ist letztlich also kopfgesteuert.

Wer sich entschließt, mit seinen Schülern pantomimisch zu spielen, muss sich im Vorfeld auf ein langwieriges pantomimisches Techniktraining einlassen. Sonst schlägt er unweigerlich den falschen Weg der Reduktion der Qualität ein! Meine Bedenken richten sich aber keineswegs dahin, in eine Inszenierung vielleicht auch einmal eine pantomimische Szene einzustreuen, wenn es denn einen Schüler gibt, der über die notwendigen Kompetenzen verfügt und wenn dies im Inszenierungsrahmen Sinn macht.

Figurentheater

Wie die Pantomime ist auch das Figurentheater, das heute oft auch Puppentheater genannt wird, in all seinen Facetten vom Spiel mit Marionetten, Stabpuppen, Schattenfiguren oder Handpuppen – um nur einige zu erwähnen – eine eigenständige Kunstform. Aber Schauspieler werden eben nicht „mal eben so" zu Figurenspielern, nur weil sie eine Stabpuppe in die Hand nehmen. Das Figurenspiel muss professionell angeleitet erlernt werden, und dies gilt für das Schülertheater natürlich ebenfalls. Geschieht dies nicht, bleibt häufig nichts übrig als der „Kinderkram" des Kasperletheaters. Dennoch ist es durchaus reizvoll, Elemente des Figurenspiels in die Inszenierung einzustreuen. Neben der zu erlernenden Fertigkeit, was das Bespielen der Figur betrifft, sind einige Bedingungen ganz praktischer Art zu bedenken und zu realisieren:

- Man braucht die Figuren. Diese müssen also hergestellt, gekauft oder besorgt werden.

- Das Figurenspiel braucht eigene Voraussetzungen, was die Bühne betrifft.
  Beispiel: Das Stabpuppenspiel benötigt gegebenenfalls eine Rampe, hinter der die Spieler für das Publikum unsichtbar ihre Figuren halten und bewegen können.

4. Schauspielerischer Grundkurs

In diesem Kapitel geht es um Schauspieltraining.
Die Positionierung dieser Thematik hinter dem großen Feld der konzeptionellen Planung erscheint im ersten Moment unlogisch, da – wie bereits in 1.2 im 1. Tipp gefordert – bei der Qualifizierung zum Spielleiter zunächst das Erlernen des schauspielerischen Handwerks im Vordergrund stehen sollte und erst daran anschließend und darauf aufbauend die inhaltliche Planung eines Schülertheaterprojekts.
Dies ist nach wie vor eine meiner grundsätzlichen Forderungen. Die Zielgruppe, an die sich das Schauspieltraining hier richtet, ist jedoch nicht die Spielleitung, sondern die Schülergruppe, die, angeleitet von ihren Spielleitern, Übungen erhält, die sie qualifiziert, auf der Bühne zu agieren.

Ich bin allerdings fest davon überzeugt:
Der Spielleiter muss die Übungen ebenfalls beherrschen. Denn nur, wenn er die ganzkörperliche Komplexität jeder einzelnen Übung im wahrsten Sinn des Wortes am eigenen Leib erfahren hat, kann er sie auch vermitteln. Insofern richten sich die Übungen dann doch auch an die Spielleitung.

4.1 Vorbemerkungen

In der Regel sieht sich die Spielleitung eines Theaterkurses zu Beginn des Schuljahres mit der Situation konfrontiert, dass die Schüler über keine schauspielerischen Vorkenntnisse verfügen. Dies gilt im Besonderen für die Literaturkurse, das erste Jahr im Fach Darstellen und Gestalten oder an Schulen mit theaterspezifischem Schwerpunkt für das Einstiegsjahr in das Fach Theater. Hier gilt immer:

Wir müssen den Schülern einige zentrale schauspielerische Techniken vermitteln und diese mit ihnen einüben.

Dies sollte durch eine Vielzahl von Übungen geschehen, die zwar nicht zwingend, aber durchaus sinnvoll in den ersten acht bis zehn Wochen des Schuljahres kompakt in Form einer Werkstattphase angeboten werden können.

Diese Werkstattphase möchte ich „schauspielerischer Grundkurs" nennen. Sie kann mit einer ersten Präsentation enden, und dies hat Vorteile:
Wenn danach mit der Probe an einem Stück begonnen wird, haben alle Schüler bereits ein schauspielerisches Basiskönnen, was die konkrete Arbeit leichter macht.
Die Schüler erleben relativ früh im Schuljahr die Ernstsituation des Auftretens.
Es hilft den Spielleitern zudem, die Schüler kennen und einschätzen zu lernen, was die Entscheidung der Frage „Wie arbeite ich im Verlauf des restlichen Schuljahres weiter?" vereinfacht.
Nach der Werkstattphase sollten die Fähigkeiten jedoch laufend erweitert und vertieft werden.

Entscheidet die Spielleitung sich gegen eine solche kompakte Werkstattphase, so ist darauf zu achten, dass

- die Übungen inhaltlich sinnvoll an die Probeinhalte angekoppelt werden, ihre Ergebnisse also in die anschließende Probearbeit einfließen und
- die Schüler mit den Anforderungen, die in den Proben auf sie zukommen, nicht überfordert sind.

Unabhängig davon, ob die Übungen an die Proben angekoppelt oder in kompakter Form durchgeführt werden, sollte grundsätzlich Folgendes beachtet werden:

Sich einlassen, ohne zu verweigern

Es kostet gerade Anfängern eine nicht zu unterschätzende Überwindung, sich auf die einzelnen Übungen einzulassen. Probate Mittel, dieses Einlassen zu erleichtern und Verweigerungen zu verhindern, sind:

- **Alle spielen alles**

Aus diesem Grund sollten die meisten Übungen solche sein, die die Gesamtgruppe gleichzeitig macht.

- **Jeder spielt mit jedem**

Die Schüler müssen lernen, persönliche Ressentiments anderen gegenüber für die Phasen des Spiels hintenanzustellen.

- **Zuschauen verboten**

Dies gilt auch für Schüler, die nicht in der Theatergruppe sind und einmal zusehen wollen, was da so passiert.
Ausnahme: Der Kurs ist geteilt in eine Gruppe, die agiert, und eine zweite, die beobachtet. Aber auch hier gilt wieder: Alle spielen alles.
Die Gruppen müssen anschließend immer tauschen.

Präsenz, Körperarbeit, Wahrnehmung, Stimme/Sprache, Improvisation

Natürlich gibt es nicht die eine richtige Reihenfolge, in der die Übungen mit den Schülern gemacht werden müssen. Vielmehr ist es sinnvoll, dass die Spielleitung über einen Pool von Übungen verfügt, die – abgestimmt auf die jeweilige Situation – eingesetzt werden sollten. Es empfiehlt sich, diesen Pool als Karteikasten anzulegen, sodass er im Verlauf der Jahre jederzeit leicht erweitert und modifiziert werden kann. Darüber hinaus sollten die einzelnen Übungen strukturiert werden, damit ein Aufeinanderaufbauen der Übungen besser gesteuert werden kann.
Betrachtet man nun den Pool der Übungen, so bietet sich folgende Struktur an:

Von der theatralen Präsenz über Körperarbeit, Wahrnehmung, Stimme/Sprache zur Improvisation

Kurz zu den Begrifflichkeiten:

- **Theatrale Präsenz**

Der Begriff „Präsenz" meint ein Grundgefühl, das durch die folgenden drei Leitsätze beschrieben werden kann: „Ich sehe alles! Ich sehe alle! Und ich will, dass alle mich sehen!"
Bei der „theatralen Präsenz" kommt das Beibehalten einer rollenspezifischen Figürlichkeit hinzu. Im allgemeinen Sprachgebrauch wird jedoch nur selten zwischen Präsenz und theatraler Präsenz unterschieden. Der theatralen Präsenz kommt insofern eine zentrale Bedeutung zu, als dass sie beim Spielen gewissermaßen über allem thront.
Anders gesagt: Ohne theatrale Präsenz ist Theaterspielen nicht möglich!

In der theatralen Präsenz sollten Übungen zu Körperarbeit, Wahrnehmung und Stimme/Sprache angeboten werden.

- **Körperarbeit**

Das Kapital des Schauspielers ist sein Körper. Und dieser Körper muss trainiert werden.

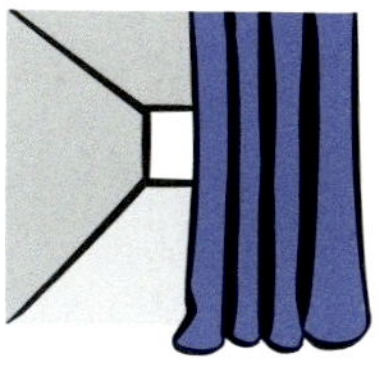

Ich besuchte mit Zehntklässlern während einer Projektwoche zum Thema Theater die Probe einer professionellen Theatergruppe. Die Schauspieler begannen auf der Bühne mit Aufwärm-, Bewegungs- und Kontaktübungen. Zunehmend verständnislos schauten meine Schüler zu. Nach etwa 60 Minuten setzten wir uns alle in einem Sitzkreis zusammen und die Schauspieler wollten uns gerade erklären, woran sie nun weiterarbeiten wollten, als eine meiner Schülerinnen zaghaft fragte: „Wann fangt ihr denn endlich mit der Probe an?"
Nun waren es die Schauspieler, die verständnislos reagierten: „Wieso anfangen? Wir proben doch schon seit einer Stunde!"

- **Wahrnehmung**

Es versteht sich von selbst, dass die Wahrnehmung des Raums und der Mitspieler im Raum zum Theaterspielen zwingend dazugehört. Die Konzentration auf dieses Übungsfeld muss geschult werden.

- **Stimme/Sprache**

Dass Stimme und Sprache bei ungeübten Schülern trainiert werden müssen, ist ebenso klar. In diesem Kapitel werden hierzu Übungen beschrieben; im 5. Kapitel wird der Aspekt noch einmal näher ausgeführt und verdeutlicht.

S. 146ff.

Die oberen vier Bereiche bündeln sich schließlich in komplexeren Spielübungen, zum Beispiel Improvisationsübungen.

- **Improvisation**

Hier werden Übungen beschrieben, die sehr kurze und etwas längere Spielphasen beinhalten. Die Schüler lernen, unterschiedliche Figürlichkeiten in theatraler Präsenz durch Mimik, Gestik, Körperhaltung und Körperbewegung sowie Stimme und Sprache einzunehmen, diese Figürlichkeiten ohne Präsenzbrüche beizubehalten und sie in der Wahrnehmung von Personen und Raum zu präsentieren.

Die Zuordnung der Felder kann also folgendermaßen dargestellt werden:

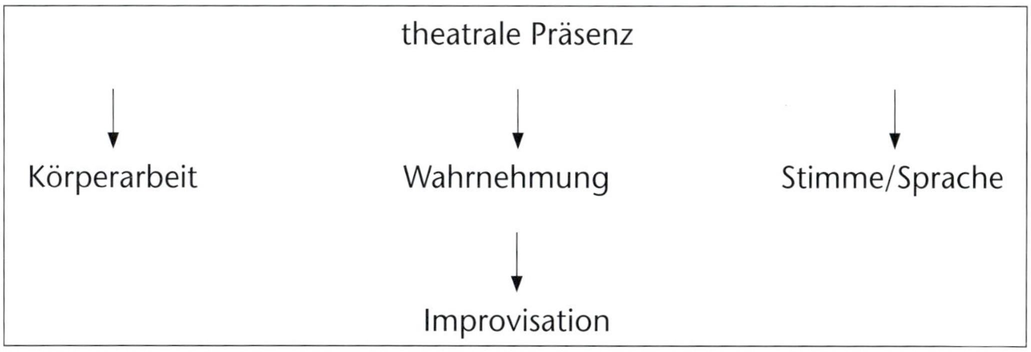

Notwendige Schwerpunkte

Den oben beschriebenen Feldern kommt – je nach Inhalt des konkreten Projekts – unterschiedliche Bedeutung zu. Wenn in der Theatergruppe Bewegungstheater gemacht werden soll, dann wird der Körperarbeit eine besondere Bedeutung zukommen müssen, wohingegen Stimme/Sprache eine untergeordnete – vielleicht gar keine – Rolle spielt. Soll hingegen der Schwerpunkt auf Sprechtheater gelegt werden, so müssen sich die Gewichtungen entsprechend anders verteilen.

Ein häufiges Problem beim Sprechtheater ist das durch den Text verkopfte Spiel: Die Schüler sprechen ihren Text, spielen aber nicht.
Stimme und Sprache sollten aber gerade bei Laien eben nicht die steuernde Funktion haben. Im Gegenteil: Die Stimme – als nur ein Teil des Corpus – sollte als letztes Moment den Ganzkörperausdruck komplettieren und sich organisch ergeben.

Aus diesem Grund empfehle ich, zu Beginn stumme Übungen zu machen, dann theatrale Figürlichkeiten durch die Stimme, also durch Laute oder Buchstaben, anzureichern und erst dann die textbezogene Sprache hinzuzufügen.

4.2 Der Pool der Übungen

Die einzelnen Übungen sollten aufeinander abgestimmt werden.

Das folgende Beispiel zeigt, was mit „aufeinander abstimmen" gemeint ist. Ein möglicher Einstieg in den schauspielerischen Grundkurs könnte wie folgt aussehen (Die hier genannten Übungen werden in 4.3 genau beschrieben.):

S. 102ff.

- Die Präsenzübung „Umkippen privat-präsent" hat sich als sinnvoller Einstieg erwiesen.

S. 115f.

- Die Wahrnehmungsübung „Personen- und Raumwahrnehmung in der Präsenz" kann sich organisch anschließen.

S. 105ff.

- Durch die Körperarbeitsübung „Die fünf Körpertypologien" werden erste Techniken vermittelt, die den Schülern helfen, für eine kurze Zeit eine Rolle oder eine Figürlichkeit einzunehmen.

S. 128ff.

- Die Improvisationsübung „Die 6 Stühle" kann diese Einstiegsphase als Ergebnis abrunden.

Im Pool der Übungen ist eine Anzahl von Übungen zu den einzelnen Feldern in Tabellenform aufgelistet. Die Kürzel haben folgende Bedeutungen:

1. Spalte:	2. Spalte:	3. Spalte:	4. Spalte:	5. Spalte:	6. Spalte:	7. Spalte:
das primäre Übungsfeld: P = theatrale Präsenz K = Körperarbeit W = Wahrnehmung S = Stimme/ Sprache Im = Improvisation sowie eine Nummerierung und die Bezeichnung der Übung (zum Beispiel: P1 – „Umkippen privat-präsent")	weitere Übungsfelder, die in die Übung einfließen (so steht z. B. „K+S" für: Körperarbeit und Stimme/ Sprache kommen hinzu)	Zusätzlich kommt in der Übung den folgenden Aspekten besondere Bedeutung zu: **Warming** [1] **Reduktion**[2] **Kontakt**[3]	„Musik" steht für: Die Übung kann oder muss durch den Einsatz von Musik unterstützt werden.	„Präsentation" gibt an, dass sich die Übung am Ende der Werkstattphase zur Aufführung eignet.	1= einfache Übungen 2 = mittelschwere Übungen 3 = komplexe Übungen	die Dauer der Übung (sie wird je nach Gruppengröße und Lerntempo variieren)

[1] Dem **Warming** kommt immer dann besondere Bedeutung zu, wenn die sich anschließenden Übungen mit großer Körperanspannung verbunden sind. Um Verletzungen zu vermeiden, ist das Aufwärmen dann unerlässlich.

[2] Der **Reduktion** (gemeint ist hier: schauspielerische Reduktion) kommt besondere Bedeutung zu, da Anfänger häufig dazu neigen, in der konkreten Rolle viel zu viel zu agieren („Zappel nicht rum!"). Die einzelne Aktion geht unter, sie „verhuscht". Zumeist liegt der Grund für dieses „Zu viel" und „Zu schnell" in der Unsicherheit, was die Wirkung betrifft („Weniger ist mehr!").

[3] Den **Kontakt**übungen kommt besondere Bedeutung zu, da die Schüler häufig Berührungsängste haben, die ihnen genommen werden müssen. Diese Übungen müssen behutsam und logisch aufeinander aufbauend eingesetzt werden.

Theatrale Präsenz

Übung	Bezug auf weitere Felder	Zusätzliche Aspekte	Mit Musik	Zur Präsentation geeignet	Schwierigkeit	Dauer in Minuten
P1 – „Umkippen privat-präsent"	–	–	–	–	1	20
P2 – „Ich bin sehr, sehr wütend!"	–	–	–	–	2	20
P3 – „Die Bogenschützen"	–	–	–	–	2	20
P4 – „Der präsente Rücken"	–	–	–	–	2	20

Körperarbeit

Übung	Bezug auf weitere Felder	Zusätzliche Aspekte	Mit Musik	Zur Präsentation geeignet	Schwierigkeit	Dauer in Minuten
K1 – „Die fünf Körpertypologien"	S	–	–	–	1	90

K2 – „Erntearbeit in der Landkommune"	–	Warming	–	–	1	10
K3 – „Tocs und Fondues"	–	–	Musik	–	1	15
K4 – „Lockeres Laufen zu Musik"	–	Warming	Musik	–	1	pro Musik: 5
K5 – „Bewegung nur in Gesangsteilen"	–	Warming	Musik	–	1	pro Musik: 5
K6 – „Bewegung nur zu Instrumenten"	–	Warming	Musik	Präsentation	1	pro Musik: 5
K7 – „Gemeinsame Wanderung"	–	Warming	–	–	1	10
K8 – „Von der Ruhe zur Aktion und zurück"	–	Warming	–	–	2	15
K9 – „Begegnung mit Körperteilen"	–	Kontakt	–	–	2	15
K10 – „Klopfmassage"	–	Kontakt	Musik	–	2	15

Wahrnehmung

Übung	Bezug auf weitere Felder	Zusätzliche Aspekte	Mit Musik	Zur Präsentation geeignet	Schwierigkeit	Dauer in Minuten
W1 – „Personen- + Raumwahrnehmung"	–	Warming	–	–	1	20
W2 – „Tierchen schmeißen"	–	Warming	–	–	1	20
W3 – „Gehen, stop & go"	K	–	–	–	1	10
W4 – „Tempogehen"	K	Warming	–	–	1	10
W5 – „David sagt"	K	Warming	–	–	1	10
W6 – „Echobegrüßung"	K+S	Reduktion	–	–	1	20
W7 – „Die Marionettenspieler"	K	Reduktion	Musik	Präsentation	2	30
W8 – „Blindenführung"	–	Kontakt	–	–	2	30
W9 – „Blinde Puppe im Kreis"	–	Kontakt	Musik	–	2	20

Stimme/Sprache

Übung	Bezug auf weitere Felder	Zusätzliche Aspekte	Mit Musik	Zur Präsentation geeignet	Schwierigkeit	Dauer in Minuten
S1 – „Der Satz in unterschiedlichen Stimmungen"	K	–	–	–	1	30
S2 – „Der Beipackzettel"	–	–	–	–	1	30
S3 – „Buchstaben und ihre Eigenschaften"	–	–	–	–	2	20
S4 – „Variationen der Stimme"	–	–	–	–	2	40
S5 – „Der Korken"	–	–	–	–	2	30

Improvisation

Übung	Bezug auf weitere Felder	Zusätzliche Aspekte	Mit Musik	Zur Präsentation geeignet	Schwierigkeit	Dauer in Minuten
Im1 – „Begegnung am Morgen"	K+S	Warming	–	–	1	10
Im2 – „Die 6 Stühle"	–	Kontakt	Musik	Präsentation	2	pro Durchlauf: 10
Im3 – „Kontaktaufnahme auf Entfernung"	W	Reduktion	–	–	2	20
Im4 – „Der Gesellenbrief"	K+S	Reduktion	–	–	2	90
Im5 – „Gegensatz zwischen Körperausdruck und Text"	S	Reduktion	–	Präsentation	3	30
Im6 – „Vom Ballon bis zum Tanz"	K	Kontakt	Musik	Präsentation	3	45
Im7 – „Bewegungskreislauf zu Gedichten"	S	–	–	Präsentation	3	120
Im8 – „Aktion zu stereotypen Musiken"	K	Reduktion	Musik	–	3	30
Im9 – „Warten"	W	Reduktion	–	–	3	20
Im10 – „Der Stuhl als Person"	K	Reduktion	Musik	Präsentation	3	90
Im11 – „Solo-, Zweier- und Dreierimprovisation am Beispiel des Clowns"	S	Reduktion	–	–	3	180
Im12 – „Regie-Training"	S	–	–	–	3	120

4.3 Die Beschreibung der Übungen

Die Übungen werden nun einzeln beschrieben.
Zusätzlich zur Bezeichnung der Übung und zu den weiteren Angaben der obigen Tabelle wird zunächst kurz das Ziel der jeweiligen Übung formuliert (Ziel → ...).

Präsenz lernen

Übungen zum Erlernen theatraler Präsenz

P1 – „Umkippen privat-präsent"

Bezug auf weitere Felder	Zusätzliche Aspekte	Mit Musik	Zur Präsentation geeignet	Schwierigkeit	Dauer in Minuten
–	–	–	–	1	20

Ziel: Wahrnehmung von Präsenz durch das Wechseln von privat zu präsent

Die Gesamtgruppe geht in einem normalen, mittleren Tempo, ohne zu sprechen und ohne andere zu berühren, durch den Raum. Die Arme hängen locker herunter. Die Wahrnehmung richtet sich zunächst auf die anderen Personen: „Wer kommt mir da so entgegen ..."
Nun gibt die Spielleitung vor:
„Geht mit eurer Wahrnehmung jetzt weg von den anderen Personen im Raum. Richtet eure Konzentration mehr und mehr auf euch. Das Tempo wird langsamer, der Kopf geht nach unten, konzentriert euch nur noch auf euch! Horcht in euren Körper hinein: Wie fühlt sich euer Nacken an, wie die Schultern, die Arme, der Brustkorb, der Bauch, der Lendenbereich, die Ober- und die Unterschenkel? Wie fühlen sich eure Füße auf dem Boden an? Ihr seid nun ganz bei euch. Alles um euch herum ist unwichtig. Ihr seht nur ein paar Füße, die an euch vorbeigehen, aber auch das interessiert euch nicht ..."

Wenn alle dies umgesetzt haben, fordert der Spielleiter die Gesamtgruppe auf, in diesem Gefühl kurz stehen zu bleiben, und erklärt:
„Dieses Körpergefühl nennt man: ‚Ich bin privat!' Auf der Bühne können wir ein solches Körpergefühl überhaupt nicht gebrauchen. Wir brauchen das genaue Gegenteil, und dies nennen wir: ‚Ich bin präsent!' Präsent sein bedeutet: ‚Ich sehe alles! Ich sehe alle! Und ich will, dass alle mich sehen!' Geht nun privat weiter und wechselt, wenn ich klatsche, in die Präsenz! Bleibt dabei nicht stehen, geht weiter und beobachtet auch genau, wie sich euer Körper verändert! Ich selbst steige nun aus und mache nicht mehr mit."
(Und die Spielleitung muss nun aus der Übung aussteigen, denn wenn sie weiter mitmacht, also selbst in die Präsenz wechselt, werden alle Schüler sich an ihr orientieren, also abgucken.)

Die Schüler gehen nun privat weiter durch den Raum, bis der Spielleiter klatscht. Nun kippen die Schüler aus der Privatheit in die Präsenz. Nach einigen Sekunden stoppt die Spielleitung die Übung und fragt die Gruppe, was sich genau verändert hat. Die Schüler werden in etwa formulieren:

„Der Kopf geht hoch." – „Der Körper strafft sich." – „Die Schultern gehen nach hinten." – „Der Blick kreist durch den Raum." – „Das Gehtempo erhöht sich." usw.
Aber auch Formulierungen wie „Ich fühle mich wacher.", „Ich bin aufgeregter." werden immer wieder geäußert.
Nun geht die Gesamtgruppe zurück in die Privatheit und kippt mehrmals hintereinander so lange in die Präsenz, bis alle dies gut beherrschen.

P2 – „Ich bin sehr, sehr wütend!"

Bezug auf weitere Felder	Zusätzliche Aspekte	Mit Musik	Zur Präsentation geeignet	Schwierigkeit	Dauer in Minuten
–	–	–	–	2	20

Ziel: extreme theatrale Präsenz

Die Gesamtgruppe stellt sich so auf, dass ein Innenkreis I und ein Außenkreis A entstehen.
Nun gehen die Schüler des Innenkreises im Uhrzeigersinn drei oder fünf Schüler weiter. Dadurch ergeben sich neue Paare, die nicht durch Sympathie entstanden sind.

Im Folgenden wird diese Art der Paarbildung „nach dem Zufallsprinzip" genannt. Ich selbst verfahre stets so, um der eingangs dieses Kapitels aufgestellten Forderung „Jeder spielt mit jedem" Rechnung zu tragen.

Die Schüler des Innenkreises gehen auf die linke Bühnenseite; sie sind zunächst die Akteure. Die Schüler des Außenkreises stellen sich ihrem Partner gegenüber auf der rechten Bühnenseite auf und beobachten ab jetzt nur noch diesen.
Nun verwandeln sich die Schüler des Innenkreises. Sie sind sehr, sehr wütend auf ihren Partner, wollen ihm das zeigen und bewegen sich in extremem Zeitlupentempo, aber ohne die Stimme einzusetzen oder zu sprechen, auf den jeweiligen Partner zu. Kurz bevor sie bei ihm angekommen sind, werden sie wieder privat, versöhnen sich und gehen an ihre Ausgangsposition zurück:

I1	→		A1
I2	→		A2
I3	→	Bühne	A3
I4	→		A4
…	→		…

Nun revanchieren sich die Schüler des Außenkreises:

I1		←	A1
I2		←	A2
I3	Bühne	←	A3
I4		←	A4
…		←	…

Ich bin sehr, sehr wütend!

P3 – „Die Bogenschützen"

Bezug auf weitere Felder	Zusätzliche Aspekte	Mit Musik	Zur Präsentation geeignet	Schwierigkeit	Dauer in Minuten
–	–	–	–	2	20

Ziel: Präsenz

Die Gesamtgruppe verteilt sich wie in der Übung P2 – „Ich bin sehr, sehr wütend!" auf der rechten und linken Seite der Bühne. Sie tragen ein Turnier aus. Alle Schüler der linken Seite werden zu Bogenschützen erklärt, alle Schüler der rechten Seite zu Zielen. Jeder Bogenschütze erhält einen imaginären Bogen und einen ebenso unsichtbaren Pfeil.
Auf ein Zeichen hin werden diese Pfeile nun eingelegt und die Bögen gespannt. Das Ziel sind die jeweiligen Schüler der rechten Seite. Auf ein weiteres Zeichen hin wird der Pfeilarm heruntergenommen, während der Bogenarm sich in den Pfeil verwandelt. Dabei wird zusätzlich der Zeigefinger des Bogenarms ausgestreckt und ist von da an auf sein Ziel gerichtet. Der Bogen selbst löst sich im Nichts auf. Nun fliegt der Pfeil so langsam wie möglich auf sein Ziel zu, bis der Zeigefinger sein Ziel erreicht hat und es leicht an der Schulter berührt. Der Pfeil muss immer vorwärtsfliegen, darf also nicht stocken.
Gewonnen hat der Schüler, welcher sein Ziel als Letzter erreicht.
Anschließend wird wieder getauscht: Die Ziele werden zu Bogenschützen und umgekehrt.

P4 – „Der präsente Rücken"

Bezug auf weitere Felder	Zusätzliche Aspekte	Mit Musik	Zur Präsentation geeignet	Schwierigkeit	Dauer in Minuten
–	–	–	–	2	20

Ziel: Präsenz

Die Gesamtgruppe bildet Paare nach dem Zufallsprinzip, die sich zu einem Innenkreis und einem Außenkreis formieren. Die Schüler des Innenkreises werden zu Zuschauern, die nur ihren Paarpartner beobachten. Die Schüler des Außenkreises stellen sich privat mit dem Rücken zu ihrem Paarpartner auf. Ihre Aufgabe besteht nun darin, aus der Privatheit in die Präsenz umzukippen. Bemerkt dies der Beobachter, berührt er leicht die rechte Schulter seines Paarpartners, wird er wieder privat, berührt er dessen linke Schulter. Dies wird mehrfach wiederholt.
Der agierende Schüler hebt immer dann den rechten Arm, wenn sein Paarpartner die Verwandlung richtig erkannt hat, und den linken Arm, wenn sein Paarpartner falsch tippte. Ferner sollte er versuchen, sein Umkippen immer stärker zu reduzieren, um es seinem Beobachter schwerer zu machen, die Veränderung zu bemerken. Dabei muss er auch seine Privatheit mehrfach verändern, bevor er in Präsenz umkippt und umgekehrt, da sonst sein Beobachter nur auf die Veränderung, nicht aber auf das Umkippen reagiert.

Nach diesem Durchlauf wechseln die Aufgaben in derselben Paarkonstellation.

Körperarbeit

Übungen zur Körperarbeit
Sie müssen alle in theatraler Präsenz absolviert werden.

K1 – „Die fünf Körpertypologien"

Bezug auf weitere Felder	Zusätzliche Aspekte	Mit Musik	Zur Präsentation geeignet	Schwierigkeit	Dauer in Minuten
Stimme/ Sprache	S	–	–	1	90

Ziel: Erlernen von fünf sehr prägnanten Figürlichkeiten

Diese Übung hat ihren Ursprung in der italienischen Clownstheorie. In ihr wird häufig unterschieden zwischen

- dem Kopftyp,
- dem Brusttyp,
- dem Bauchtyp,
- dem männlichem Genityp und
- dem weiblichen Genityp.

Die Übung sollte in vier aufeinander aufbauenden Schritten durchgeführt werden:

- zunächst im Gehen und im Stehen,
- dann im schnellen Wechsel im Stehen,

- anschließend im Sitzen und zuletzt
- mit einer Lautsprache.

Es hat sich gezeigt, dass gerade Anfängern diese Übung sehr hilft. Auch in späteren Proben greife ich oft auf sie zurück und kommentiere das Spiel der Schüler zum Beispiel mit: „Etwas mehr Brusttyp!" oder „Etwas weniger Bauchtyp!".

Schritt eins – Die fünf Körpertypologien im Gehen und Stehen

Die Gesamtgruppe bildet einen Stehkreis. Die Spielleitung erklärt den Schülern einen der Grundsätze der italienischen Clownstheorie:
„Jeder Mensch hat tendenziell irgendwo seine Körpermitte. Diese Tendenz verstärkt und überhöht der Clown ins Absurde, Lächerliche, Komische. Wir werden nun fünf dieser sogenannten Körpertypologien kennenlernen. Darüber hinaus sind weitere Typologien und Mischformen denkbar."

S. 139 ff.

In der Übung Im11 –„ Solo-, 2er- und 3er-Improvisation am Beispiel des Clowns" wird dieses Prinzip erneut aufgegriffen und weiter vertieft.
Einige der folgenden Typologien sind mit großer Körperanspannung verbunden. Ein vorheriges Aufwärmen ist daher unbedingt erforderlich!

Kopftyp

Erste Typologie – Der Kopftyp

Er besteht quasi nur aus Kopf. Der restliche Körper spielt keine Rolle; er „schlabbert" nur herum. Weil der Kopftyp nur seinen kleinen Kopf hat, um die große weite Welt zu erkunden, schießt der Kopf nach vorne, und es macht sich Hektik breit.
Achtung: Nur der Kopf, nicht der ganze Oberkörper!

Der Kopf ist ständig in Bewegung; die Augen suchen fahrig alles im Raum ab; das Grundgefühl ist: „Ich will alles mitbekommen und darf nichts verpassen!" Auf ein Signal hin werden alle Schüler zu Kopftypen und bewegen sich durch den Raum.
Dies sieht lustig aus, und deshalb wird die Spielleitung hier oft erleben: Viele Schüler fangen an zu lachen. Der Kopftyp lacht aber nicht! Er findet die Situation zutiefst ernst.

Brusttyp

Zweite Typologie – Der Brusttyp

So wie beim Kopftyp der Kopf vorne ist, will der Brusttyp die Brust vorne haben. Die Schultern werden extrem weit nach hinten gezogen, sodass die Schulterblätter sich fast berühren. Außerdem wird der Bauch eingezo-

gen; die Arme hängen leicht angewinkelt herab und spielen ansonsten keine Rolle; der Beckenbereich ist ebenfalls hinten. Das Grundgefühl ist: „Seht alle her! Hier bin ich und ich bin sehr, sehr mächtig!" Auf ein Signal atmen alle tief ein und werden zu Brusttypen.
Achtung: Nicht die Luft anhalten!
Auch der Brusttyp lacht nicht! Er bewegt sich sehr langsam und will mit seinem aufgeplusterten, großen Körper den ganzen Raum besetzen.

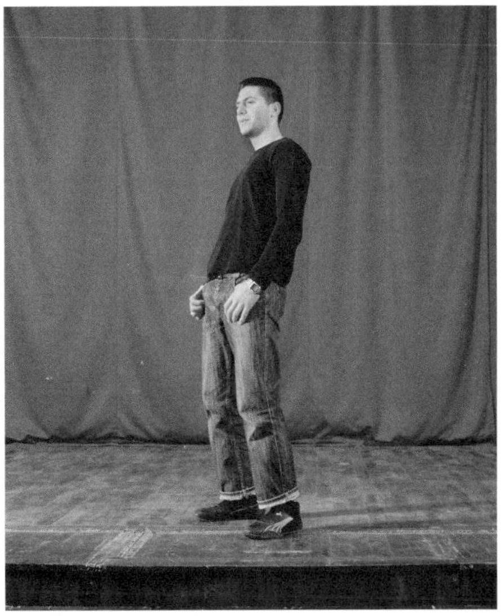
männlicher Genityp

Dritte Typologie – der männliche Genityp

Die nächsttiefere Körperregion wäre der Bauch. Es hat sich gezeigt, dass es sinnvoll ist, diesen zunächst zu überspringen.
Es folgt also der Genitalbereich und da gibt es logischerweise zwei Typologien: männlich und weiblich.
Der männliche Genityp will, so wie der Kopftyp den Kopf oder der Brusttyp die Brust, das männliche Glied nach vorne bringen. Konsequenterweise sind Bauch, Brust und Kopf also hinten. Die Arme hängen schlaff herab. Das Grundgefühl ist hier: „Ich bin ein Macho und der Coolste von allen!" Schülern hilft hier manchmal ein imaginärer Kaugummi. Nun werden auf ein Signal hin alle – auch die Schülerinnen – zu männlichen Genitypen und bewegen sich langsam und ohne zu lachen durch den Raum.

weiblicher Genityp

Vierte Typologie – der weibliche Genityp

Er geht etwas auf den Zehenspitzen und extrem aus der Hüfte. Einer der kleinen Finger kann abgespreizt werden, und über das Gesicht huscht ein vornehmes, dezentes Lächeln.
Achtung: Lächeln in der Präsenz – kein privates Lachen!
Das Grundgefühl ist: „Ich bin bezaubernd!"
Alle Schüler – auch die Jungen – werden auf ein Signal hin zu weiblichen Genitypen und bewegen sich wiederum langsam durch den Raum.

Bauchtyp

Fünfte Typologie – der Bauchtyp

Bevor der Bauchtyp in Aktion treten kann, hat sich folgende Vorbereitung als hilfreich erwiesen:

Die Schüler stellen sich vor, dass oben in der Mitte ihres Kopfes ein Seil befestigt ist, das zu einer Rolle an der Decke führt und an der anderen Seite der Rolle wieder nach unten fällt. Alle ergreifen nun ihr eigenes imaginäres Seil und ziehen es straff. Der gesamte Körper wird so in eine extrem gerade und aufrechte Position gebracht. Nun legen die Schüler ihre Hände auf den Bauch. Das Seil und somit auch der Körper bleiben in der Vorstellung straff. Auf ein erstes Signal hin werden alle imaginären Seile durchgeschnitten.
Der Körper sackt nun schlaff in sich zusammen in Richtung Bauch und ist entspannt; der Kopf hängt leicht nach unten; die Schultern sind nach unten und vorn gebeugt. Das zutiefst gemütliche Grundgefühl könnte lauten: „Alles ist prima. Und wenn nicht – auch egal!" Auf ein weiteres Signal bewegen sich nun alle als Bauchtypen durch den Raum.
Nachdem die Schüler diese fünf Körpertypologien kennengelernt und ausprobiert haben, sollten weitere Übungen zu den Körpertypologien folgen, um das Erlernte zu festigen und zu vertiefen.

Schritt zwei – Der schnelle Wechsel der fünf Körpertypologien im Stehen

Die Gesamtgruppe bildet einen Stehkreis. Die Spielleitung gibt eine der fünf Körpertypologien vor, die von den Schülern erst nach einem verabredeten Signal – zum Beispiel Klatschen – eingenommen werden soll. Alle sollen genau darauf achten, wie sich die Körperhaltung von Typ zu Typ grundlegend verändert. Die Übung beginnt mit einem langsamen Wechsel von Typologie zu Typologie. Das Tempo wird nun behutsam gesteigert, bis der Wechsel im Sekundentakt erfolgt. Lediglich der Bauchtyp braucht, solange die Hilfskonstruktion mit dem Seil beibehalten wird, etwas mehr Zeit.

Schritt drei – Die fünf Körpertypologien im Sitzen

Im Raum werden so viele Stühle wie Schüler verteilt. Zwischen allen Stühlen muss ausreichend Platz sein, sodass man sich problemlos zwischen ihnen bewegen kann. Wenn nicht genügend Raum ist, wird die Gesamtgruppe wieder nach dem Zufallsprinzip geteilt. Die eine Hälfte agiert, die andere beobachtet und gibt dem Paarpartner eine Rückmeldung. Anschließend wird getauscht.)
Auf ein erstes Signal hin werden alle zu Kopftypen und bewegen sich durch den Raum.
Auf ein zweites Signal sollen alle sich zu einem der Stühle bewegen und sich als Kopftypen hinsetzen. Dabei wird es vorkommen, dass die letzten Schüler einen größeren Weg zu den verbleibenden freien Stühlen zurücklegen müssen. Diesen müssen sie ohne Präsenzbrüche bewältigen. Auch die Schüler, die schon sitzen, bleiben in ihrer Typologie. Wenn alle auf einem Stuhl Platz genommen und dort für einen kurzen Moment in ihrer Typologie verharrt haben, stehen sie auf ein drittes Signal hin wieder auf und bewegen sich immer noch in ihrer Typologie erneut durch den Raum.
Nun wird die Spielleitung eine andere Typologie vorschlagen und auf ein weiteres Signal wechseln alle in diese neue Typologie …

Kopftyp im Sitzen

Brusttyp im Sitzen

Männlicher Genityp im Sitzen

Weiblicher Genityp im Sitzen

Bauchtyp im Sitzen

Beim Hinsetzen, Sitzen und Aufstehen gilt Folgendes:

Typ	Hinsetzen	Sitzen	Aufstehen
Kopf	Kopf bleibt vorn	sehr weit vorne auf der Stuhlkante/die Knie zusammen/Oberkörper leicht nach vorne gebeugt, Kopf selbst sehr weit vorne/Hektik hält an	mit dem Kopf voraus
Brust	gestreckter Oberkörper, Brust bleibt vorn	sehr weit vorne auf der Stuhlkante/Oberkörper bleibt gestreckt/Brust so weit wie möglich vorne – vor der Stuhlkante	mit der Brust voraus
Bauch	auf die Sitzfläche fallend	eher hinten auf der Sitzfläche/Oberkörper mit krummem Rücken leicht nach vorne gebeugt	mit dem Oberkörper nach vorn
Geni männl.	Oberkörper fällt nach hinten	sehr weit vorne auf der Stuhlkante/Oberkörper hinten an der Stuhllehne/Beine weit auseinander	mit dem männlichen Glied voraus
Geni weibl.	Beine kurz vor dem Hinsetzen schließen	sehr weit vorne auf der Stuhlkante/Oberkörper bleibt gestreckt/Beine übereinander geschlagen oder schräg zu einem der vorderen Stuhlbeine laufend	mit dem Oberkörper voraus/schnell in die Hüftbewegung übergehend

Schritt vier – Die fünf Körpertypologien mit Lautsprache

Dieser Schritt kann im Gehen, Sitzen und Stehen geübt werden. Da die Sprache als Teil des gesamten Körpergefühls die Typologien schlüssig ergänzt, entwickeln die Schüler – wenn sie die Typologie beherrschen – nahezu automatisch die richtige Stimmlichkeit.
Dennoch kostet es sie erfahrungsgemäß Überwindung. Hier muss die Spielleitung behutsam steuern, kleine Hilfestellungen geben und nach einer Experimentierphase vielleicht vormachen oder vormachen lassen.

Für die Lautsprache gilt tendenziell:

Typ	Lautsprache
Kopf	aus der Hektik heraus leise, spitzmäulig wispernd, stockend und immer wieder pausierend, sich eher selten wiederholend
Brust	sehr laut brüllend, auffordernd rüde fragend und antwortend, immer wieder verharrend, sich ständig wiederholend
Bauch	kontinuierlich sonor vor sich hin brummend und brabbelnd
Geni männl.	sonor, eher sehr kurze Phrasen, fragend und antwortend, kleiner Wortschatz
Geni weibl.	spitzmäulig vornehm und hoch wispernd, eher kurze Phrasen mit wiederholenden Elementen

Abschließend zu dieser umfangreichen Übung noch ein Tipp:
Es ist nicht sinnvoll, alle Schritte an einem Tag oder direkt hintereinander durchzuführen. Die einzelnen Schritte sollten vielmehr auf mehrere Unterrichtsstunden verteilt und immer wieder aufgegriffen werden.

K2 – „Erntearbeit in der Landkommune"

Bezug auf weitere Felder	Zusätzliche Aspekte	Mit Musik	Zur Präsentation geeignet	Schwierigkeit	Dauer in Minuten
–	Warming	–	–	1	10

Ziel: Warming (spielerisch)

Die Gesamtgruppe geht durch den Raum. Die Spielleitung teilt den Schülern nun mit, dass dies kein entspannter Spaziergang ist, sondern dass sie alle Mitglieder einer Landkommune sind und dass leider jede Menge Arbeit ansteht. Die Kommunarden sollen

- Radieschen setzen,
- mit einer Sense hohes Gras mähen,
- Äpfel und Birnen pflücken,
- einem Bienenschwarm ausweichen,
- Wäsche über die Leine legen,

- Heuballen auf einen fahrenden Traktor werfen,
- die störrischen Pferde nach Hause ziehen,
- …

K3 – „Tocs und Fondues"

Bezug auf weitere Felder	Zusätzliche Aspekte	Mit Musik	Zur Präsentation geeignet	Schwierigkeit	Dauer in Minuten
–	–	Musik	–	1	15

Ziel: Erlernen von zwei gegensätzlichen Bewegungsqualitäten

Die Gesamtgruppe stellt sich im Kreis auf. Die Übung erfolgt in drei Schritten.

1. Die Spielleitung erklärt zunächst, was Toc-Bewegungen sind: kurze, zackig schnelle, roboterhafte Bewegungen, die einen klaren Anfang und ein klares Ende haben. Die Spielleitung macht vor; die Gesamtgruppe sieht zu und macht sofort mit. Zunächst bewegen sich nur die Finger beider Hände, dann zusätzlich die gesamten Hände, dann zusätzlich die Arme, die Schultern, der gesamte Oberkörper und schließlich ist der gesamte Körper in Bewegung.
   Dies kann anschließend durch Musik unterstützt werden.

2. Das Gleiche passiert nun mit Fondue-Bewegungen: runde, fließende Bewegungen, die scheinbar nie anfangen und nie enden. Die Spielleitung macht erneut vor; die Gesamtgruppe sieht wieder zu und macht sofort mit. Die Reihenfolge entspricht der des ersten Schritts.
   Auch diese Bewegungen können anschließend durch Musik unterstützt werden.

3. Nun bewegt sich ein Teil der Gesamtgruppe mit Toc-, der andere Teil mit Fondue-Bewegungen durch den Raum. Abschließend wechseln die Gruppen die Bewegungsqualitäten.

Zu Tocs passen Musikstücke mit pulsierenden, schnellen Beats; ruhige und langsame klassische Musik unterstützt die Fondues. Für den dritten Schritt bieten sich viele langsame Rockstücke. Wenn sie einen klaren Beat und gleichzeitig lang gezogene Melodiebögen enthalten, ermöglichen sie sowohl zackige als auch runde Bewegungen.

K4 – „lockeres Laufen zu Musik"

Bezug auf weitere Felder	Zusätzliche Aspekte	Mit Musik	Zur Präsentation geeignet	Schwierigkeit	Dauer in Minuten
–	Warming	Musik	–	1	pro Musik: 5

Ziel: Warming (mit Musik)

Die Gesamtgruppe läuft zum Rhythmus der Musik. Die Spielleitung steuert dieses Laufen durch Ansagen bzw. Vormachen wie:

- Arme hoch,
- mit krummem Rücken,
- leichtes Stampfen,
- auf einem Bein,
- auf den Zehenspitzen,
- langsam rückwärts laufen
  (Achtung: Das klappt nur bei klarer Präsenz. Ansonsten stoßen die Schüler zusammen!)
- u.v.m.

Der Spielleiter kann, wenn das Prinzip klar ist, die steuernde Funktion in den Folgestunden problemlos an einzelne Schüler abgeben.
Im Handel gibt es eine Vielzahl von CDs mit entsprechenden Musiktiteln.

K5 – „Bewegung nur in Gesangsteilen"

Bezug auf weitere Felder	Zusätzliche Aspekte	Mit Musik	Zur Präsentation geeignet	Schwierigkeit	Dauer in Minuten
–	Warming	Musik	–	1	pro Musik: 5

Ziel: Warming mit Musik

Die Gesamtgruppe bewegt sich zum Rhythmus der Musik, allerdings nur, wenn Gesang zu hören ist. In den Instrumentalteilen verharrt die Gruppe in einem lockeren Freeze.

K6 – „Bewegung nur zu Instrumenten"

Bezug auf weitere Felder	Zusätzliche Aspekte	Mit Musik	Zur Präsentation geeignet	Schwierigkeit	Dauer in Minuten
–	Warming	Musik	Präsentation	1	pro Musik: 5

Ziel: Warming mit Musik

Die Gesamtgruppe bewegt sich zum Rhythmus der Musik, wobei eine Teilgruppe sich etwa nur am Klavier orientiert und sich auch nur bewegt, wenn dieses spielt. Eine andere Teilgruppe orientiert sich zum Beispiel am Saxofon.

K7 – „Gemeinsame Wanderung"

Bezug auf weitere Felder	Zusätzliche Aspekte	Mit Musik	Zur Präsentation geeignet	Schwierigkeit	Dauer in Minuten
–	Warming	–	–	1	10

Ziel: Warming (spielerisch)

Die Gesamtgruppe geht durch den Raum. Die Spielleitung teilt den Schülern mit, dass alle sich auf einer Jahrgangsfahrt befinden, in der Vorstellung (oder real) barfüßig gehen und in verschiedene Situationen kommen, die sich auf die Art des Gehens auswirken wird:

- über Gras,
- durch sumpfiges Gelände,
- auf heißem Asphalt,
- über Schnellkleber (ein LKW hat Fässer verloren),
- durch einen Bach,
- einen steilen Berg hinauf,
- über einen schmalen Baumstamm,
- am Abhang entlang,
- unter tief hängenden Ästen hindurch
- u.v.m.

Inzwischen ist es Nacht geworden und die Gruppe kommt zur Jugendherberge zurück. Alle anderen schlafen schon. Deshalb gehen alle jetzt:

- ganz leise über Kies,
- durch eine quietschende Türe,
- über knarrende Holzdielen ins Bett.

K8 – „Von der Ruhe zur Aktion und zurück"

Bezug auf weitere Felder	Zusätzliche Aspekte	Mit Musik	Zur Präsentation geeignet	Schwierigkeit	Dauer in Minuten
–	Warming	–	–	2	15

Ziel: Warming

Die Gesamtgruppe steht im Freeze. Auf ein Klatschen der Spielleitung beginnt sie, sich zunächst sehr langsam, beim nächsten Klatschen etwas schneller durch den Raum zu bewegen usw. Mit einem doppelten Klatschen wird das Tempo wieder etwas reduziert, beim nächsten Doppelklatscher noch etwas mehr, bis die Gesamtgruppe am Schluss wieder im Freeze steht.

K9 – „Begegnung mit Körperteilen"

Bezug auf weitere Felder	Zusätzliche Aspekte	Mit Musik	Zur Präsentation geeignet	Schwierigkeit	Dauer in Minuten
–	Kontakt	–	–	2	15

Ziel: Kontaktübung (spielerisch)

Die Gesamtgruppe stellt sich so auf, dass ein sehr großer Innenkreis und um diesen herum ein noch größerer Außenkreis entsteht. Nun gehen die Schüler des Innenkreises im Uhrzeigersinn, die des Außenkreises gegen den Uhrzeigersinn aneinander vorbei. Gesprochen wird in dieser Übung nicht.

1. Auf ein Signal bleiben alle stehen und begrüßen den Schüler, bei dem sie stehen, per Handschlag. Danach gehen alle in ihre jeweiligen Richtungen weiter. Dies wiederholt sich einige Male.

2. Dann teilt die Spielleitung mit, dass sich die Menschen in einem anderen Kulturkreis mit Küsschen links und rechts begrüßen. Auf ein Signal bleiben wieder alle stehen, begrüßen sich so, gehen weiter, bleiben wieder stehen usw.

3. Nun begibt sich die Gruppe in andere fiktive Kulturkreise, und die Begrüßungen ändern sich jeweils: Zehen, Fersen, Knie, Hüften, Po, Bauch, Schulter, Ellenbogen, Handrücken, Handflächen, Finger, Stirn, Nase, …
   Dann begegnen sich die Schüler mit unterschiedlichen Körperteilen: Knie + Ellenbogen, Finger + Bauch, Hüfte + Po, Schultern + Stirn, Nase + Zeh, Handfläche + Ferse, …

Einige dieser Berührungen sind unproblematisch, andere sehr lustig, einige aber auch schwierig.
Die Spielleitung muss sehr genau beobachten und sensibel steigern.

K10 – „Klopfmassage"

Bezug auf weitere Felder	Zusätzliche Aspekte	Mit Musik	Zur Präsentation geeignet	Schwierigkeit	Dauer in Minuten
–	Kontakt	Musik	–	2	15

Ziel: Warming + Kontakt

Die Gesamtgruppe bildet einen Innenkreis und einen Außenkreis, dieses Mal ausnahmsweise nach Sympathie und Neigung.
Jeder Schüler des Außenkreises stellt sich hinter seinen Partner und beginnt mit der Klopfmassage. Eine leise und ruhige Musik ist hier hilfreich. Die gesamte Massage wird nur geklopft und soll für den Massierten angenehm sein. Die Spielleitung macht die Abfolge zunächst einmal mit einem Freiwilligen vor:

1. Mit den Fingerspitzen leicht auf die Kopfhaut trommeln,
2. mit den Fingerspitzen leicht auf den Nacken trommeln,
3. mit den glatten Handflächen auf die Schultern,
4. mit den glatten Handflächen auf die Innen- und Außenseiten der Arme (zuerst der eine, dann der andere Arm, jeweils von oben nach unten und wieder zurück),
5. mit den glatten Handflächen den Rücken herunter (Achtung: In der Nierengegend behutsam!),
6. mit den glatten Handflächen auf den Po (Der kann einiges vertragen!) und

7. mit den glatten Handflächen auf die Innen- und Außenseiten der Beine (zuerst das eine, dann das andere Bein, jeweils von oben nach unten).

Abschließend greift der Spielleiter auf die Schultern des Massierten und streicht mehrmals mit kräftigen Bewegungen den Körper von oben nach unten aus (von den Schultern über Rücken, Po und Beine bis zur Ferse).
Nun beginnen die Schüler, ihren Paarpartner zu massieren. Die Spielleitung taktet den Ablauf durch klare Ansagen: „Beginnt nun, mit den Fingerspitzen leicht auf die Kopfhaut zu trommeln ..."
Anschließend wird gewechselt: Der Massierte wird zum Masseur.

Die Schüler müssen zuvor gelernt haben, Nähe und Berührungen zuzulassen.
Vor dem Einsatz dieser Übung sollten also andere Kontaktübungen – wie die vorige Übung K9 – „Begegnung mit Körperteilen" – absolviert worden sein.

Wahrnehmung schulen

Übungen zur Wahrnehmung
Sie müssen alle in theatraler Präsenz absolviert werden.

W1 – „Personen- + Raumwahrnehmung"

Bezug auf weitere Felder	Zusätzliche Aspekte	Mit Musik	Zur Präsentation geeignet	Schwierigkeit	Dauer in Minuten
–	Warming	–	–	1	20

Ziel: Wahrnehmung in der Präsenz zunächst von Personen, dann vom Raum

1. Die Gesamtgruppe geht präsent durch den Raum. Die Spielleitung fordert die Schüler auf, ihre Konzentration auf die anderen Personen im Raum zu richten, und erinnert an zwei der Leitsätze zur Präsenz: „Ich sehe alle, und ich will, dass alle mich sehen!" Nach kurzer Zeit fordert die Spielleitung die Gruppe auf, stehen zu bleiben und die Augen zu schließen.
   Nun soll jeder Schüler mit geschlossenen Augen dahin zeigen, wo das Mädchen in dem dunkelblauen Pulli steht. Anschließend öffnen alle die Augen und überprüfen, ob es gestimmt hat. Dies sollte mehrfach wiederholt werden.
   Denkbar sind auch Aufgabenstellungen wie: „Zeigt mit der rechten Hand auf die Person mit den roten Turnschuhen und mit der linken Hand auf den Jungen mit dem Schnurrbart!" Oder: „Es gibt vier Personen im Raum, die ein schwarzes Oberteil tragen. Zeigt mit jeweils einer Hand auf eine dieser vier!"
   Wenn die Schüler sich namentlich kennen, können sie auch dahin zeigen, wo Bernd oder Jenny stehen.

2. Nun soll die Wahrnehmung auf den Raum gerichtet werden, und die Schüler werden an den Leitsatz zur Präsenz erinnert: „Ich sehe alles!" Das Prozedere bleibt ansonsten gleich.
   Die Aufgabenstellung könnte nun etwa lauten: „Am rechten Bühnenrand hängt ein Schild. Welche Farbe hat es? Wenn ihr die Antwort zu wissen glaubt, öffnet die Augen und überprüft, ob eure Vorstellung korrekt war."

3. Hier sollen sowohl die Personen als auch der Raum wahrgenommen werden.
   Eine mögliche Aufgabenstellung hier könnte etwa lauten: „Wer steht am linken Bühnenaufgang?"

In allen drei Schritten haben sich auch Entscheidungsfragen bewährt: „Jenny hat heute ein rotes T-Shirt an. Wer dies nicht meint, hebt die Hand." Oder: „Sind in diesem Raum Fenster geöffnet? Wer dies meint, hebt die Hand."
Das klappt immer besser, je häufiger man diese Schritte wiederholt.

Ein Tipp:
Es ist nicht ratsam, an einem Tag mehr als vier oder fünf Aufgabenstellungen pro Schritt zu geben. Ansonsten geht der Spaß verloren. Besser ist es, die Übung in den folgenden Stunden wieder aufzugreifen oder an einem Tag nur einen der drei Schritte zu machen.

W2 – „Tierchen schmeißen"

Bezug auf weitere Felder	Zusätzliche Aspekte	Mit Musik	Zur Präsentation geeignet	Schwierigkeit	Dauer in Minuten
–	Warming	–	–	1	20

Ziel: Wahrnehmung in mehrere Richtungen

Die Gesamtgruppe stellt sich im Kreis auf. Unter Umständen muss die Gruppe geteilt werden, denn im Kreis sollten sich nicht weniger als neun und nicht mehr als 13 Teilnehmer befinden.
Die Anzahl der Teilnehmer muss – wie im Schaubild – wegen des vierten Schritts eine ungerade sein.
S1 übernimmt die Rolle des Spielführers. Dies muss zunächst der Spielleiter sein. Wenn die Schüler die Übung kennen, können sie diese Rolle problemlos übernehmen.

1. S1 ruft laut den Namen von S2 und wirft ihm, wenn er Augenkontakt hat, ein Stofftier (zum Beispiel einen Bären) zu. S2 fängt den Bären, ruft den Namen von S3 und wirft ihm, wiederum erst wenn er Augenkontakt hat, den Bären zu usw. Wer schon aufgerufen worden ist, darf nicht ein zweites Mal aufgerufen werden. Der Kreislauf ist also geschlossen, wenn S9 den Bären zu S1 zurückgeworfen hat. Die Teilnehmer müssen sich merken, wem sie den Bären zugeworfen haben, da diese Reihenfolge nun bestehen bleibt.

2. Nun fliegt der Bär erneut von S1 zu S2, von S2 zu S3 usw. Hinzu kommt allerdings, dass kurz nachdem S2 den Bären zu S3 geworfen hat, S1 das Krokodil zu S2 wirft, dann die Ente und schließlich die Katze. Es fliegen also gleichzeitig mehrere Stofftiere in der soeben festgelegten Reihenfolge durch den Raum. Die Anzahl der Tierchen muss dabei langsam gesteigert werden. Kein Tier darf auf den Boden fallen. Wenn das gut klappt, wird der Schwierigkeitsgrad erhöht:

3. Die Ente erhält die ehrenvolle Aufgabe, in umgekehrter Reihenfolge zu fliegen, also von S1 zu S9, weiter zu S8 usw., während alle anderen Tiere wie gehabt fliegen.

4. Nun soll das Krokodil im Uhrzeigersinn und immer einen Teilnehmer überspringend geworfen werden, also von S1 zu S5 und weiter zu S7 usw., während die Ente weiter rückwärts und alle anderen Tiere, wie gehabt, vorwärts fliegen.

Zu allen Schritten dieser Übung drei Tipps:

- die Schwierigkeit erst steigern, wenn kein Tierchen auf den Boden fällt,
- die Übung u.U. in einer der Folgestunden wieder aufgreifen und dann erst den dritten oder vierten Schritt durchführen,
- mit weiteren selbst ausgedachten Schritten die Schwierigkeit nochmals erhöhen.

W3 – „Gehen, stop & go"

Bezug auf weitere Felder	Zusätzliche Aspekte	Mit Musik	Zur Präsentation geeignet	Schwierigkeit	Dauer in Minuten
K	–	–	–	1	10

Ziel: Wahrnehmung der Gesamtgruppe

1. Die Gesamtgruppe geht durch den Raum. Wenn die Spielleitung stehen bleibt, müssen alle stehen bleiben, wenn die Spielleitung weitergeht, müssen alle weitergehen.

2. Wenn die Spielleitung oder Schüler A stehen bleibt, müssen alle stehen bleiben, wenn die Spielleitung oder Schüler A weitergeht, müssen alle weitergehen.

3. Ab jetzt wird die Zahl derer, die stehen bleiben und weitergehen dürfen, ständig erhöht. Am Schluss dürfen alle stehen bleiben und weitergehen.

W4 – „Tempogehen"

Bezug auf weitere Felder	Zusätzliche Aspekte	Mit Musik	Zur Präsentation geeignet	Schwierigkeit	Dauer in Minuten
K	Warming	–	–	1	10

Ziel: Warming, Raum- bzw. Personenwahrnehmung

Die Gesamtgruppe geht in einem mittleren Tempo durch den Raum. Nun soll jeder Schüler in sich hineinhören und für sich klären, ob er schneller oder langsamer gehen möchte. Diese Tendenz soll er immer weiter verstärken, sodass schließlich einige extrem schnell, die anderen extrem langsam gehen, wobei jede Form der Berührung untersagt ist.

Auf Kommando wechseln alle schlagartig ihr Tempo, die Langsamen gehen schnell und die Schnellen gehen langsam. Dies kann wiederholt werden, wobei die Wechselintervalle immer kürzer werden.

W5 – „David sagt"

Bezug auf weitere Felder	Zusätzliche Aspekte	Mit Musik	Zur Präsentation geeignet	Schwierigkeit	Dauer in Minuten
K	Warming	–	–	1	10

Ziel: Wahrnehmung, Konzentration

Die Spielleitung erklärt, dass die folgenden Kommandos nur dann gelten, wenn zuvor gesagt wird: „David sagt …". Wird dies nicht gesagt, ist das Kommando zu ignorieren und die laufende Aktion weiterzuführen.
Dieses Prinzip kennen viele von dem Kinderspiel „Alle Hühner fliegen hoch!".
Die Spielleitung, die in dieser Übung mitmacht, darf und soll Fehler machen, um die Gesamtgruppe aufs Glatteis zu führen.
Ein möglicher Beginn könnte dann wie folgt aussehen:

Kommando der Spielleitung	Aktion der Spielleitung	gewünschte Aktion der Gruppe
„Wir gehen durch den Raum!"	geht los	alle bleiben stehen
„David sagt: Wir gehen durch den Raum!"	geht weiter	alle gehen los
„David sagt: Stopp!"	stoppt	alle stoppen
„und weiter!"	geht los	alle bleiben stehen
„David sagt: und weiter!"	geht weiter	alle gehen los
„David sagt: Arme beim Gehen hoch!"	geht weiter und nimmt die Arme hoch	alle gehen weiter und nehmen die Arme hoch
„Arme runter!"	geht weiter und nimmt die Arme herunter	alle gehen weiter und die Arme bleiben oben
„David sagt: Auf einem Bein hüpfen!"	hüpft auf einem Bein, die Arme gehen herunter	alle hüpfen und die Arme bleiben oben
…	…	…

Die Kommandos sollten immer schneller wechseln.

W6 – „Echobegrüßung"

Bezug auf weitere Felder	Zusätzliche Aspekte	Mit Musik	Zur Präsentation geeignet	Schwierigkeit	Dauer in Minuten
K + S	Reduktion	–	–	1	20

Ziel: durch Wahrnehmung eine Figürlichkeit übernehmen

Die Gesamtgruppe bildet eine Fallschirmkonstellation:

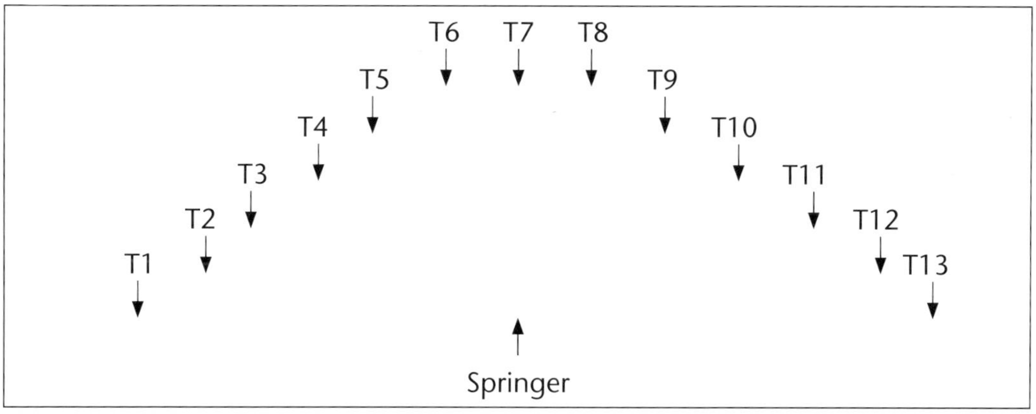

Der Springer nimmt durch Körperhaltung, Mimik, Gestik eine bestimmte Figürlichkeit ein, tritt zwei Schritte nach vorn und sagt mit einer Stimme, die zur Figürlichkeit passt: „Hallo, ich heiße Thomas!"
Wenn der Springer seinen wirklichen Namen sagt, ist diese Übung auch zum besseren Kennenlernen der Gruppennamen geeignet.
Die Teilnehmer des Schirms – Im Schaubild sind dies 13 Personen: T1 bis T13. – beobachten die gesamte Figürlichkeit genau, übernehmen alles so exakt wie möglich, bewegen sich – wiederum mit zwei Schritten und so, wie die Pfeile im Schaubild es andeuten – gleichzeitig auf den Springer zu und antworten chorisch: „Hallo, ich heiße Thomas!"
Das gleichzeitige Losgehen der Teilnehmer des Schirms kann zu Beginn durch ein Signal der Spielleitung initiiert werden. Später sollten die Schüler den gemeinsamen Beginn über die Präsenz erspüren.

Anschließend nimmt der Springer die Position von T1 ein, während T1 zum Springer wird. Das Spiel ist beendet, wenn alle Teilnehmer einmal Springer waren.

W7 – „Die Marionettenspieler"

Bezug auf weitere Felder	Zusätzliche Aspekte	Mit Musik	Zur Präsentation geeignet	Schwierigkeit	Dauer in Minuten
K	Reduktion	Musik	Präsentation	2	30

Ziel: durch Wahrnehmung auf Bewegungsimpulse reagieren

Die Spielleitung kniet sich als Marionette hin, beugt den Oberkörper ganz nach unten und streckt die Arme auf den Boden. Dies wird im Folgenden „Ausgangsposition"

genannt. Ein Schüler stellt sich nun hinter die Marionette und soll mit ihr spielen. Das funktioniert natürlich nicht!
Die Gesamtgruppe überlegt: „Die Marionette kann ja nicht sehen, was der Spieler macht!" – „Wir müssen uns eine genaue Choreografie überlegen!" – „Das ist doch viel zu kompliziert!" – ... Zumeist hat dann aber jemand die zündende Idee: „Nicht der Spieler bespielt die Marionette, sondern umgekehrt die Marionette den Spieler!"
Die Spielleitung macht mit dem obigen Schüler vor, dass es so funktioniert.
Die Gesamtgruppe bildet nun nach dem Zufallsprinzip Paare. Pro Paar wird ein Schüler zur Marionette erklärt, der andere zum Marionettenspieler. Außerdem benötigt jeder Marionettenspieler einen Stuhl, auf den er im Verlauf der Übung steigen kann.

Die **erste Aufgabe** lautet nun:
Die Marionette soll aus der Ausgangsposition zum Stand kommen und dort einfrieren. Der Marionettenspieler seinerseits soll jede Bewegung seiner Marionette wahrnehmen und seine Hände genau über der Bewegung (der Hände, der Arme, der Schultern, ... der Marionette) mitführen, sodass der Eindruck entsteht, er würde die Marionette an unsichtbaren Fäden bespielen.

Die Spielleitung sollte den Schülern noch folgende Tipps geben:

- Die imaginären Fäden sollten für die optimale Wirkung etwa 15 cm lang sein.

- Je reduzierter die Marionette spielt, desto besser kann der Spieler reagieren. Wenn die Marionette herumzappelt, hat der Spieler keine Chance.

- Um die Wirkung zu erhöhen, wäre es gut, wenn die Schüler die „Akzent-Impuls-Technik" aus der Pantomime beherrschen. Das müsste man ihnen dann in einem Exkurs beibringen.

- Ebenso sollte man ihnen zeigen, wie sie Bewegungen ausschwingen lassen können, um die Wirkung des Puppenhaften zu erhöhen.

Jeder Schüler sollte einmal Spieler und einmal Marionette sein.

Die Marionetten und deren Spieler

In einem **zweiten Schritt** könnte die **Aufgabe** lauten:
Jeweils zwei dicht nebeneinander positionierte Marionetten kommen aus der Ausgangsposition zum Stand und nehmen Kontakt zueinander auf. Das kann zum Beispiel sein: zuwinken, sich abwenden, Kopf auf die Schulter, Händeschütteln, ...
Die Übung endet wieder im Freeze.

Eine ruhige Musik im Hintergrund verstärkt die Wirkung ebenso wie gedimmtes, warmes, farbiges Licht.
Für eine mögliche Präsentation können einige dieser Marionettenpaare parallel nebeneinander agieren.

W8 – „Blindenführung"

Bezug auf weitere Felder	Zusätzliche Aspekte	Mit Musik	Zur Präsentation geeignet	Schwierigkeit	Dauer in Minuten
–	Kontakt	–	–	2	30

Ziel: Wahrnehmung von Personen und Raum + Vertrauensübung

Die Gesamtgruppe stellt sich so auf, dass nach dem Zufallsprinzip ein Innenkreis und ein Außenkreis entstehen. Der Innenkreis wird zu Blindenführern erklärt, der Außenkreis zu Blinden. Jeder Blinde schließt nun die Augen.
Natürlich können die Augen auch verbunden werden. Für das Blindsein ist dies effektiver, nicht aber für den Zweck der Übung. Ängstliche werden zwischendurch blinzeln und dadurch erkennen, dass sie sich noch mehr auf die Übung einlassen sollten.

1. Jeder Blindenführer tritt nun hinter seinen Partner, legt ihm eine Hand leicht auf die Schulter und beginnt, den Blinden durch den Raum zu führen. Durch Druck mit dem Handballen auf die hintere Schulter signalisiert er: „Geh nach vorne!" Durch Drücken der Finger auf die Vorderseite der Schulter signalisiert er: „Geh rückwärts!" Durch eine Drehbewegung der Hand signalisiert er: „Drehe dich nach rechts bzw. nach links!"
   Dabei gilt grundsätzlich: Der Blinde ist in dieser Übung der Souverän.
   Wenn er nicht sicher ist, was der Blindenführer will, bleibt er stehen! Wenn er zu ängstlich ist, um weiterzugehen, bleibt er stehen! Der Blindenführer muss sensibel auf seinen Blinden achten, und er entscheidet, ob das Tempo erhöht werden kann oder verlangsamt werden muss. Der Blinde – und dies gilt für die gesamte Übung – darf unter keinen Umständen mit irgendjemandem oder mit irgendetwas zusammenstoßen! Hier kommt der Spielleitung eine besondere Beobachtungsverantwortung zu.
   Nach ca. vier Minuten endet diese Sequenz. Der Blinde wird nun in derselben Paarkonstellation zum Blindenführer und umgekehrt.
   Abschließend sollten sich die Paare kurz über das Erlebte austauschen. Dieser erste Schritt kann in anderer Paarkonstellation auch mehrfach wiederholt werden.

2. Nachdem sich wieder nach dem Zufallsprinzip neue Paare gebildet haben, wird die Hand des Blindenführers durch seine Stimme ersetzt. Der Blindenführer steht direkt hinter seinem Blinden und spricht ohne Unterbrechung die Kommandos: „Vor, vor, vor, vor, stopp, zurück, zurück, zurück, stopp, leicht rechts drehen, stopp, vor, vor, vor ..."

Der Blinde muss dabei die Stimme seines Blindenführers immer hören!
Mit zunehmender Dauer kann der Blindenführer seinen Abstand zum Blinden vergrößern.
Auch hier gilt wieder: Der Blinde bleibt Souverän. Wenn er die Stimme seines Blindenführers in dem allgemeinen Lärm nicht mehr hört oder herausfiltern kann, bleibt er stehen! Dies ist nicht einfach, da alle anderen Blindenführer ja zeitgleich ebenfalls mit ihren Blinden sprechen.
Nach ca. 4 Minuten wird wie oben gewechselt und anschließend auch dieser 2. Schritt in anderer Paarkonstellation wiederholt.

W9 – „Blinde Puppe im Kreis"

Bezug auf weitere Felder	Zusätzliche Aspekte	Mit Musik	Zur Präsentation geeignet	Schwierigkeit	Dauer in Minuten
–	Kontakt	Musik	–	2	20

Ziel: Wahrnehmung von Personen + Vertrauensübung

Die Gesamtgruppe bildet Teilgruppen, die jeweils aus sechs „Kreispersonen" (K) und einer „Puppe" bestehen. (Es geht bei geübten Schülern auch mit vier Kreispersonen, dann müssen sich diese aber gegenseitig unterstützen.) Die Schüler einer Teilgruppe sollten alle in etwa gleich groß bzw. gleich schwer sein.

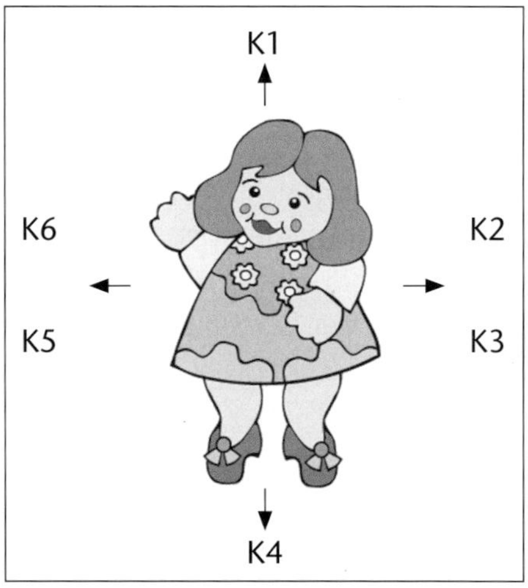

Die Puppe schließt die Augen und lässt sich mit gestrecktem Körper – nicht in der Hüfte abknicken! – langsam nach vorne fallen (→). Sie wird sofort von K2 + K3 an den Schultern aufgefangen, abgefedert und leicht zurückgestoßen. Nun fällt die Puppe nach hinten (←), wo K5 + K6 sie auffangen, abfedern und zurückstoßen. K1 + K4 sichern, dass die Puppe nicht hinfällt, wenn sie nach rechts oder links abdriftet. Aus diesem Vor- und Zurückfallen kann in der Folge eine fließende Bewegung entstehen, die in alle Richtungen, also auch nach rechts (↓) oder nach links (↑) geht.
Auch der Grad des Fallens und das Tempo können gesteigert werden. Dies bestimmt durch gezielte Kommandos aber immer nur die Puppe durch Bemerkungen wie „Tiefer fallen lassen!" oder „Weniger!" …
Die Puppe darf unter keinen Umständen hinfallen!
Hier kommt der Spielleitung wieder eine besondere Beobachtungsverantwortung zu. Anschließend wird die Puppe zur Kreisperson, eine Kreisperson zur Puppe. Die Übung ist beendet, wenn jeder einmal die Puppe war.
Eine ruhige Musik ist hilfreich.

Stimme einsetzen lernen

Übungen zu Stimme/Sprache
Sie müssen alle in theatraler Präsenz absolviert werden.

S1 – „Der Satz in unterschiedlichen Stimmungen"

Bezug auf weitere Felder	Zusätzliche Aspekte	Mit Musik	Zur Präsentation geeignet	Schwierigkeit	Dauer in Minuten
K	–	–	–	1	30

Ziel: unterschiedliche Stimmungen durch Körperausdruck inkl. Stimme ausdrücken

Die Gesamtgruppe lernt zunächst den Satz „Am Morgen geht die Sonne auf; am Abend geht sie wieder unter.".
Dann bilden sich nach dem Zufallsprinzip Paare, die sich einander gegenüber rechts und links auf der Bühne aufstellen. So wie dies in der Übung P2 – „Ich bin sehr, sehr wütend!" bereits praktiziert wurde.

S. 103

1. Die Spielleitung gibt den Schülern auf der linken Bühnenseite eine Stimmung vor – zum Beispiel: fröhlich. Nun geht jeder Schüler in dieser Stimmung von der linken Bühnenseite in seinem individuellen Tempo auf sein Gegenüber auf der rechten Bühnenseite zu und sagt ihm den Satz in seinem individuellen Tempo mehrmals und so lange, bis er bei seinem Gegenüber angekommen ist.
   Dort wird er wieder privat und geht auf seine Ausgangsposition zurück. Der Satz sollte beliebig verändert, angereichert und wiederholt werden. Beispiel: „Am Morgen, hörst Du, also am Morgen, da geht die Sonne, diese wunderschöne Sonne, da geht sie auf ..."

2. Dies wiederholt sich von rechts nach links mit derselben Stimmung.

3. Nun erhält die rechte Seite eine neue Stimmung, spielt diese und geht wieder zurück. Anschließend antwortet die linke Seite in derselben zweiten Stimmung. Jede Stimmung wird also immer zweimal gespielt.

Mögliche Stimmungen:
fröhlich, traurig, schüchtern, euphorisch, geheimnisvoll, dozierend, staunend, verärgert, fragend, verzweifelt, extrem aggressiv, leidend, kämpferisch, nörgelnd, lachend, kleinkindhaft, ...

Die Aufgabe kann auch sein, den Satz zu rappen, ihn als Opernarie vorzutragen, ...

S2 – „Der Beipackzettel"

Bezug auf weitere Felder	Zusätzliche Aspekte	Mit Musik	Zur Präsentation geeignet	Schwierigkeit	Dauer in Minuten
–	–	–	–	1	30

Ziel: einen Text in unterschiedlichen „berufsbezogenen" Sprecharten vorlesen

Alle Schüler erhalten in Kopie den Beipackzettel eines Medikaments, einer Gebrauchsanweisung o. Ä.
Sie sollen diesen Text nun Wort für Wort in einer berufsbezogenen Sprechart vorlesen, also als Stewardess, Märchenerzähler, liturgischer Sprechgesang in der Kirche, Nachtwächter, Nachrichtensprecher, Marktschreier auf dem Fischmarkt, Muezzin auf dem Minarett, Büttenredner im Karneval usw.

S3 – „Buchstaben und ihre Eigenschaften"

Bezug auf weitere Felder	Zusätzliche Aspekte	Mit Musik	Zur Präsentation geeignet	Schwierigkeit	Dauer in Minuten
–	–	–	–	2	20

Ziel: Stimmungen anhand von Lauten versprachlichen

Die Gesamtgruppe stellt sich im Kreis auf. Die Spielleitung gibt den ersten Buchstaben des Alphabets und eine Stimmung vor: „A und erstaunt", also das erstaunte „A".
Alle probieren dies gleichzeitig, aber nicht chorisch aus.
In einem Zwischenschritt kann nun ausprobiert werden, welche Stimmung noch zum „A" passt.
Anschließend geschieht dasselbe mit dem verärgerten „B", dem gezischelten „C".
Nach diesen drei Beispielen gehen die Schüler das Alphabet weiter durch und probieren, was zu den Buchstaben passt.

S4 – „Variationen der Stimme"

Bezug auf weitere Felder	Zusätzliche Aspekte	Mit Musik	Zur Präsentation geeignet	Schwierigkeit	Dauer in Minuten
–	–	–	–	2	40

Ziel: unterschiedliche Möglichkeiten der Stimme ausprobieren

Die Schüler sitzen im Stuhlkreis und erhalten einen geeigneten Text, zum Beispiel das Gedicht „Die zwei Knaben", das in kurze Sprecheinheiten aufgeteilt ist:

Zwei Knaben **stiegen auf** einen **Baum,**
sie wollten **beide** Äppel **klaun.**
Sie fanden **keinen** Ap-**pel,**
der Baum, der **war ne** Pap-**pel!**

Zwei Knaben **gingen** durch das **Korn,**
der eine **hinten, der** andere **vorn.**
Und keiner **ging in der** Mit-**te,**
weil, es **fehlte der** Drit-**te**!

Einfacher ist es, wenn der Text in etwas längere Sprecheinheiten aufgeteilt wird:

Zwei Knaben gingen **an den Strand,**
der eine eine **Muschel fand.**
Der andere, der fand **keine,**
das macht zusammen **eine!**

Zwei Knaben gaben sich **einen Kuss,**
der eine, der hieß **Julius.**
Der andere, der hieß **Gretchen,**
ich glaube, das war ein **Mädchen!**

Dieser Text soll nun

- von Einzelnen,
- chorisch von der Gesamtgruppe,
- kanonisch oder
- aufgeteilt

in folgenden unterschiedlichen Variationen gesprochen werden:

„Das melodische Auf und Ab" (in Sprecheinheiten)

Zunächst chorisch von der Gesamtgruppe:

Alle Schüler chorisch				
Zwei Knaben	stiegen auf	einen	Baum, sie	wollten
sehr tief	sehr hoch	sehr tief	sehr hoch	sehr tief

usw.

Dann einzeln:

Ein Schüler				
Zwei Knaben	stiegen auf	einen	Baum, sie	wollten
sehr tief	sehr hoch	sehr tief	sehr hoch	sehr tief

usw.

Im Stuhlkreis nacheinander von einzelnen Schülern:

Schüler 1	Schüler 2	Schüler 3	Schüler 4	Schüler 5
Zwei Knaben	stiegen auf	einen	Baum, sie	wollten
sehr tief	sehr hoch	sehr tief	sehr hoch	sehr tief

usw.

Im Stuhlkreis nacheinander von einzelnen Schülern, langsam steigernd von sehr tief bis sehr hoch und wieder bis sehr tief:

Schüler 1	Schüler 2	Schüler 3	Schüler 4	Schüler 5
Zwei Knaben	stiegen auf	einen	Baum, sie	wollten
sehr tief	etwas höher	etwas höher	etwas höher	etwas höher

usw.

Chorisch von der Gesamtgruppe, langsam steigernd von sehr tief bis sehr hoch und wieder bis sehr tief:

Alle Schüler chorisch				
Zwei Knaben	stiegen auf	einen	Baum, sie	wollten
sehr tief	etwas höher	etwas höher	etwas höher	etwas höher

usw.

„Laut und leise“ (in Sprecheinheiten)

Zunächst chorisch von der Gesamtgruppe:

Alle Schüler chorisch				
Zwei Knaben	stiegen auf	einen	Baum, sie	wollten
sehr leise	sehr laut	sehr leise	sehr laut	sehr leise

usw.

Dann einzeln:

Ein Schüler				
Zwei Knaben	stiegen auf	einen	Baum, sie	wollten
sehr leise	sehr laut	sehr leise	sehr laut	sehr leise

usw.

Nacheinander von einzelnen Schülern (Auch die Spielleitung kann einmal beginnen):

Spielleitung	Schüler 1	Schüler 2	Schüler 3	Schüler 4
Zwei Knaben	stiegen auf	einen	Baum, sie	wollten
sehr leise	sehr laut	sehr leise	sehr laut	sehr leise

usw.

Nacheinander von einzelnen Schülern, langsam steigernd von sehr leise bis sehr laut und wieder bis sehr leise:

Spielleitung	Schüler 1	Schüler 2	Schüler 3	Schüler 4
Zwei Knaben	stiegen auf	einen	Baum, sie	wollten
sehr leise	etwas lauter	etwas lauter	etwas lauter	etwas lauter

usw.

Chorisch von der Gesamtgruppe, langsam steigernd von sehr leise bis sehr laut und wieder bis sehr leise:

Alle				
Zwei Knaben	stiegen auf	einen	Baum, sie	wollten
sehr leise	etwas lauter	etwas lauter	etwas lauter	etwas lauter

usw.

Dadurch lauter werdend, dass immer mehr Schüler chorisch sprechen:

Spielleitung	+ Schüler 1	+ Schüler 2	+ Schüler 3	+ Schüler 4
Zwei Knaben	stiegen auf	einen	Baum, sie	wollten
sehr leise	sehr laut	sehr leise	sehr laut	sehr leise

usw.

„Extrem unartikuliert und überartikuliert“

Bei dieser Übung sollte der Text nicht in Sprecheinheiten aufgeteilt werden. Die Schüler sprechen stattdessen zunächst chorisch in der Gesamtgruppe und dann einzeln jeweils eine komplette Strophe extrem genuschelt, dann eine komplette Strophe extrem artikuliert.

„Sehr langsam und rasend schnell"

Der Text wird nicht in Sprecheinheiten aufgeteilt. Die Schüler sprechen zunächst chorisch in der Gesamtgruppe und dann einzeln jeweils eine komplette Strophe extrem „langsam", wie in Superzeitlupe, dann eine komplette Strophe extrem schnell.

„Der liturgische Sprechgesang"

Der Text wird nicht in Sprecheinheiten aufgeteilt. Die Schüler sprechen chorisch in der Gesamtgruppe, dirigiert von der Spielleitung in der Art eines liturgischen Sprechgesangs.

S5 – „Der Korken"

Bezug auf weitere Felder	Zusätzliche Aspekte	Mit Musik	Zur Präsentation geeignet	Schwierigkeit	Dauer in Minuten
–	–	–	–	2	30

Ziel: Artikulation

Bei dieser sehr bekannten Übung erhalten alle Schüler einen Text und einen Weinkorken, den sie so zwischen den Zähnen halten, dass eine der beiden runden Enden in den Mundraum zeigt. Nun sollen sie mit dem Korken zwischen den Zähnen den Text so deutlich wie möglich sprechen. Dies wird nur gelingen, wenn sie sehr klar artikulieren.

Tipps:

- Aus hygienischen Gründen sollte jeder Schüler seinen eigenen Korken erhalten.
- Eine Steigerung dieser Übung wird erreicht, wenn der Korken quer oder sogar hochkant zwischen den Zähnen gehalten wird.
- Statt des Korkens kann auch der Daumen in den Mund gesteckt werden. Dabei wird die Aufgabe umso schwerer, je tiefer der Daumen in den Mund gesteckt wird.

Improvisationsübungen

In den folgenden Improvisationsübungen bündeln sich theatrale Präsenz, Körperarbeit, Wahrnehmung und Stimme/Sprache. Viele von ihnen sind kleine theatrale Szenen oder münden in solche.

Im1 – „Begegnung am Morgen"

Bezug auf weitere Felder	Zusätzliche Aspekte	Mit Musik	Zur Präsentation geeignet	Schwierigkeit	Dauer in Minuten
K + S	Warming	–	–	1	10

Ziel: unterschiedliche Begegnungssituationen in unterschiedlichen Stimmungen simulieren

Die Gesamtgruppe bildet nach dem Zufallsprinzip einen sehr großen Innen- und einen Außenkreis. Nun geht der Innenkreis im Uhrzeigersinn, der Außenkreis gegen den Uhrzeigersinn aneinander vorbei.
Die Spielleitung gibt vor: „Es ist früh am Morgen. Wir haben soeben unsere Wohnung verlassen und sind auf dem Weg zur Arbeit. Da treffen wir im Treppenhaus einen Nachbarn, den wir nur sehr flüchtig und nicht einmal namentlich kennen. Wir begrüßen ihn nur kurz und im Vorbeigehen mit einem freundlichen ‚(Guten) Morgen'."
Dies machen nun alle Schüler in der Gehbewegung mit allen Schülern, an denen sie vorbeigehen, also mehrmals hintereinander, bis die Spielleitung die Begrüßung beendet. Die Schüler gehen stumm weiter, während die Spielleitung eine neue Begegnungssituation vorgibt.

Tipp:

- Zwischendurch sollte von Zeit zu Zeit unbedingt die Gehrichtung gewechselt werden. Ansonsten besteht die Gefahr, dass den Schülern schwindlig wird.

Mögliche Begegnungssituationen:

- jemand, dem man Geld schuldet (peinlich, denn man hat es nicht dabei!)
- der ärgste Feind
- der oder die heimliche Geliebte
- der ungeliebte Chef
- …

Das Spiel endet damit, dass man plötzlich den allerbesten Freund aus Kindertagen trifft, den man seit Jahren nicht mehr gesehen hat (Freude, große Umarmungen, „Erzähl doch mal!", …).
Diese letzte Begegnung wird nur einmal, dafür aber ausführlich gespielt.

Im2 – „Die 6 Stühle"

Bezug auf weitere Felder	Zusätzliche Aspekte	Mit Musik	Zur Präsentation geeignet	Schwierigkeit	Dauer in Minuten
–	Kontakt	Musik	Präsentation	2	pro Durchlauf: 10

Ziel: Präsentieren der Figürlichkeiten männlicher und weiblicher Genityp über einen Zeitraum von ca. fünf Minuten ohne Präsenzbrüche

S. 105 ff.

Voraussetzung ist, dass alle Schüler die Übung K1 – „Die fünf Körpertypologien" gut beherrschen.

Auf der Bühne werden sechs Stühle so nebeneinander aufgebaut, dass jeweils etwa 10 cm Platz zwischen ihnen bleibt (Stühle 1 bis 6).
Sechs der Schüler (A bis E) setzen sich in bunter Reihe, also Mädchen, Junge, Mädchen, Junge usw. auf die Stühle. Nun wird von der Spielleitung die Reihenfolge festgelegt, in der diese sechs bei Beginn der Übung auf die Bühne kommen sollen:

Stuhl 1	Stuhl 2	Stuhl 3	Stuhl 4	Stuhl 5	Stuhl 6
Mädchen	Junge	Mädchen	Junge	Mädchen	Junge
C	D	F	B	A	E

Publikum

Die Schüler merken sich

- ihren Stuhl und
- die Reihenfolge des Auftritts.

Dann gehen sie ab. Die Mädchen sollen nun weibliche Genitypen spielen, die Jungen spielen männliche. Außerdem sollen alle Akteure das umsetzen, was die Kursleitung ins laufende Spiel hineinspricht, ohne dabei aus der Rolle zu fallen.

1. Die Aufgänge finden in folgender Reihenfolge statt:

- Zunächst betritt das Mädchen A als weiblicher Genityp die Bühne, geht zu ihrem Stuhl 5 und setzt sich lächelnd hin.
- Der Junge B tritt als männlicher Genityp auf, geht zu seinem Stuhl 4. Dies ist logisch, denn er findet Mädchen A toll! Er setzt sich hin und „baggert" Mädchen A an. Sie ist entsetzt, dreht sich leicht weg und verdreht angewidert die Augen ...
- Als Nächstes geht Mädchen C auf die Bühne, schaut sich an, was da so los ist, setzt sich auf ihren Stuhl 1. Dies ist wiederum logisch: möglichst weit weg von dem schrecklichen Jungen B. Sie betrachtet nun amüsiert das Geschehen auf den Stühlen 4 und 5.
- Aber ihre Heiterkeit währt nicht lange, denn schon naht Junge D, der sich neben sie auf Stufe 2 setzt und dezent, aber ohne Unterlass handgreiflich wird!
- Junge E kommt, schaut sich interessiert Mädchen A und Mädchen C an, findet Mädchen A aber eindeutig reizvoller und setzt sich logischerweise auf Stuhl 6. Mädchen A, die Arme, wird nun von zwei Seiten bedrängt!
- Das letzte Mädchen F geht auf. Leider ist nur noch Stuhl 3 frei! Was bleibt ihr anderes übrig? Sie setzt sich dort hin. Mitten zwischen zwei Jungen, die nun hin- und hergerissen sind: Junge B zwischen A und F sowie Junge D zwischen C und F!

2. Diese Situation wird noch kurz weitergespielt.
   Auf ein Signal der Spielleitung – dies muss in der Aufführung natürlich ohne Signal erfolgen – stehen alle sechs Akteure gleichzeitig auf und drehen sich nach links, bis sie mit dem Rücken zum Publikum stehen. In dieser Position wechselt jeder sein Geschlecht: Aus den weiblichen Genitypen werden männliche und umgekehrt.

3. Nun drehen sich alle weiter und setzen sich auf ihre ursprünglichen Stühle. Dort sitzen nun in bunter Reihe drei Jungen als weibliche Genitypen, die von drei Mädchen als männliche Genitypen angebaggert werden!

Die 6 Stühle nach dem „Geschlechterwechsel"

Auch diese Situation wird noch kurz weitergespielt und endet mit einem Freeze oder einem langsamen Ausblenden des Lichts.

Die gesamte Szene kann mit Musik unterlegt werden. Man benötigt ein Stück, das in klare Sequenzen, zum Beispiel à 4 Takte, gegliedert ist. Dann taktet die Musik die Szene wie folgt:

Takt 01–04:	Aufgang A
Takt 05–08:	Aufgang B
Takt 09–12:	Aufgang C
Takt 13–16:	Aufgang D
Takt 17–20:	Aufgang E
Takt 21–24:	Aufgang F
Takt 25–32:	Aufstehen, Drehen, Verwandeln, Drehen, Setzen
Takt 33–36:	Schluss mit vertauschtem Geschlecht und Freeze bzw. Black

Ich habe diese Übung auch schon mit sieben oder neun Stühlen angeboten.

In einer der Folgestunden können die Schüler in Kleingruppen nun eigene Szenen entwerfen, in denen, mit Stühlen oder ohne Stühle, jeweils zwei andere der fünf Körpertypologien aufeinandertreffen, zum Beispiel: Brusttyp trifft Kopftyp oder weiblicher Genityp trifft Bauchtyp. Die Ergebnisse können wiederum in die Präsentation aufgenommen werden.

Im3 – „Kontaktaufnahme auf Entfernung"

Bezug auf weitere Felder	Zusätzliche Aspekte	Mit Musik	Zur Präsentation geeignet	Schwierigkeit	Dauer in Minuten
W	Reduktion	–	–	2	20

Ziel: unter dem Aspekt der Reduktion ohne Sprache agieren

Die Gesamtgruppe bildet Paare nach dem Zufallsprinzip. Diese Paare verteilen sich so im gesamten Raum, also nicht nur auf der Bühne, dass eine größere Entfernung entsteht. Alle beginnen gleichzeitig und dabei sehr reduziert – ohne Sprache, aber mit Mimik, Gestik, Körperhaltung und Körperbewegung –, Kontakt zum Paarpartner aufzubauen. Hierbei sollen die Schüler verschiedene Arten ausprobieren, zum Beispiel flüchtig, freundlich, ermahnend, wütend, verständnislos, ...
In einem zweiten Schritt wird die Paarsituation aufgelöst, sodass jeder mit jedem Kontakt aufnehmen kann.

Im4 – „Der Gesellenbrief"

Bezug auf weitere Felder	Zusätzliche Aspekte	Mit Musik	Zur Präsentation geeignet	Schwierigkeit	Dauer in Minuten
K + S	Reduktion	–	–	2	90

Ziel: Die Schüler sollen

- auch einmal ein Rollenverhalten einnehmen, das sie sonst eher vermeiden würden.
- erleben, für welche Rollen andere sie als geeigneter und weniger geeignet einschätzen.
  (Dies muss nicht dazu führen, dass sie sich für bestimmte Rollen nicht mehr interessieren. Sie können diese Erkenntnis auch im Sinne einer Herausforderung nutzen.)
- darüber reflektieren, ob die eigenen Einschätzungen in Bezug auf zu besetzende Rollen mit der anderer übereinstimmt oder ob es hier Abweichungen gibt.

Das Ergebnis des Gesellenbriefes ist also, dass die Schüler erfahren, wie sie in der Fremdwahrnehmung in Bezug auf unterschiedlichste schauspielerische Aufgaben von anderen eingeschätzt werden.
Abhängig von der Anzahl der Durchläufe dauert die Übung 60 bis 90 Minuten. Hinzu kommt die Erklärungsphase von etwa 10 Minuten sowie die Besprechungs- und Reflexionsphase von mindestens 20 Minuten.
Die Gruppe sollte aus mindestens acht Schülern bestehen. Nach oben ist die Gruppengröße offen, aber die Anzahl sollte eine gerade sein.
Jeder Schüler benötigt ein Blatt Papier und jeder zweite einen Stift. Günstig ist es, wenn jeder zweite einen Tisch mit Stuhl oder zumindest eine feste Schreibunterlage zur Verfügung hat.
Der günstigste Zeitpunkt für diese Übung liegt kurz vor einer Besetzungsphase. In jedem Fall sollten die Schüler schon über theatrale Grundkenntnisse verfügen und in der Lage sein, eine Rolle über einen kurzen Zeitraum ohne Präsenzbrüche zu füllen. Ansonsten sind sie mit der Übung hoffnungslos überfordert!

1. Die Gesamtgruppe bildet Paare nach dem Zufallsprinzip, die sich zu einem Innenkreis und einem Außenkreis formieren. Jeder im Innenkreis erhält ein leeres Blatt

Papier, das einmal gefaltet und mit dem Namen des Teilnehmers versehen wird. Dieses Blatt wird der Gesellenbrief.
Nun erklärt der Spielleiter alle Teilnehmer des Innenkreises zu arbeitslosen Schauspielern, die – und das ist sehr wichtig – alles tun wollen, um eine Stelle in einem Theater zu bekommen.
Die Teilnehmer des Außenkreises werden zu Regisseuren, die in den Besetzungsbüros ihrer jeweiligen Häuser – in den unterschiedlichen Ecken des Raums und/oder an den Seitenwänden – warten.

2. Durchlauf Nr. 1:
   Die arbeitslosen Schauspieler (Innenkreis) gehen nun mit ihrem Gesellenbrief zum ersten Besetzungsbüro, also ihrem Paarpartner, stellen sich vor, und es läuft in etwa folgender Dialog ab:
   „Guten Tag, mein Name ist ..., ich bin zurzeit arbeitslos und habe gehört, dass Sie für ihre neue Produktion noch Schauspieler suchen." – „Ja, das ist richtig, ich bräuchte da jemanden, der gut singen kann. Singen Sie doch mal ein Lied!"
   Die Teilnehmer im Besetzungsbüro benötigen also Zeit, bevor der Durchlauf Nr. 1 beginnen kann, um sich einige Aufgaben zu überlegen, die die arbeitslosen Schauspieler bewältigen sollen. Solche Aufgaben können zum Beispiel sein:
   „Schreien Sie mal richtig rum!"/„Spielen Sie eine Katze!"/„Seien Sie mal ängstlich, nervös, kindlich, schüchtern, ...!"
   Sie können sich dabei selbst mit ins Spiel einbinden, indem sie Rollen übernehmen: „Sie sind meine Chefin, machen Sie mich mal fertig!"/„Ich bin ihr Chef, und Sie wollen eine Gehaltserhöhung."/„Sie wollten mich immer schon mal etwas fragen, trauen sich aber nicht, ..."
   Diese Phase des Durchlaufs Nr. 1 dauert etwa drei bis vier Minuten.
   In dieser Zeit sollten die Schüler in den Besetzungsbüros den arbeitslosen Schauspielern mindestens drei Aufgaben stellen. Wenn sie merken, dass die Schauspieler mit der Aufgabenstellung offensichtlich ernsthafte Probleme haben, sollten sie abbrechen und eine andere Aufgabe stellen.

3. Kommentierungsphase:
   Nach diesen 3 bis 4 Minuten unterbricht der Spielleiter alle agierenden Paare.
   Die Schauspieler gehen in die Mitte des Raums. Sie dürfen miteinander sprechen, aber nicht über das, was sie soeben spielen mussten!
   Die Teilnehmer der Besetzungsbüros schreiben nun auf die Innenseite des Gesellenbriefs ihre Einschätzungen, zum Beispiel:
   „Du bist als Katze prima/Du fällst als Despot manchmal aus der Rolle/Als Chefin überzeugst Du weniger, als Angestellte mehr/ ..."
   Diese Kommentare sollten kurz sein und in ca. einer Minute eingetragen sein. Danach schließt der Regisseur den Gesellenbrief. Wenn die Spielleitung sieht, dass alle so weit sind, gibt sie ein Signal. Nun ruft der Regisseur seinen Schauspieler zu sich und übergibt den geschlossenen Gesellenbrief mit den Worten:
   „Tut mir leid, ich habe keine Verwendung für Sie, vielleicht probieren Sie es mal woanders."

4. Weitere Durchläufe:
   Nun gehen alle Teilnehmer des Innenkreises, ohne die Kommentare im Gesellenbrief zu lesen, im Uhrzeigersinn ein Besetzungsbüro weiter, wo der zweite Durchlauf beginnt.
   Wünschenswert sind mindestens fünf solcher Durchläufe. Beim letzten Durchlauf verabschiedet sich der Regisseur mit den Worten:

„Ich gratuliere, Sie haben mich völlig überzeugt, Sie haben in unserer nächsten Produktion eine Rolle!"

5. Rollentausch und erneute Durchläufe:
   Nun übergeben die Schauspieler dem Spielleiter ihre – immer noch ungelesenen – Gesellenbriefe und werden anschließend zu Regisseuren. Entsprechend werden die Regisseure nun zu Schauspielern.
   Die Übung beginnt von vorne; es folgen mindestens fünf weitere Durchläufe. Abschließend erhält die Spielleitung die restlichen Gesellenbriefe.

6. Besprechung:
   Die Gesamtgruppe setzt sich in einen Kreis. Alle erhalten nun ihre Gesellenbriefe und schreiben auf die Außenseite

- ihre absolute Traumrolle und

- die Rolle, die sie auf keinen Fall spielen wollen.

„Rolle" bezieht sich hier nicht auf das geplante Stück! Gemeint ist vielmehr etwa: Romeo, ein Tyrann, die Schüchterne, …
Erst jetzt lesen alle die Kommentare in ihren eigenen Gesellenbriefen und melden der Gesamtgruppe kurz zurück, inwieweit sie sich in dem Geschriebenen wiederfinden bzw. nicht wiederfinden und inwieweit sich die Kommentare mit ihren Traumrollen decken.

Im5 – „Gegensatz zwischen Körperausdruck und Text"

Bezug auf weitere Felder	Zusätzliche Aspekte	Mit Musik	Zur Präsentation geeignet	Schwierigkeit	Dauer in Minuten
S	Reduktion	–	Präsentation	3	30

Ziel: Improvisation und Einhalten einer Figürlichkeit ohne Präsenzbrüche mit Intrada, Corpore und Finale

Dies ist eine Soloimprovisation, keine Gesamtgruppenübung!
Die Gesamtgruppe bildet auf der Bühne einen Stuhlkreis, wobei jeder Schüler vor seinem Stuhl steht. Die Spielleitung erklärt die Aufgabe:
Alle sollen sich eine Figur ausdenken und dann überlegen, was diese Figur sinnvoller weise sagen könnte. Dieser Satz soll ins Gegenteil umformuliert werden.
Beispiel: Jemand spielt ängstlich. Ein logischer Satz wäre nun etwa: „Ich bin sehr ängstlich!" Die Verkehrung ins Gegenteil könnte dann lauten: „Ich bin total mutig!"
Es soll also ein Gegensatz zwischen dem Körperausdruck und dem Inhalt des Gesagten, entstehen.
Hierbei ist die Stimme – als Teilaspekt des Corpus – zwingend an den Gesamtkörperausdruck gekoppelt. So wird zum Beispiel der Brusttyp weiter brüllen, auch wenn er sagt: „Boahh, was bin ich schwach!"
Nach dieser Erklärungsphase überlegen sich alle einen solchen Gegensatz. Wem etwas eingefallen ist, setzt sich auf seinen Stuhl.
Anschließend führt jeder sein Ergebnis vor. Dabei beginnt er mit einem Aufgang (Int-

rada), spielt seine Figur mit dem Satz oder mehreren Sätzen (Corpore) und endet mit einem Freeze oder einem Abgang (Finale). Als einziges Hilfsmittel kann ein Stuhl in das Spiel mit eingebunden werden.
Im Nachgespräch nach jedem Auftritt meldet das Publikum dem Akteur zurück, was es gesehen hat, und macht Verbesserungsvorschläge.

Im6 – „Vom Ballon bis zum Tanz“

Bezug auf weitere Felder	Zusätzliche Aspekte	Mit Musik	Zur Präsentation geeignet	Schwierigkeit	Dauer in Minuten
K	Kontakt	Musik	Präsentation	3	45

Ziel: Kontaktübung (spielerisch)

Den Schülern ist zuvor mitgeteilt worden, dass jeder bequeme Kleidung tragen muss, mit der man sich auch auf den Boden setzen oder legen kann. Viele Spielleiter schreiben eine solche bequeme Kleidung grundsätzlich vor.

Ich persönlich arbeite mit einer einheitlichen bequemen Theaterkleidung, die vor jeder Probe angelegt werden muss; damit lassen die Schüler zugleich ihre Privatheit in der Garderobe. Beides hat seine Vorteile.

1. Die Gesamtgruppe steht verteilt im Raum. Die Spielleitung verteilt einige Luftballons – etwa einen Ballon für vier Schüler – und fordert die Gesamtgruppe auf, alle Ballons in der Luft zu halten, wobei nicht nur die Hände oder Füße, sondern alle Körperteile eingesetzt werden sollen.

2. Es bilden sich Paare nach dem Zufallsprinzip. Pro Paar wird ein Ballon ins Spiel gebracht, der wieder mit allen Körperteilen in der Luft gehalten werden soll. Lediglich die Finger und die Innenseite der Hände dürfen nun nicht mehr helfen.

3. Nachdem sich neue Paare gebildet haben, werden diese aufgefordert, den Ballon zwischen sich einzuklemmen. Die Paare sollen sich dann durch den Raum bewegen, wobei gelten soll:

- Der Ballon darf nicht den Boden berühren.
- Der Ballon darf nicht so stark eingeklemmt werden, dass er platzt.
- Der Ballon soll ständig mit anderen Körperstellen eingeklemmt werden, also nicht immer nur Stirn-Stirn oder Bauch-Bauch.

4. Es bilden sich wieder neue Paare, und es kommen deutlich kleinere Ballons ins Spiel. Ansonsten bleibt die Aufgabenstellung gleich. Dieser Schritt kann entfallen, wenn die Kursleitung das Gefühl hat, dass der dritte Schritt keinerlei Probleme macht.

5. Die Schüler bilden erneut neue Paare. Die Ballons verschwinden, aber die Aufgabenstellung bleibt die gleiche wie im dritten bzw. vierten Schritt.
   Die Spielleitung erläutert: „Ihr bekommt nun klitzekleine Ballons, die sind so klein, dass niemand sie mehr sehen kann.“

Dies ist der entscheidende Schritt. Deshalb ist es sinnvoll, dass diese Phase der Übung in jeweils neuer Paarkonstellation mehrfach wiederholt wird. Die Spielleitung sollte aber darauf achten, dass das Spielerische und der Spaß nicht verloren gehen.

6. Nachdem sich neue Paare gebildet haben, wird dieselbe Aufgabenstellung erweitert: Die Paare sollen eine klare Präsenzrichtung zum Publikumsraum entwickeln, also ihre Bewegungen immer wieder dahin orientieren, dem Publikum möglichst wenig Rücken, sondern stattdessen das Gesicht zeigen.
   Außerdem soll der Bewegungsfluss durch kurze Stopps im Sinne von Zwischenfreezes unterbrochen werden. Wenn Letzteres nicht von allein gelingt, kann die Kursleitung dies durch Signale steuern (erstes Klatschen: Stopp für alle Paare/zweites Klatschen: Weiterspielen für alle Paare). …

7. Nun bilden sich 4er-, 5er- oder 6er-Kleingruppen. Die erste dieser Gruppen soll spielen, die restlichen Schüler nehmen im Publikum Platz.
   Die Kursleitung teilt nun allen mit, dass es pro Gruppe nur noch zwei der unsichtbaren Ballons gibt. Dies bedeutet, dass nicht immer alle Mitglieder der Kleingruppe gleichzeitig aneinanderkleben müssen; ein oder zwei können sich für kurze Zeit aus dem Knäuel entfernen, müssen aber schnell wieder helfen, damit die beiden imaginären Ballons nicht auf den Boden fallen. Außerdem soll Musik ins Spiel kommen.

Tipps:

- Die Musikstücke sollten rhythmisch lebhaft, aber nicht zu schnell sein. Techno etwa ist völlig ungeeignet.

- Die Bewegungen müssen so bleiben wie im fünften und sechsten Schritt. Die Schüler sollen nicht anfangen zu tanzen!

Die Bewegungen beginnen, wenn die Musik einsetzt. Wenn sie endet oder ausgeblendet wird, soll die Kleingruppe einfrieren. Nun betritt die erste Kleingruppe die Bühne und bildet ein Ausgangsstandbild.
Die Spielleitung stellt sich neben die Gruppe und moderiert in etwa wie folgt an: „Meine sehr verehrten Damen und Herren, es ist uns heute gelungen, die Weltmeister im modernen Ausdruckstanz zu verpflichten! Sie werden uns einen kurzen Ausschnitt aus ihrem Programm zeigen. Jede Bewegung sitzt! Alles ist Hunderte Male geprobt, jede Geste einstudiert! Selbst der Augenaufschlag im dritten Takt ist gewollt und bewusst so an dieser Stelle eingebaut worden! Perfektion in Reinkultur! – Viel Vergnügen!"
Die Musik beginnt und mit ihr die Bewegungsimprovisation, in der natürlich nichts vorher verabredet werden durfte! Nacheinander präsentieren alle Gruppen ihre Ergebnisse.
Um etwas Abwechslung ins Spiel zu bringen, kann die zweite Kleingruppe einen Stuhl benutzen, der aber nicht von nur einer Person besetzt werden darf.
Die dritte Kleingruppe kann einen Schüler aus ihrer Mitte auf den Stuhl setzen, auf dem er sitzen bleibt, aber dennoch mitspielt. Die anderen bewegen sich um ihn herum, über und unter ihm. …
Hier hat sich „Big Spender" als netter Musiktitel bewährt.

Im7 – „Bewegungskreislauf zu Gedichten"

Bezug auf weitere Felder	Zusätzliche Aspekte	Mit Musik	Zur Präsentation geeignet	Schwierigkeit	Dauer in Minuten
S	–	–	Präsentation	3	120

Ziel: Entwicklung einer chorischen Gruppenchoreografie/Einsatz von Körperbewegung inkl. Stimme/Wahrnehmung der Gesamtgruppe

Vorübung zur privaten und neutralen Sitzhaltung:

Die Schüler sollten den Unterschied zwischen der privaten und der neutralen Sitzhaltung kennen und den Wechsel zwischen diesen beiden beherrschen.
Kennen sie dies nicht, muss die Spielleitung ihnen das im Verlauf dieser Übung an geeigneter Stelle erklären und es mit ihnen einüben.

Bei der privaten Sitzhaltung nehmen die Schüler in einem privaten Grundgefühl auf ihrem Stuhl eine beliebige Position ein.
Bei der neutralen Sitzhaltung sitzen sie präsent auf der vorderen Stuhlkante, sehr aufrecht, die Beine in Beckenbreite, die Unterschenkel senkrecht, die Hände auf den Knien, das Gesicht – wach, aber ohne spezifischen Ausdruck – sowie der Blick gerade nach vorn gerichtet.

private Sitzhaltung

neutrale Sitzhaltung

1. Die Spielleitung erklärt der Gesamtgruppe:
„Diese Übung ist in Anlehnung an eine Choreografie von Pina Bausch entstanden: Eine ihrer Tänzerinnen saß auf der Bühne und sprach einen Prosatext. Nach jeweils einigen Worten verstummte sie, machte eine Bewegung, zum Beispiel eine Geste, die zum Inhalt des Gesagten passte, sprach weiter, verstummte wieder und machte eine neue Bewegung usw. Nach etwa sechs solcher Sprech- und Bewegungsabfolgen sprach die Tänzerin ihren Text weiter, begann aber wieder mit der ersten Bewegung usw. Es entstand also ein Bewegungskreislauf, der den gesprochenen Text verfremdete oder die Kernaussage verstärkte." Dies sollte die Spielleitung den Teilnehmern vormachen! Ein solcher Bewegungskreislauf soll nun zu einem Gedicht entwickelt werden. Von den Gedichten Erich Kästners eignen sich einige hervorragend.

2. Nachdem sich der Kurs auf ein Gedicht geeinigt hat, müsste die Gruppe über eine zu leistende Textanalyse eine grundsätzliche Figürlichkeit entwickeln, die zum Inhalt des Gedichts passt und die später von allen eingenommen wird:
In dem Kästner-Gedicht „Vornehme Leute 1200 m hoch" geht es zum Beispiel um die Reichen und Schönen, die ihr snobistisches Gehabe pflegen. Entsprechend muss die Figürlichkeit dies ausdrücken.

3. Nun werden versetzte Stuhlreihen – für jeden Schüler jeweils ein Stuhl – auf der Bühne aufgebaut, wobei zwischen den Stühlen genügend Raum gelassen wird. Alle nehmen auf einem Stuhl in der privaten Sitzhaltung Platz.
Der Titel des Gedichts wird von der Spielleitung vorgelesen, zum Beispiel: „Ein Gedicht von Erich Kästner – Vornehme Leute 1200 m hoch". Sofort danach begibt sich der gesamte Kurs ruckartig, schnell und zeitgleich in die neutrale Sitzhaltung. Dies muss mehrfach geübt werden.

4. Nun wird die erste Zeile der ersten Strophe vorgelesen und im Anschluss daran soll in der grundsätzlichen Figürlichkeit eine Bewegung entwickelt werden, die dem Inhalt dieser Zeile entspricht oder diesen verstärkt.
Außerdem sollen die Schüler einen zur Figürlichkeit und Bewegung passenden Laut entwickeln.
Beides – Bewegung und Laut – sollen von der Gesamtgruppe chorisch vorgetragen werden und in einem Freeze enden.
Entsprechend werden auch zu den restlichen Zeilen der ersten Strophe Bewegungen und Laute entwickelt, wobei darauf zu achten ist, dass sich an die Position des letzten Freeze die erste Bewegung harmonisch anschließen kann.
Natürlich werden die Schüler nicht ständig sitzen – langweilig!
Sie werden vielmehr aufstehen, einen Schritt nach vorn oder zur Seite machen, auf den Stuhl steigen, …

5. Dieser Bewegungskreislauf wird nun – immer wieder mit den Zeilen der ersten Strophe – so lange eingeübt, bis alle Schüler dies gut können.
Dann werden die Folgestrophen vorgelesen, wobei sich der einmal eingeübte Bewegungskreislauf wiederholt.
Dies führt bei dem Gedicht „Vornehme Leute 1200 m hoch" zu einem interpretierenden Spiel: Die immer gleichen Rituale der Snobs werden visualisiert.

6. Am Ende der letzten Zeile der letzten Strophe sollte ein neues Moment hinzukommen. Dies kann eine andere Bewegung plus Laut sein und/oder ein Abgang der Gesamtgruppe.

Im8 – „Aktion zu stereotypen Musiken"

Bezug auf weitere Felder	Zusätzliche Aspekte	Mit Musik	Zur Präsentation geeignet	Schwierigkeit	Dauer in Minuten
K	Reduktion	Musik	–	3	30

S. 78

Auf diese Übung ist in Kapitel 3.5 „Bewegungstheater" im Abschnitt „Erste Übungen" bereits ausführlich eingegangen worden.

Im9 – „Warten"

Bezug auf weitere Felder	Zusätzliche Aspekte	Mit Musik	Zur Präsentation geeignet	Schwierigkeit	Dauer in Minuten
W	Reduktion	–	–	3	20

Ziel: starke Reduktion und Erzeugen von Spannung durch Nichtstun

Die Gesamtgruppe stellt sich im Raum auf. Die Aufgabenstellung lautet: „Spielt eine Situation des Wartens."
Es soll ein Gesamtbild entstehen, in dem nie zu viel gleichzeitig passiert bzw. sich die Aktionen nie überlagern. Die Schüler müssen also genau wahrnehmen, was in der Gesamtgruppe passiert.
Deshalb ist es durchaus sinnvoll, die Gruppe zunächst zu teilen. Die eine Hälfte agiert, die andere beobachtet.

Im10 – „Der Stuhl als Person"

Bezug auf weitere Felder	Zusätzliche Aspekte	Mit Musik	Zur Präsentation geeignet	Schwierigkeit	Dauer in Minuten
K	Reduktion	Musik	Präsentation	3	90

Ziel: Improvisation/Situationen mit einer zweiten Person, die durch den Stuhl verkörpert wird, entwerfen und spielen

Dies ist eine Soloimprovisation, keine Gesamtgruppenübung!
Jeder Schüler überlegt sich eine imaginäre Person, die durch einen Stuhl verkörpert werden soll, und spielt – ohne Sprache! – eine Situation, in der er zusammen mit dieser Person vorkommt.
Es empfiehlt sich, wie folgt zu beginnen: Die Gesamtgruppe bildet auf der Bühne einen Stuhlkreis, wobei jeder Schüler vor seinem Stuhl steht. Die Spielleitung erklärt die Aufgabe und jeder, der eine Idee hat, setzt sich hin. Wenn alle sitzen, werden die Stühle bis auf einen von der Bühne geräumt, und die Schüler nehmen als Publikum Platz.
Der verbleibende Stuhl ist die imaginäre Person. Er kann auf der Bühne bleiben: Der Spieler geht auf und nähert sich ihm. Der Stuhl kann auch mit hinter die Bühne genommen werden. Der Spieler tritt dann mit ihm auf.
Nun spielen die Schüler nacheinander ihre Idee vor.

In einem kurzen Nachgespräch nach jedem Auftritt meldet das Publikum den Akteuren zurück, was es gesehen hat, vor allem, wer der Stuhl war, und macht Verbesserungsvorschläge.
Erfahrungsgemäß entwickeln alle Schüler eine Idee, wobei es häufig passiert, dass mehrere Schüler die gleiche oder eine ähnliche Idee haben.

Als ich diese Übung zum ersten Mal mit Schülern machte, rief ein Mädchen aus dem Publikum ins Spiel auf der Bühne hinein: „Ahh! – Genau das wollte ich auch spielen!" Seitdem sage ich vorher: „Wenn das passiert, darf es nicht verraten werden. Alle spielen ihre Idee, und es kommt zu Doppelungen oder Ähnlichkeiten. Das ist nicht schlimm."

Hier nur einige der Ideen:

- die Mutter mit ihrem Baby (Der Stuhl ist das Baby.)
- der Taschendieb in Aktion (Der Stuhl ist die Person, die bestohlen wird.)
- das tanzende Paar (Der Stuhl ist der Tanzpartner.)
- der Heiratsantrag (Der Stuhl ist die Person, der der Antrag gemacht wird.)
- die Schlägerei (Der Stuhl wird zusammengeschlagen.) und in der Folge
- Erste Hilfe (Der Stuhl erhält eine Mund-zu-Mund-Beatmung, sein Puls wird gefühlt, ...)
- u.v.m.

Wie soeben beschrieben, kommt es vor, dass von den Schülern recht drastische gewalttätige oder sexuelle Situationen entwickelt werden. Die Spielleitung muss entscheiden, ob sie dies zulässt oder durch eine entsprechende Vorbemerkung unterbindet.
Einige dieser Einzelszenen können in einer Präsentation nacheinander zu einer Gesamtszene verbunden und auch durch unterschiedliche Musikstücke unterstützt und getaktet werden, die zu den Einzelszenen passen, also etwa ein Kinderschlaflied zu der Einzelszene „Die Mutter und ihr Baby".

Die Mutter und ihr Baby

Im11 – „Solo-, Zweier- und Dreierimprovisation am Beispiel des Clowns"

Bezug auf weitere Felder	Zusätzliche Aspekte	Mit Musik	Zur Präsentation geeignet	Schwierigkeit	Dauer in Minuten
S	Reduktion	–	–	3	180

Ziel: Die Schüler lernen

- zunächst über einen kurzen Zeitraum (ein bis drei Min.) in Soloimprovisation eine Figur zu entwickeln,
- diese Figur zu verdichten, sie beizubehalten und dabei Merkmale der Wiederholung einzusetzen,
- all dies in klarer theatraler Präsenz aufzuführen,
- in einem weiteren Schritt, eine solche Figur zu verändern, zu steigern oder zu brechen sowie in 2er- oder 3er-Improvisationen auf andere Personen oder Gegenstände einzugehen,
- dabei stets auf das Prinzip der Reduktion zu achten und
- über Intrada, Corpore und Finale einen kleinen theatralen Spannungsbogen zu erzeugen.

Es geht also primär nicht darum, die Schüler zu Clowns zu machen. – Das ist nicht mehr nötig! Der Clown ist hier lediglich Mittel zum Zweck. Oder anders gesagt: Durch den Clown werden Voraussetzungen geschaffen, damit die Schüler improvisieren können.
Es ist erforderlich, dass alle Schüler diese Übung am eigenen Leib erfahren und sie nicht nur exemplarisch vorgeführt bekommen. Und das braucht Zeit.

Die Spielleitung bringt mit:

- eine Sammlung von Kostümteilen und Requisiten sowie
- für jeden der Schüler aus hygienischen Gründen eine eigene Clownsnase, in die der eigene Name geschrieben werden sollte.

Zunächst müssen die Schüler durch folgende Ansagen über die **sieben Regeln** dieser Improvisationsübung informiert werden:

1. „Macht euch klar – die Clownsnase ist eine der kleinsten Verwandlungshilfen. Wer sie aufsetzt, ist nicht länger Thomas, Ayse oder Sandra. Mit der Clownsnase legt ihr eure Identität ab und könnt nun in eine neue Rolle schlüpfen."
2. „Dies ist eine Improvisation, also: Raus aus der ‚Birne', nichts vorher überlegen, sondern spontan aus der Situation heraus agieren."
3. „Folgt dem Verlauf von Intrada, Corpore und Finale. Jede Szene beginnt mit einem Anfangsfreeze oder einem Aufgang, sie endet mit einem Abgang oder einem Freeze." Dies kann durch einen Black verstärkt werden.
4. „Beachtet stets das Prinzip der schauspielerischen Reduktion."
5. „Hört, bevor ihr beginnt, auf die Spielleitung. Sie initiiert den standardisierten Anfang der Übung:
   ‚Finde deine Körpermitte, verstärke dieses Körpergefühl, setze eine theatrale Präsenz darauf und – wenn du willst – dann komm!'"
   S. 105 ff.
   Die Schüler müssen die in der Übung „K1" gelernten fünf Körpertypologien bereits gut beherrschen. Wenn sie merken, dass sie nach der Aufforderung „Finde deine Körpermitte!" etwa zum Brusttyp tendieren, werden sie diesen spielen. Sie können

aber auch genauso neue Typologien entwickeln. Wenn sie zum Beispiel merken, dass sie tendenziell die Schultern hochziehen, sollten sie dies verstärken usw.

6. „Hört auch im weiteren Verlauf eures Spiels auf die Hilfestellungen der Spielleitung. Sie beobachtet, was ihr anbietet, und unterstützt dies, indem sie es an euch zurückmeldet. Sie bietet euch auch das Ende der Szene an. Macht euch dabei die folgenden drei Möglichkeiten klar:
   A) Ihr nehmt auf und setzt um, was die Spielleitung euch anbietet.
   B) Ihr nehmt dies nicht auf und setzt es nicht um. Denn: Nur ihr seid für euer Tun auf der Bühne verantwortlich!
   C) Ihr versteht akustisch oder inhaltlich nicht, was die Spielleitung will, und ignoriert es."
7. „Bleibt von Beginn bis zum Schluss in einer klaren theatralen Präsenz ohne Präsenzbrüche!"

Die einzelnen Durchläufe können beginnen, nachdem vor jeder Szene

- die Besetzung,
- die Aufgaben und
- die eventuellen Veränderungen der Figur geklärt worden sind.

Hier kann den Schülern konkret Folgendes vorgegeben werden:

Besetzung	**Aufgaben**	**Veränderungen der Figur**
Solo, 2er, 3er	Sprache mit einer Zahl, Sprache mit einem Buchstaben, Sprache mit Lauten, mit einem Gegenstand, den man vorfindet, mit einem Gegenstand, den man mitbringt, mit reduzierter Sprache	ohne Veränderung, aber mit Elementen der Wiederholung, mit Veränderung wie Steigerung, Veränderung oder Bruch, mit Reaktion auf Mitspieler oder Gegenstände

Der Schwierigkeitsgrad sollte behutsam gesteigert werden, zum Beispiel:

- zunächst Solo-Improvisation + Sprache nur mit einer Zahl + Elemente der Wiederholung, aber ohne Veränderung der Figur
- anschließend Solo-Improvisation + Sprache mit einem Laut + Reaktion auf einen Gegenstand, den man vorfindet + Elemente der Wiederholung, aber ohne Veränderung der Figur
- …

Am Schluss müssten die Schüler auch komplexere Szenen bewältigen können, zum Beispiel:

- 3er-Improvisation + mit reduzierter Sprache + Elemente der Veränderung durch Reaktion auf die Mitspieler und/oder Gegenstände auf der Bühne

Im12 – „Regie-Training"

Bezug auf weitere Felder	Zusätzliche Aspekte	Mit Musik	Zur Präsentation geeignet	Schwierigkeit	Dauer in Minuten
S	–	–	–	3	120

Ziel: Die Schüler erleben Regiesituationen und erfahren, ob sie Spaß daran entwickeln können, in der szenischen Arbeit steuernd und leitend zu agieren.

Die Gruppe sollte aus mindestens vier Teilnehmern bestehen. Nach oben hin ist die Gruppengröße offen, aber die Anzahl sollte durch vier teilbar sein.
Pro Kleingruppe benötigt jeder Teilnehmer ein Blatt Papier und jeder zweite einen Stift. Günstig ist es, wenn jeder zweite einen Tisch mit Stuhl oder zumindest eine feste Schreibunterlage zur Verfügung hat. Pro Kleingruppe sollte ein separater Raum zur Verfügung stehen.
Der günstigste Zeitpunkt für diese Übung ist kurz vor der Arbeit am konkreten Stück. In jedem Fall sollten die Schüler schon über schauspielerische Grundkenntnisse verfügen und in der Lage sein, eine theatrale Situation (Intrada, Corpore, Finale, Rollenausprägung, Tempoisierung, ...) zu gestalten.

Vorbereitung
Es bilden sich geschlechtsheterogene 4er-Gruppen. (Mindestens ein Junge bzw. ein Mädchen pro Gruppe. Dies hängt vom Plot ab – s.u.)
Falls dies nicht aufgeht, sind auch 5er-Gruppen denkbar oder der Spielleiter bindet sich in einer Gruppe ein.

- Zwei der Teilnehmer nehmen die Rolle von Schauspielern ein,
- einer wird Regisseur und
- einer wird Supervisor (zwei bei 5er-Gruppen).

Aufgabenverteilung:

- Die Schauspieler haben die Aufgabe, in und nach Absprache mit dem Regisseur zu spielen.
  Sie sollten sich dabei so gut wie möglich auf die steuernden oder leitenden Vorschläge des Regisseurs einlassen.
- Der Regisseur soll eben diese steuernde und leitende Funktion wahrnehmen.
- Der Supervisor hat drei Aufgaben:
  Er soll den zeitlichen Ablauf der drei Phasen des Durchlaufs steuern, d. h. deren Beginn und Ende setzen.
  Er soll den Regisseur beobachten (Achtung: nicht die agierenden Schauspieler!).
  Er soll seine Beobachtungen stichwortartig verschriftlichen.

Der Plot
ist die kurze Charakterisierung der Personen und die Festlegung der Spielsituationen, im Sinne von Szenen. Es sind hier auch andere Plots denkbar und in den jeweiligen Theatergruppen bei anderer Alterszugehörigkeit auch unbedingt notwendig.

Es gibt 4 Personen:

1. Tom
Tom, 18, ist der umschwärmte Schüler der Schule.
Er hat reiche Eltern, die ihm u. a. eine eigene Wohnung finanzieren.
Aber mit der Treue hat er es nicht so!
Er ist seit sechs Monaten mit Angela zusammen.

2. Sven
Sven, 18, ist Auszubildender zum Friseur.
Er will Meister werden und sich mit einem eigenen Salon selbstständig machen.
Er legt sehr viel Wert auf ein gepflegtes Äußeres und ein distinguiertes Benehmen.
Er ist mit Tom gut befreundet.

3. Angela
Angela, 17, ist in derselben Stufe wie Tom.
Sie will Tom unbedingt. (Liebe? – Prestige?)
Sie hat Probleme mit seinen ständigen Affären.
Sie ist eng befreundet mit Estelle.

4. Estelle
Estelle, 17, ist Svens kleine Schwester.
Sie ist intellektuell beinhart und politisch engagiert (aktives Mitglied bei Amnesty) und findet ihren Bruder und sein berufliches Umfeld total bescheuert.
Sie ist Angelas beste Freundin und auch Schülerin derselben Schule.

Es gibt vier Spielsituationen bzw. Szenen:

1	18.00 Uhr	Angela trifft Tom am frühen Abend in dessen Wohnung. Sie will eine zukunftsbezogene Klärung (!!!) ihrer Beziehung.
2	18.30 Uhr	Sven sitzt – geschafft von der Arbeit – zu Hause, als seine Schwester Estelle hereinplatzt.
3	19.30 Uhr	Tom und Sven treffen sich in ihrer Stammkneipe.
4	20.00 Uhr	Angela und Estelle treffen sich beim Italiener. Angela hatte Estelle angerufen und ihr gesagt, sie müsse sie unbedingt (!!!) sofort (!!!) sehen.

Erster Durchlauf mit 3 Phasen

- Die Kleingruppe sollte mit der ersten Szene beginnen und zunächst klären, welche zwei Personen spielen, wer Regisseur ist und wer Supervisor.
  Der Regisseur hat nach dem Startkommando exakt 10 Min. Zeit, um mit den Schauspielern zu proben.
  Der Supervisor unterbricht nach diesen 10 Minuten.

- Es folgt ein Gespräch zwischen Schauspielern und Regisseur, das etwa fünf Minuten dauert, und in dem diese Teilgruppe klärt, wie sie die Arbeit empfunden hat.
  Hier kann es zu Äußerungen des Regisseurs kommen wie: „Ihr habt gut/gar nicht

umgesetzt, was ich euch gesagt habe ..."
Oder die Schauspieler erklären: „Wir haben nicht/sehr gut verstanden, was du wolltest ..."
Der Supervisor unterbricht nach diesen fünf Minuten.

- Nun teilt der Supervisor dem Regisseur seine Beobachtungen mit. Diese Phase sollte nicht länger als fünf Minuten dauern.

Weitere Durchläufe

Die Kleingruppe wechselt ihre Rollen, sodass jeder aus der Kleingruppe einmal die Rolle des Regisseurs einnimmt; die anderen Funktionen sind nicht vorgeschrieben. Beim nächsten Durchlauf kann an derselben Szene geprobt werden, es kann aber auch eine der drei anderen angegangen werden. Immer gilt dabei: Das, was im ersten Durchlauf entstanden ist, gilt auch für die Folgeszenen.

Nachbesprechung

Nach Ablauf der vier Durchläufe trifft sich die Gesamtgruppe, um sich gegenseitig von ihren Erfahrungen in den Kleingruppen zu berichten. Hier ist auch die Zeit für subjektive Einschätzungen wie: „Ich fand es sehr schwer, Regisseur zu sein!" Oder: „Ich möchte von jetzt an nur noch Regie machen!"

Nachtrag und Ausblick

In diesem Kapitel wurde durch eine kleine Auswahl aus dem breit gefächerten Feld der schauspielerischen Übungen das Thema Schauspieltraining dargestellt.
Im folgenden 5. Kapitel soll unabhängig von den hier beschriebenen Übungen der Fokus noch einmal grundsätzlich auf Stimme/Sprache gelegt werden, auf den wir immer dann ein besonderes Augenmerk legen müssen, wenn wir es mit Sprechtheater zu tun haben. Das Folgekapitel versteht sich somit als Brücke: einerseits als Nachtrag zu dem hier Gesagten und andererseits als Einstieg in die konkrete Regiearbeit, die im 6. Kapitel thematisiert wird.

5. Sprache und Stimme

Jeder, der schon einmal mit Schülern Sprechtheater gemacht hat, kennt das:
In der zehnten Reihe beugt sich das Publikum leicht nach vorne, weil kaum noch etwas zu verstehen ist.
In der fünften Reihe runzeln einige Zuschauer die Stirn, weil sie versuchen, das Genuschel zu einem Text zu rekonstruieren.
In der ersten Reihe stellt sich Erleichterung ein, weil das Stück sicher bald zu Ende ist, wenn es in diesem Tempo weitergeht …
Hinlänglich bekannte Tipps wie zum Beispiel „Sprich laut, deutlich und langsam!" helfen aus diesem Dilemma nur bedingt weiter: Vielleicht erfordert das Stück, dass die eine Figur leise, eine andere undeutlich und eine weitere schnell sprechen soll. Das Problem ist offensichtlich komplexer!

5.1 Vorbemerkungen

- Bereits im vorangegangenen Kapitel wurde kurz darauf hingewiesen, dass Sprache und Stimme bei ungeübten Schülern trainiert werden müssen. Dem kann man im Schülertheater allerdings nicht in dem Maße Rechnung tragen wie im professionellen Theater. Ich möchte versuchen, dies am Beispiel Stimmbildung zu verdeutlichen:
  Die professionelle Stimme muss erlernt und täglich trainiert werden, so wie man ein Musikinstrument erlernt und täglich übt. Hier gibt es eine schier unerschöpfliche Anzahl von Übungen. Aber ihre Wirkung wird verpuffen, wenn sie nicht tagtäglich ca. 60 Minuten über einen Zeitraum von Monaten, wenn nicht sogar Jahren, immer wieder in Angriff genommen werden. Geschieht dies während der Schulstunden, so kommt man zu nichts anderem mehr und außerhalb der Schulzeit wird sich kaum ein Schüler finden, der dies sozusagen als tägliche Hausaufgabe erledigt.
  Das heißt nicht, dass man sich um die Stimme gar nicht mehr kümmern soll. Aber dies muss zielgerichtet dadurch geschehen, dass die Schüler einige Grundtechniken lernen, was den Einsatz der Stimme betrifft.

- Die Begriffe „Sprache" und „Stimme" beziehen sich selbstverständlich auf zwei unterschiedliche Aspekte:
  Während mit „Stimme" die Stimmqualität gemeint ist, die durch Übungen zu Atmung oder Stimmbildung geschult und verbessert werden kann, meint der Begriff „Sprache" die Verbindung von Stimme und Text.
  Weil man es im Schülertheater jedoch fast nie nur mit der Stimme, sondern in der Regel mit der Sprache zu tun hat, wird im Folgenden der übergeordnete Begriff „Sprache" verwendet und nicht mehr zwischen Sprache und Stimme oder zwischen Stimmbildung und Sprechtraining unterschieden.

- Die Sprache ist Teil des Corpus. Neben der Sprache gehören dazu, wie schon mehrfach erwähnt: Mimik, Gestik, Positionierung, Körperhaltung und Körperbewegung. Die Figürlichkeit einer Rolle muss durch all dies „verkörpert" werden. Gerade nicht ausgebildete Schauspieler – und das sind unsere Schüler ja nun einmal – neigen aber erfahrungsgemäß im Sprechtheater häufig zu einem „verkopften" Spiel: Sie sprechen Theater, spielen aber nicht, oder anders gesagt: Es kommt zu einem rein rezitierenden Sprechen. Jede weitere Form von Schauspielen fehlt; vom Kopf an abwärts ist nichts mehr von theatraler Figürlichkeit zu sehen.

Deshalb tendiere ich in meiner eigenen Theaterarbeit dazu, vorab die Figürlichkeiten durch die anderen Bereiche des Corpus zu entwickeln und dann erst die Sprache auf die ansonsten fertigen Figuren zu setzen. Das richtige Sprechen entwickelt sich dann in den meisten Fällen sehr organisch und fast automatisch.

5.2 Die drei Sprachebenen

Auf dem Weg zur Lösung des anfangs beschriebenen Dilemmas wird eine Hierarchisierung des Bereichs Sprache in drei Ebenen einiges verdeutlichen, die ich wie folgt nennen möchte:

grundsätzlicher Sprachduktus – konkreter Sprachduktus – konkreter Ausdruck

1. Ebene: der grundsätzliche Sprachduktus

Hiermit ist die sich durch die Sprache äußernde rollenbezogene Figürlichkeit gemeint, die immer oder häufig durch die Rolle hindurchschimmert. Die eine Figur ist zum Beispiel eher hochnäsig und arrogant, die nächste vielleicht tendenziell verängstigt, eine dritte aggressiv. Dies muss in der Versprachlichung des Textes hörbar werden.

2. Ebene: der konkrete Sprachduktus

Hiermit ist die auf die einzelne Textpassage bezogene sprachliche Gestaltung gemeint. Diese ergibt sich aus dem Kontext sowie aus der zu leistenden Subtextarbeit. Figuren sind eben nicht ausschließlich verängstigt oder aggressiv. Der Verängstigte wird genauso wie der Aggressive in einer konkreten Situation vielleicht erstaunt klingen müssen, wobei sich das Erstaunte des Verängstigten anders anhören muss als das Erstaunte des Aggressiven.

3. Ebene: der konkrete sprachliche Ausdruck

Hiermit sind gemeint: Tempoisierung, Rhythmisierung, Lautstärke und Dynamisierung, Akzentuierung sowie Betonung.

- Tempoisierung
  meint das konkrete Sprechtempo sowie eine mögliche Tempoentwicklung, also das immer schneller oder langsamer werdende Sprechen.
- Rhythmisierung
  meint alle Arten von Unterbrechungen oder Pausen im Sprachfluss. Dies führt zu Hervorhebungen, da ein kurzes Innehalten automatisch das folgende Wort isoliert und es damit besonders fokussiert, ohne dass es – was natürlich zusätzlich eingesetzt werden kann – besonders betont wird.
- Lautstärke und Dynamisierung
  meinen die konkrete Lautstärke sowie die Lautstärkeentwicklung, also das immer lauter oder leiser werdende Sprechen.
- Akzentuierung
  meint das deutliche Sprechen, also das Aussprechen aller Buchstaben, das Verhindern von Verschlucken, etwa der Endsilben, das Verhindern von Nuscheln etc.

- Betonung
  meint das Hervorheben eines Wortes oder einer Wortgruppe durch einen kurzen Lautstärkeimpuls.

In diesem Zusammenhang sei auf das Bedingungsgefüge verwiesen, in dem die Bereiche zueinander stehen. In der Regel erfordert:

- hohes Tempo → höhere Deutlichkeit,

- große Lautstärke → höhere Langsamkeit und

- geringe Lautstärke → Pressatmung.

5.3 Die Arbeit mit den Schülern

Es empfiehlt sich folgendes Vorgehen:

Als Erstes müssen die zum **konkreten sprachlichen Ausdruck** aufgelisteten Punkte mit den Schülern grundsätzlich angesprochen und beispielhaft erprobt werden, damit sie über ein grundsätzliches Repertoire von Sprech-Techniken verfügen. Dies sollte mithilfe einer längeren Textpassage geschehen, und es hat sich gezeigt, dass Passagen aus dem zu spielenden Stück eher ungeeignet sind, da hier sofort die ersten beiden Ebenen hineinwirken. Es ist sinnvoller, eine möglichst neutrale Textpassage in Prosa auszuwählen. Auch lyrische Texte eignen sich weniger, da in ihnen oft rhythmisierende Aspekte bereits immanent angelegt sind und somit das Sprechen bestimmen.
Erst nachdem die Schüler die Bereiche des konkreten sprachlichen Ausdrucks kennengelernt und erprobt haben, kommt das zu spielende Stück ins Spiel, wobei „ins Spiel“ durchaus wörtlich gemeint ist.

Dann muss die erste Ebene, also der **grundsätzliche Sprachduktus**, geklärt werden, wobei geklärt eben nicht theoretisch geklärt heißt. Es bietet sich im Gegenteil an, dies auch sofort spielerisch umzusetzen. Hierbei ist die Sprache als Teilaspekt des Corpus – wie in der dritten Vorbemerkung dieses Kapitels erläutert – zwingend an diesen Gesamtkörperausdruck gekoppelt. Versucht man, einen Gegensatz zwischen
S. 133
Text und Körperausdruck herzustellen (diese Übung wurde im 4. Kapitel bereits beschrieben), so stellt man dies sofort fest. Es hilft Schülern erfahrungsgemäß bei der Findung des grundsätzlichen Sprachduktus, wenn sie ganzkörperlich in die Figürlichkeit hineingehen, also auch Körperhaltung und Köperbewegung sowie Mimik und Gestik einsetzen. In dieser Phase kann man natürlich mit einer Textpassage aus dem
S. 123
Stück arbeiten, dies ist aber keineswegs zwingend. Eine Übung, wie der im 4. Kapitel beschriebene „Satz in unterschiedlichen Stimmungen“, hilft hier ebenfalls.

Erst dann sollte der **konkrete Sprachduktus** festgelegt werden, also über die Subtextarbeit Textpassage für Textpassage die jeweilige sprachliche Stimmung geklärt werden. Gleichzeitig muss der konkrete sprachliche Ausdruck – also etwa die Rhythmisierung oder die Lautstärke – jeder einzelnen Textpassage überlegt, ausprobiert und schließlich schriftlich festgehalten werden.
Dabei kann man entweder in die normalen Probephasen einsteigen oder zuvor eine komplette Textprobe ansetzen. Beides hat Vor- und Nachteile:

Bei der kompletten Textprobe arbeitet man komprimiert nur an der Sprache, kann also einen Schwerpunkt auf den konkreten Sprachduktus und auf den konkreten Ausdruck setzen, da die darüber hinausgehenden spielerischen Elemente entfallen.
Die normale Probephase ist komplexer, die Aufgaben der Spielleitung sind vielschichtiger und die Akteure auf der Bühne wissen nicht immer genau, woran gerade gearbeitet wird. Andererseits ist das Spiel der Schüler oft organischer; vieles gelingt selbstverständlicher.
Die Entscheidung sollte hier pragmatisch getroffen werden. Bei kürzeren Texten, etwa in einer szenischen Collage, wird die komplette Textprobe einer Szene durchaus Sinn machen. Bei einem Stück in fünf Akten bietet es sich eher an, in die normale Probe einzusteigen und immer dann für Textprobephasen wieder auszusteigen, wenn dies erforderlich wird.

Man kann das Verfahren natürlich auch abkürzen. In diesem Fall sagt man seinen Schülern einfach: „Sprecht laut, deutlich und langsam!"

Nachtrag und Ausblick

In diesem Kapitel wurden bereits einige Aspekte der Probearbeit angesprochen. Die Leitung einer Probe steht im Mittelpunkt des folgenden 6. Kapitels.

6. Leitung einer Probe

S. 7

Zu Beginn dieses Buches wurde beschrieben, dass es Sinn macht, zu unterscheiden zwischen

- der konzeptionellen Spielleitung,
  in der es um die inhaltliche und organisatorische Planung, also um die Weichenstellung für die Theaterarbeit, beispielsweise durch die Planung eines Inszenierungsrahmens oder die Planung der zeitlichen Struktur, geht, und
- der konkreten Regiearbeit,
  also der Leitung einer Probe.

Im Folgenden soll auf den zweiten Aspekt, die konkrete Regiearbeit, näher eingegangen werden:

Nehmen wir an, es steht fest, welches Stück gespielt wird, wobei an dieser Stelle egal ist,

- ob es sich um eine dramatische Textvorlage, die Bearbeitung einer Vorlage, eine Eigenproduktion etc. handelt,
- ob es sich um Sprechtheater, Musiktheater, Tanztheater oder Figurentheater handelt,
- ob es sich um ein zusammenhängendes Gesamtstück oder eine szenische Collage handelt.

Nehmen wir weiter an,

- dass der Inszenierungsrahmen in all seinen Facetten – vom Besetzungskonzept über das Bühnenbild, die Kostüme und Requisiten, den Einsatz von Musik usw. – zumindest in Grundzügen feststeht und
- dass die konkreten Besetzungen geklärt sind.

Nehmen wir darüber hinaus an,

- dass in einer Werkstattphase zuvor mit den Schülern eine Vielzahl von Übungen gemacht worden ist, sodass sie über gewisse schauspielerische Fähigkeiten verfügen und mit den damit verbundenen Begrifflichkeiten vertraut sind.

Nehmen wir schließlich an,

- dass mit den Schülern eine Woche zuvor abgesprochen worden ist, mit welcher Szene heute begonnen werden soll,
  (Das muss nicht die erste Szene im Stück sein. Es hat sich häufig als sinnvoller erwiesen, mit einer Schlüsselszene des Stücks zu beginnen.)
- dass die Schüler im Sinne von „Vorgeben und Loslassen" schon erste Planungen für den Verlauf dieser Szene entwickelt haben und
- dass sich die Schüler im Falle von Sprechtheater mit ihrem Text oder im Falle von Bewegungstheater mit der Musik vertraut gemacht haben.

So kann nun die konkrete Probe beginnen:

6.1 Die zehn Aspekte der Regiearbeit in der Probesituation

In der konkreten Probearbeit sollte die Spielleitung folgende zehn Aspekte im Auge haben, die in Bezug auf den Inszenierungsrahmen stimmig sein müssen.

S. 95 ff.

Zu diesen zehn Aspekten sind im 4. Kapitel eine Vielzahl von Übungen beschrieben worden.
In der folgenden Tabelle werden exemplarisch nur einige von ihnen noch einmal erwähnt und in Verbindung zu den jeweiligen Aspekten gebracht.
Dabei müssen diese Aspekte nicht in der hier genannten Reihenfolge angegangen werden:

	die zehn Aspekte	mögliche Übungen
1.	das Herausarbeiten einer klaren theatralen Präsenz ohne Brüche	„Umkippen zwischen privat und präsent" oder „Ich bin sehr, sehr wütend!", ...
2.	die Entwicklung theatraler Figuren, also der Rollen. Dies umfasst alle Aspekte des Corpus.	„Die fünf Körpertypologien", „Solo-, Zweier- und Dreierimprovisation am Beispiel des Clowns", „Der Satz in unterschiedlichen Stimmungen", alle Kontaktübungen ...
3.	das Festlegen der Rollenveränderungen, z. B. Steigerung oder Bruch	„Die Skala 1 bis 10" (s.u.), „Der Bruch" (s.u.) ...
4.	der sinnvolle Einsatz der schauspielerischen Hilfsmittel	abhängig vom Inszenierungskonzept
5.	der sinnvolle Einsatz der technischen Hilfsmittel	abhängig vom Inszenierungskonzept
6.	das Arbeiten an der zeitlichen Struktur der Szene oder Sequenzen, also Temposteigerungen oder Tempoverschleppungen, um Platz für das Spiel ohne Text zu schaffen und somit zu einer Rhythmisierung der gesamten Szene zu kommen	„Die Skala 1 bis 10" (s.u.) ...
7.	das Entwickeln theatraler Reduktion	„Solo-, Zweier- und Dreierimprovisation am Beispiel des Clowns" ...
8.	das Festlegen von Elementen der Wiederholung und Wiedererkennung	„Solo-, Zweier- und Dreierimprovisation am Beispiel des Clowns" ...
9.	das Achten auf die bühnenbezogene Wahrnehmung	alle Wahrnehmungsübungen
10.	das Sichern der Ergebnisse	„Rückwärts-Spielen" (s.u.)

Erläuterungen:

- „Die Skala 1 bis 10":
  Wenn etwa eine deutliche Steigerung in der Entwicklung einer Figürlichkeit erkennbar werden soll, so kann die Spielleitung dem Schauspieler sagen: „So wie du das jetzt spielst, befindest du dich auf einer Skala von 1 bis 10 etwa bei der Position drei. Versuche es jetzt noch einmal, aber auf der Position fünf." In der Folge soll der Schauspieler auch die Positionen sechs, sieben, acht, neun und zehn spielen. Die Position zehn wird in der Regel des Guten zu viel sein. Das macht aber nichts, da der Spieler nun gemeinsam mit der Spielleitung überlegen kann, welche Position die sinnvolle Endposition der Steigerung sein sollte. Das „etwas Weniger" wird dem Spieler leichterfallen, wenn er Position zehn erfahren hat.
- „Der Bruch":
  Unter einem Bruch versteht man das bewusste, plötzliche und völlige Wechseln einer Figürlichkeit.

- „Rückwärts-Spielen“:
  Wenn eine Szene fertig einstudiert worden ist, kann sie, um das Ergebnis zu sichern, von hinten nach vorne gespielt werden – also mit dem letzten Satz beginnend und mit dem ersten endend. Dieses schwierige, zum Beispiel von Keith Johnstone beschriebene Vorgehen verlangt von den Schülern ein sehr hohes Maß an Konzentration. Aber wenn das klappt, spielen sie die Szene von vorne nach hinten wie im Schlaf!

6.2 Was die Spielleitung vermeiden sollte

Es gibt einige Aspekte, die unbedingt vermieden werden sollten.

Die Spielleitung sollte vermeiden,

- ihre eigenen Vorstellungen zu sehr auf die Schüler übertragen zu wollen.

Unsere Schüler sind und bleiben Laiendarsteller, die nur in seltenen Fällen über ein breites schauspielerisches Spektrum verfügen. Besser ist es meiner Meinung nach deshalb, an dem zu arbeiten, was die Schüler im Spiel anbieten. Dabei muss natürlich darauf geachtet werden, dass die Figürlichkeit, die die Rolle erfordert, umgesetzt wird. Aber gibt es nicht immer mehrere Arten, wie ein bestimmter Charakter sich präsentieren oder eine bestimmte Gefühlslage ausgedrückt werden kann? Und ist unsere Vorstellung unbedingt die einzig richtige?

- während des laufenden Spiels das Negative zu korrigieren.
  Das sollte in einer konstruktiven Art während der Besprechung nach dem Spiel geschehen. Besser ist es, während des Spiels das Positive durch Hineinsprechen zu verstärken.
- zu viele Einzelheiten vorzugeben.
  Je verkopfter die Schüler spielen, desto schlechter spielen sie in der Regel.
- zu früh die gesamte Komplexität des Spiels erfassen zu wollen.
  Dies muss scheitern. Besser ist es, das Augenmerk auf einzelne Aspekte zu lenken, zum Beispiel auf die Klarheit der Figuren, Steigerungen, Positionierungen, Reduktion, Präsenz, ...
- zu früh zu sehr die Handlung zu steuern.
  Es empfiehlt sich, mehr an den Figuren zu arbeiten; die Handlung kommt dann schon.
- den Beginn oder Wiederholungen zu initiieren, ohne klare Absprachen vereinbart zu haben.
  Den Akteuren muss klar sein, auf was genau sie zum Beispiel beim Wiederholen achten sollen. Es müssen also exakte und klare Absprachen im Sinne von Festlegungen aus dem vorangegangenen Spiel oder aus dem Vorgespräch getroffen werden. Was „Klarheit der Absprachen“ meint, kann an einem kleinen Beispiel verdeutlicht werden, das sich bei meinem allerersten Schultheaterprojekt ereignet hat:

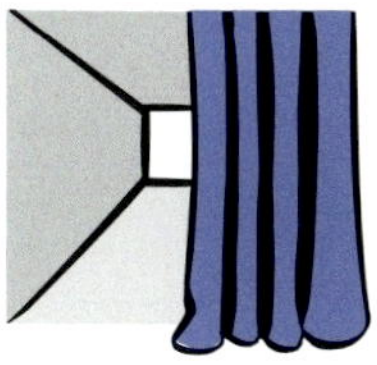

Am Ende einer Szene sollte die Schülergruppe auf der Bühne einfrieren und anschließend der Vorhang geschlossen werden, da die Folgeszene auf einer Seitenbühne spielte und ein Bühnenumbau hinter dem geschlossenen Vorhang anstand. Ein italienischer Schüler mit dem klangvollen Namen Django war für das Schließen des Vorhangs zuständig. Django, das klingt nach Temperament, Schnelligkeit und kraftvollem Aktionsdrang. Der wirkliche Django war eher langsam und bedächtig. Vor der Aufführung

ging ich zu ihm und sagte: „Django, wenn die Schüler auf der Bühne einfrieren, zählst du einundzwanzig, zweiundzwanzig, dreiundzwanzig und dann kurbelst du, was das Zeug hält, den Vorhang zu. Verstanden?“ Django nickte zuversichtlich.
Mein erster Fehler war, dass wir dies nie geprobt hatten. Mein zweiter war die vermeintlich klare Absprache. Die Aufführung lief, wir kamen an die besagte Stelle, die Schüler froren ein und – nichts passierte. Hektisch lief ich außen um die gesamte Aula herum hinter die Bühne, kam bei Django an und hörte ihn zu meiner größten Verblüffung zählen: „… achtzehn, neunzehn, zwanzig …“

„Klare Absprachen“ meint also vor allem klar für die Schüler, denn was für uns völlig selbstverständlich klar ist, muss für Schüler noch lange nicht klar sein!

6.3 Wer redet wann, wie lange, wo, worüber?

Wer redet?
In der Regel gibt es drei Parteien: die Akteure, die Spielleitung und die in dieser Szene nicht agierenden Mitspieler als Zuschauer.
Es gibt hier keine grundsätzlich richtige Reihenfolge. Bewährt hat sich aber, dass zunächst die Zuschauer nach dem Motto „Der Zuschauer hat immer recht“ wertfrei, also rein sachlich, berichten, was sie gesehen haben. Anschließend könnte die Spielleitung, die ja ebenso zuschaute, das Gleiche tun, und schließlich könnten dann die Akteure berichten, was ihnen aufgefallen ist. Aber auch wenn man in anderer Reihenfolge spricht, muss dabei auf Folgendes geachtet werden:

- Die Spielleitung legt die Reihenfolge, in der gesprochen wird, fest.
- Die drei Parteien sprechen getrennt und nicht durcheinander.
- Falls es mehrere Spielleiter gibt, muss im Vorfeld eine interne Hierarchie abgeklärt werden.
  (Gemeint ist hier keine grundsätzliche, sondern eine punktuelle Hierarchie.)

Ansprechpartner sind nur die Akteure. Diskussionen der Schauspieler über die Zuschauer wie zum Beispiel „Da müsst ihr eben genauer hinhören, genauer hinsehen, besser aufpassen!“ sind zu vermeiden.

Wann wird geredet?
Grundsätzlich kann vor, während und nach der Spielsequenz gesprochen werden. Hier empfiehlt sich, abhängig vom Stand der Proben,

- je mehr es um Sicherung geht, nach dem Spiel zu sprechen;
- je mehr es um die Entwicklung geht, vor und während des Spiels zu sprechen;
- je höher der Improvisationsanteil ist, während des Spiels zu sprechen.

Häufig berichteten mir Spielleiter, sie hätten Schwierigkeiten, in das laufende Spiel hineinzusprechen. Dafür gibt es rationale und irrationale Gründe:
Ein häufiges Argument („Wenn ich hineinspreche, fallen die Schüler aus der Rolle!“) möchte ich anzweifeln. Ich habe die Erfahrung gemacht, dass die Schüler, wenn sie

mit dem Prinzip vertraut sind – und das dauert nicht sehr lange –, ihre Rolle ohne Präsenzbrüche problemlos halten.
Viel häufiger aber konnte ich beobachten, dass die Spielleiter vom Spiel so gefesselt waren, dass sie gar nicht hineinsprechen konnten. Die Spielleitung muss aber stets auf einer beobachtenden und bewertenden Metaebene bleiben und darf sich nicht ins Geschehen hineinziehen lassen. Die Vorteile, die es hat, in das laufende Spiel hineinzusprechen, werden im Punkt „Worüber wird gesprochen?" näher ausgeführt.

Wie lange wird geredet?
Weil das Ziel der Besprechungen das Spiel ist und nicht die Besprechung selbst, gilt hier: so ausführlich wie nötig und so kurz wie möglich.

Wo wird geredet?
Auf der Bühne sollte nur dann gesprochen werden, wenn es um Vormachen geht. Ansonsten schafft ein anderer Ort, zum Beispiel an der Rampe, vor der Bühne etc. eine Distanz und macht deutlich: Es ist nicht mehr Spiel, sondern es geht um die Reflexion darüber.

Worüber wird geredet?
Gerade in einem frühen Stadium ist das Spiel noch so fehlerhaft oder unfertig, dass gar nicht über alles gesprochen werden kann. Hier sollte die Spielleitung Prioritäten setzen und nur über einen oder zwei der obigen zehn Aspekte sprechen.
Außerdem gilt:

- Eine Betonung dessen, was schon gut war, hilft mehr als Kritik.
- Kritik muss konstruktiv sein. Den Schülern einfach nur zu sagen „Also, so geht das gar nicht!" oder „Da musst du dir etwas anderes einfallen lassen!" hilft überhaupt nicht. Wenn die Spielleitung nicht weiß, wie man es besser machen kann, sollte gemeinsam mit der Gesamtgruppe nach einer Lösung gesucht werden.

Im laufenden Spiel müssen die Hilfestellungen immer sehr präzise und kurz formuliert werden. Bemerkt die Spielleitung, dass etwas gut ist, so helfen ins Spiel hineingerufene Bemerkungen wie: „Diese Geste war toll, mach das noch mal!" – „Ja, die Schultern sind gut so, behalte das bei!" – „Ja, runzele die Stirn!" – „Da stehst du gut, behalte diese Distanz!" – ... Bemerkt die Spielleitung, dass etwas schlecht ist, so muss eine konkrete Hilfestellung erfolgen. Diese sollte positiv formuliert werden, also nicht „Du sprichst zu leise!", sondern „Sprich lauter!". Die positive Formulierung gibt nur an, wie es besser gemacht werden kann, während in der negativen Formulierung immer zugleich mitschwingt: „Du bist schlecht." Solch positive Bemerkungen können etwa sein: „Bleib in deiner Präsenz!" – „Komm mehr nach vorne!" – „Geh auf Thomas zu, ja, noch näher!" – „Zeig uns deine Enttäuschung noch stärker!" – „Geh gebeugter, noch gebeugter!" – ... In beiden Fällen, Bestätigung bei Stärken und konkrete Hilfestellung bei Schwächen, erhält der Akteur auf der Bühne so zeitnah wie es nur geht, nämlich im Moment des Spiels, eine Rückmeldung. Diese vielen kleinen Situationen im Nachgespräch wiederaufgreifen zu wollen,

- ist per se unmöglich:
  „Weißt du noch, als du hinten standest und zu Erika schautest, da waren Deine Schultern super!" – Wer weiß denn noch, wann der Akteur hinten stand? Wer weiß denn noch, wann er zu Erika schaute? Wer weiß denn noch, wie die Schultern da waren? – Niemand!

- ist nicht hilfreich:
  Der Akteur erhält 15 Tipps im Nachgespräch, davon behält er sechs, an nichts anderes als an diese sechs denkt er nun, entsprechend verkopft geht er in die Wiederholungssequenz und das Spiel wird eher schlechter!

- ist für den Spielleiter gar nicht zu leisten:
  Der müsste sich die 15 Tipps für Johann, die 12 Tipps für Erika und die 16 Tipps für Thomas merken, was praktisch nicht geht, oder sie auf einem Zettel notieren. Und währenddessen agieren die Schüler auf der Bühne, und der Spielleiter bekommt es nicht mit!

6.4 Regiearbeit mit ungewöhnlichen Besetzungskonzepten

An dieser Stelle sei noch auf ein besonderes Problem der Regiearbeit hingewiesen, das häufig dann entsteht, wenn die Inszenierung mit einem der ungewöhnlichen Besetzungskonzepte arbeitet:
Natürlich gilt auch dann all das, was in diesem Kapitel bisher gesagt wurde, aber es taucht eine zusätzliche Schwierigkeit auf.
Nehmen wir als Beispiel eine Szene, in der zwei Personen auf der Bühne agieren. Die Spielleitung ist problemlos in der Lage, diese beiden zu beobachten. Wird dieselbe Szene in einer Mehrfachbesetzung gespielt und agieren auf der Bühne 28 Schüler, die diese beiden Rollen verkörpern, ist klar, dass die Spielleitung unmöglich jede einzelne dieser 28 Personen genauso intensiv beobachten kann. Hier bieten sich folgende Möglichkeiten an:

- Die Spielleitung teilt sich die Akteure in kleinere und damit überschaubare Personengruppen auf. Ihr Augenmerk richtet sich also zunächst nur auf eine bestimmte Gruppe, im nächsten Durchlauf auf eine andere Gruppe.

- Die Spielleitung teilt die Aufgabe der Beobachtung zwischen sich und anderen Schülern, die nicht in der Szene agieren, auf, wobei sie selbst und die betroffenen Zuschauer jeweils unterschiedliche kleinere Personengruppen beobachten. Das erfordert jedoch, dass die zuschauenden Schüler zum einen wissen, worauf genau sie achten sollen, und zum anderen in der Lage sind, den Schauspielern in konstruktiver Art ihre Kritik zurückzumelden. Und wieder gilt: Das können sie nicht per se, aber sie können es lernen.

- Die Spielleitung reduziert die Zahl der agierenden Personen. Die auf der Bühne verbleibenden Schauspieler spielen also imaginäre Personen an. Die restlichen Schüler sitzen derweil vor der Bühne und sprechen ihren Text ins laufende Spiel hinein.

- Bei einer Parallelinszenierung kann die Spielleitung ihr Augenmerk auf nur ein Bühnensegment richten. Hier kann auch räumlich parallel geprobt werden. Während die Schüler der Bühne A in der Aula proben, arbeiten die Schüler der Bühne B zum Beispiel in der Mensa. …

Je fortgeschrittener der Stand der Probearbeit ist, je weniger also zu korrigieren ist, desto mehr muss die Spielleitung jedoch das gesamte Bild und Bühnengeschehen beobachten, und dies erfordert ein gewisses Maß an Erfahrung.

Wer einmal als Spielleiter ein solch komplexes Geschehen auf der Bühne geleitet hat, weiß, wie erholsam es ist, nur noch mit zwei oder drei Schauspielern zu arbeiten. Aber das sollte uns nicht abschrecken, denn das Ergebnis dankt uns die Arbeit.

Nachtrag und Ausblick

Nachdem in diesem Kapitel beschrieben wurde, worauf die Spielleitung im Schülertheater achten und was sie vermeiden sollte, kommen wir im folgenden siebten Kapitel noch einmal auf einen Teilaspekt der konzeptionellen Planung zurück, dem bisher kaum Raum gegeben wurde: dem Managen eines Gesamtprojekts.

7. Projektmanagement

Zum Aufgabenbereich, den die Spielleitung im Schülertheater bewältigen muss, gehört – neben all den inhaltlichen Faktoren, die in den vorherigen Kapiteln beschrieben worden sind – auch die Bewältigung der organisatorischen Faktoren, die in einem so vielfältigen Prozess, wie es Theaterspielen nun einmal ist, anfallen. Von der ersten Idee bis zur Nachbereitung am Ende des Prozesses ist der Spielleiter einer Schultheatergruppe immer auch Manager, der das Gesamtprojekt Schülertheater vorausschauend planen muss. Ist er das nicht, so wird das Projekt, so gut es vielleicht inhaltlich auch durchgeführt worden ist, nicht zu dem Erfolg kommen, den es verdient hat, ja, möglicherweise wird es sogar zum Scheitern verurteilt sein.

In meinen Fortbildungen wurde deshalb verständlicherweise immer wieder der Wunsch geäußert, ich möge doch einmal ganz konkret sagen, was man da denn so genau zu bewältigen hätte.
Eine solche allgemeingültige Gebrauchsanweisung für das Projektmanagement – es tut mir leid, dies sagen zu müssen – gibt es nicht. Der Grund dafür ist schnell beschrieben:

Kein Projekt gleicht dem anderen.

Die **äußeren** Faktoren, also die räumlichen, finanziellen oder schulorganisatorischen Bedingungen, die technischen Ausstattungen oder das wöchentliche Zeitvolumen, sind ebenso unterschiedlich wie die **inneren** Faktoren, also die curricularen Vorgaben, die Art des Stücks, die Altersgruppe der Schüler, die Zeitspanne, in der das Projekt stattfinden soll – und zwar von Schule zu Schule, von Jahr zu Jahr, von Projekt zu Projekt und von Stück zu Stück.
Unabhängig davon gibt es aber eine Vielzahl von Aufgaben, die beim Managen eines Projekts zu klären sind. Deshalb soll hier ein Überblick über diese Aufgaben gegeben werden. Einige der folgenden Punkte werden in der konkreten Situation und in der für das Projekt geeigneten Form zu beachten sein, andere werden gar nicht zum Tragen kommen. Beispiel: Wenn ich vorhabe, Straßentheater zu machen, muss ich mich nicht mit der Lichtanlage meiner Aula beschäftigen.

Das Folgende muss von der Spielleitung jedes Mal neu auf die aktuellen projektspezifischen Bedingungen bezogen werden.
Schaut man sich das Gesamtfeld der Aufgaben an, so erscheint eine Struktur sinnvoll, die durch folgende einfache Fragestellung verdeutlicht werden kann:

Wann macht wer genau was?

Die Spielleitung muss analysieren und klären:

- Wie genau sieht das WANN aus?
  → Dazu mehr in 7.1 „Die Zeitleiste"

- WER genau ist involviert?
  → Dazu mehr in 7.2 „Die Personen und Personengruppen"

- WAS genau muss geschehen?
  → Dazu mehr in 7.3 „Die Aspekte und Aspektgruppen"

7.1 Die Zeitleiste

Jedes Theaterprojekt hat irgendwann seinen Beginn und irgendwann sein Ende. Diese zeitliche Spanne ergibt eine Zeitleiste, und es macht Sinn, diese in vier Phasen zu unterteilen:

Planungsphase, Arbeitsphase, Präsentationsphase und Nachbereitungsphase

Die Planungsphase

Sie liegt vor dem Beginn der Arbeitsphase. Dies bedeutet:
Wenn der Beginn der Arbeitsphase mit dem Schuljahresbeginn zusammenfällt, muss die Planungsphase noch im alten Schuljahr oder in den Ferien davor, in jedem Fall aber immer davor erfolgen. Wenn der Beginn der Arbeitsphase mitten im Schuljahr liegt, muss die Planungsphase entsprechend einige Tage oder Wochen davor erfolgen.

In der Planungsphase ist der Inszenierungsrahmen mit all seinen Facetten zu entwickeln:

- von der Auswahl des Stücks, unabhängig davon, ob es sich um eine dramatische Textvorlage, um Bewegungstheater oder um eine szenische Collage etc. handelt,

- über das grundsätzliche Besetzungskonzept

- bis hin zu den Aspekten Kostüm, Requisite, Bühnenbild, Musik, ...

Dies sagt nichts darüber aus, dass nicht auch im laufenden Projekt weitere Planungsphasen folgen können, weil sich Bedingungen verändert haben oder im Prozess der Arbeit festgestellt wurde, dass die Planung verändert werden muss. Es sagt auch nichts darüber aus, wer neben der Spielleitung an der Planungsphase beteiligt ist.

Die Arbeitsphase

Mit dem Beginn der Arbeitsphase beginnt die praktische Arbeit mit den Schülern. Die Arbeitsphase sollte wiederum unterteilt werden in Einleitungsphase, Probephase und Sicherungsphase.

- Auf der Planungsphase aufbauend muss nun in der **Einleitungsphase** zusammen mit den Schülern Folgendes geschehen:

Im Sinne einer Zieltransparenz muss der Gesamtgruppe das Projektvorhaben, soweit es durch den Inszenierungsrahmen bereits feststeht, vermittelt werden.
Die konkreten Besetzungen müssen geklärt werden, wobei hier noch egal ist, ob diese vorläufig oder bereits endgültig sind. Oft fällt die endgültige Entscheidung erst in den ersten Stunden des Spiels am Stück und nicht im theoretischen Gespräch.
In einer mehrwöchigen Werkstattphase kann mit den Schülern eine Vielzahl von Übungen gemacht werden, sodass sie gewisse schauspielerische Techniken erlernen.
Außerdem muss mit den Schülern abgesprochen werden, mit welcher Szene begonnen oder an welcher Szene in der Folgeprobe gearbeitet werden soll, sodass sie erste Planungen für den Verlauf dieser Szene entwickeln und sich im Falle von Sprechthea-

ter mit ihrem Text, im Falle von Bewegungs- oder Tanztheater mit der Musik vertraut machen können. Dieser Punkt wird im Verlauf der Arbeitsphase mit jeder Szene wieder neu zum Tragen kommen, wird also mehrfach auf der Zeitleiste platziert werden müssen.

- Auf die Einleitungsphase aufbauend wird es in der **Probephase** darum gehen, die einzelnen Szenen und Szenenfolgen zu erarbeiten und

- in der **Sicherungsphase** die erarbeiteten Ergebnisse oder Zwischenergebnisse im Sinne von festen Verabredungen und Absprachen zu festigen.

Proben und Sichern gehen Hand in Hand von Szene zu Szene stets ineinander über und werden im Verlauf der Arbeitsphase wieder mehrfach auf der Zeitleiste zu platzieren sein.

Die Präsentationsphase

Mit dem Ende der Arbeitsphase beginnt die Präsentationsphase. Dies meint – je nach dem zeitlichen Volumen des Gesamtprojekts – die letzten Wochen, Tage oder Stunden rund um die Auftritte, also die Zeitspanne von der ersten Durchlaufprobe bis zur letzten Aufführung.

Die Nachbereitungsphase

In der Nachbereitungsphase sollte das Projekt gemeinsam mit den Schülern evaluiert werden, um Konsequenzen für die folgende Arbeit ziehen zu können. Ferner sollte das Aufräumen, Entsorgen, Lagern von schauspielerischen und technischen Hilfsmitteln ebenso geschehen, wie etwa die Rückgabe von geliehenem Material an den Besitzer.
Und schon ist es mit der Vereinheitlichung vorbei.
Zwar erstrecken sich die Planungs-, Arbeits-, Präsentations- und Nachbereitungsphase im Schülertheater häufig über ein komplettes Schuljahr, manchmal über zwei Jahre, vielleicht aber auch nur über ein halbes Jahr oder über den Zeitraum einer Projektwoche. Die Gesamtzeitspanne wird also variieren, die Struktur der Zeitleiste mit ihren vier Phasen muss aber erhalten bleiben.

7.2 Die Personen und Personengruppen

An jedem Theaterprojekt nehmen viele Personen teil.

Dazu gehören immer

- die Schüler, die auf der Bühne agieren,

- die Spielleitung und

- die Schulleitung, mit der die organisatorischen Faktoren abgestimmt werden müssen.

Dazu gehören fast immer

- der Hausmeister, mit dem Termine wie Wochenendproben, die außerhalb seiner Dienstzeit liegen, abgesprochen werden müssen, und

- die Eltern vor allem der jüngeren Schüler der Theatergruppe, mit denen alle Termine, die außerhalb des normalen Stundenplans oder außerhalb der Schule stattfinden, abzustimmen sind.

Unter Umständen wird der Kreis derer, die auf der Bühne agieren, erweitert durch:

- Personen aus dem Haus:
  also aus dem pädagogischen und nicht-pädagogischen Personal: Kollegen, Sozialpädagogen, Schulpsychologen, Sekretärinnen, Medienwart, Drucker, Putzpersonal, Hausmeister (Auch den habe ich schon auf der Bühne gesehen.)

- Externe:
  Eltern, professionelle Schauspieler, ehemalige Schüler, Freunde, Verwandte oder Bekannte

Hinzu kommen häufig auch Personen, die in den Bereichen der schauspielerischen und technischen Hilfsmittel unterstützend eingreifen oder diese ganz übernehmen:

- Sie stellen und/oder bedienen die Lichtanlage.
  (Eine befreundete Kollegin orderte, da die hauseigene Lichtanlage für ihre Auftritte gänzlich ungeeignet war, stets eine Lichtcrew, die mit ihrer Anlage zu den Auftritten kam und diese dann dort auch bediente.)

- Sie stellen und/oder bedienen die Tonanlage oder machen live Musik.

- Sie arbeiten mit den Schülern in Werkstätten, also zum Beispiel die Maskenbildnerin, die die Schüler lehrt, wie sie sich schminken.

- Sie bauen das Bühnenbild.

- Sie nähen die Kostüme.

- Sie erstellen oder besorgen Requisiten.

- Sie stellen und/oder bedienen die Spezialeffekte.

Häufig sind darüber hinaus noch weitere Personen im Projekt involviert:

- die externe Druckerei oder der hauseigene Drucker (hier nun nicht als Schauspieler, sondern als derjenige, der die Texte, Flyer, Plakate, ... vervielfältigt),

- der Fotograf und der Kameramann, der den Prozess und/oder die Auftritte dokumentiert (Dies kann ein Profi von außen sein oder ein Kollege.),

- die Pressevertreter,

- die Feuerwehr, wenn sie bei den Auftritten aus sicherheitstechnischen Gründen anwesend sein muss,

- unterschiedliche Vertragspartner wie z. B. Verlage und deren Rechtsabteilungen, die GEMA, Sponsoren, Vertreter anderer Bühnen, Betriebe und Geschäfte, die im Programmheft werben, sowie

- die Firma, bei der der Transporter angemietet wird, der notwendig ist, wenn die Bühnenbilder aus der Schule zu der externen Bühne zu befördern sind, bzw. das Busunternehmen, das die Schüler zu einem Festival oder Kennenlernwochenende fährt und von dort wieder zurückbringt.

Es wird erneut deutlich, dass auch der Personenkreis von Projekt zu Projekt variieren wird. Der letzte Punkt etwa ist völlig irrelevant, wenn alle Aufführungen im Haus stattfinden.

7.3 Die Aspekte und Aspektgruppen

Zur besseren Übersicht werden die vielen einzelnen Aspekte im Folgenden inhaltlich zu Aspektgruppen gebündelt. Viele dieser Aspekte sind in den vorherigen Kapiteln bereits ausführlich beschrieben und werden deshalb hier nur stichwortartig aufgelistet und nicht weiter kommentiert:

Vor dem Beginn der Proben

Inhaltliche Planung (s. auch 1. – 3. Kapitel)

S. 11 ff.

Bei der inhaltlichen Weichenstellung sollten beachtet werden:

- Wahl des Stücks, der Stückform etc.

- Entwicklung des Inszenierungsrahmens

- Bearbeitung oder Entwicklung zum Beispiel von Texten, Bewegungskonzepten etc.

- Planung von Werkstattphasen

- Planung, was die Einbindung weiterer hauseigener oder externer Personen betrifft

Corpus (s. auch 4. Kapitel)

S. 95 ff.

Den Schülern müssen schauspielerische Basistechniken vermittelt werden.

- Körperhaltung und Körperbewegung

- Positionierung

- Mimik

- Gestik
- Stimme/Sprache

S. 35 ff.

Schauspielerische und technische Hilfsmittel (s. auch Kapitel 2.4)

Die den Inszenierungsrahmen stützenden Hilfsmittel müssen nicht nur geplant, sondern auch gekauft, hergestellt, ausgeliehen, ... werden.
Dies kann unter Umständen auch zu einem späteren Zeitpunkt geschehen. Allerdings sollten wichtige Elemente, wie etwa ein zentrales Spielmittel, so früh wie möglich vorhanden sein.

- Kostüm
- Maske & Frisur
- Requisite
- Licht
- Ton
- Bühnenbild
- Spezialeffekte

Die obigen drei Aspektgruppen münden in die folgenden zwei:

Proben

Für das Projektmanagement bedeutet dies die Konzipierung, Erarbeitung und Sicherung

- in den Szenenproben.
  In ihnen müssen – abhängig vom Stück und vom Inszenierungsrahmen – die Figürlichkeiten im Sinne des Corpus herausgearbeitet werden.
  Ferner muss durch Rhythmisierung und Tempoisierung ein sinnvoller szenischer Bogen entstehen.
  Die schauspielerischen und technischen Hilfsmittel sollten dabei die Szene sinnvoll unterstützen.
  Zu einem späteren Zeitpunkt werden hier auch mehrere aufeinanderfolgende Szenen im Block gespielt werden müssen, um die Übergänge zu proben.
- in den Einzelproben.
  Manchmal ist es notwendig, mit einzelnen Schülern an bestimmten Aspekten, wie etwa der Sprache, gesondert zu arbeiten.
- in den Sonderproben.
  Dies können ebenso Proben an Wochenenden oder Feiertagen mit der gesamten Gruppe sein wie auch gemeinsame Proben etwa mit den Licht- und Tontechnikern oder den Musikern.

- in den Stellproben.
  Hier werden nur die Auf- und Abgänge, weitere Gänge, die Lichtwechsel, die Umbauten oder die Musik- und Toneinspielungen geprobt, wobei der Text auf Anfänge und Schlüsse einer Szene oder einer szenischen Sequenz reduziert wird.
  Man sagt auch: „Das Stück wird durchgestellt oder platziert."

- in den Haupt- und Durchlaufproben.
  In ihnen wird das gesamte Stück gespielt, wobei – von Probe zu Probe immer seltener – an zuvor verabredeten Stellen unterbrochen wird, um Besprechungsphasen einzuschieben.

- in der Generalprobe.
  Dies ist die Probe, in der unter den Bedingungen des Ernstfalls, also des Auftritts, das komplette Stück ohne Unterbrechungen unter Umständen bereits vor ausgesuchtem kleinem Publikum ein letztes Mal durchgespielt wird.

Aufführung

Die Aufführungen selbst erfordern ein besonderes Management.

Kurz vor der Aufführung gilt es vieles zu beachten:

- Eine Applausordnung muss entwickelt werden.

- Die Kostüme, Requisiten und die Ton- oder Lichtanlage müssen einem letzten Check unterzogen werden.

- Ein geeignetes Warming muss durchgeführt werden, das die Schüler einerseits wachrüttelt und sie andererseits in die notwendige Konzentration bringt.

- In einem „Spuckkreis" kann jeder einzelne Schüler noch eine individuelle Aufgabe erhalten: „Susanne, sprich laut!" – „Angela, bleib stets präsent!" – „Konstantin, denk an dein Spiel ohne Text!" – „Murat, achte in der 4. Szene auf Konstantins Aufgang!" – „Sibel, bleib mit deinen Schultern immer schön vorne!" usw.

- Außerdem muss das Motto für die Spielleitung hier stets lauten: „Egal, wie groß mein eigenes Lampenfieber ist – gegenüber den Schülern muss ich stets eine optimistische Ruhe ausstrahlen!" Das Letzte, was Schüler kurz vor der Premiere gebrauchen können, ist ein extrem nervöser Spielleiter, der alle um sich herum rappelig macht.

- Finden die Aufführungen nicht auf der schuleigenen Bühne statt, also auf einer, auf der man noch nicht geprobt hat, so muss die Spielleitung für die Phase vor dem Auftritt entsprechend viel Zeit einplanen, um alle notwendigen Voraussetzungen für ein reibungsloses Spiel zu gewährleisten, und dies wird mehrere Stunden, vielleicht sogar einen ganzen Tag erfordern.
  In diesem Fall sollten sich die Schüler, wenn eben möglich, bereits einige Wochen vor der Premiere durch einen Besuch vor Ort ein Bild von der anderen Bühne machen. Dies hilft ihnen mehr als ein Dutzend Pläne, Grafiken oder Fotografien.
  Auch die fremde Technik fordert erfahrungsgemäß Zeit. Vielleicht kann man ja schon am Abend vorher mit den eigenen Technikern oder denen des Hauses das Bühnenbild aufbauen, die Bühne ausleuchten und die Tonanlage soweit vorberei-

ten, dass, wenn die Gesamtgruppe eintrifft, nur noch mit ihr gearbeitet werden kann und nicht mehr an der Technik.
Besonders wichtig ist eine komplette Stellprobe und – falls die Zeit dies zulässt – ein kompletter Durchlauf.

Während der Aufführung ist der Spielleiter entweder

- im Publikum und dort zum Zuschauen verdammt,
- hinter der Bühne, um dort für Ruhe zu sorgen und die Aufgänge oder Umbauten zu unterstützen (Dann sieht er allerdings das Stück aus keinem günstigen Blickwinkel bzw. vom Geschehen auf der Bühne so gut wie nichts.), oder
- im Bereich der Technik, wo er zuschauen und auch unterstützend eingreifen kann.

Direkt nach der Aufführung

empfiehlt sich ein kurzes Nachgespräch, in dem vor allem das Positive des Spiels und nur im Ausnahmefall bei groben Fehlern das Negative angesprochen werden sollte.
Die Konsequenz aus Pannen muss eher lauten: Wir treffen uns vor der nächsten Aufführung entsprechend früher, um dies aufzuarbeiten oder kurze Sequenzen noch einmal zu proben.
Wenn alles gut gelaufen ist, sollte neben der positiven Kritik nur noch der Zeitpunkt des nächsten Treffens vereinbart werden.

Im Verlauf eines Theaterprojekts müssen vier weitere Aspektgruppen berücksichtigt werden:

Öffentlichkeitsarbeit

Weil sich Schultheatergruppen mit ihren Ergebnissen einer Öffentlichkeit stellen, müssen sie auch Öffentlichkeitsarbeit leisten, unabhängig davon, ob es sich um eine schulinterne oder eine schulübergreifende Öffentlichkeit handelt. Dies bedeutet:

- Ankündigungstexte müssen inhaltlich geplant, erstellt und gedruckt werden, um anschließend unter Schülern, Eltern, Pressevertretern, Kollegen, Ehemaligen und Externen in Umlauf gebracht zu werden. Dies kann teilweise auch digital per Sammel-Mail geschehen.

- Plakate müssen inhaltlich geplant, in einem angemessenen Layout gestaltet, wiederum gedruckt und aufgehängt werden.

- Gleiches gilt für Programmhefte und Flyer.
  Auf ihnen sollten die Auftrittstermine, der Titel des Stücks, der Name der Theatergruppe, ein kurzer inhaltlicher Abriss des Stücks, der Dank an Personen, die geholfen haben, die Namen der Schüler der Theatergruppe in ihren jeweiligen Funktionen, die Namen der Spielleitung und unter Umständen die der Sponsoren genannt werden. Fotos können all dies illustrieren.

- Eintrittskarten müssen gedruckt und der Kartenvorverkauf sowie der Kartenverkauf an der Abendkasse organisiert werden.

- Der Prozess der Arbeit oder inhaltliche Hintergründe des Stücks können in Form einer Dokumentation ausgestellt werden.

- Falls dies ansteht, müssen Bewerbungen für Festivals, Schultheaterwochen etc. geschrieben und verschickt werden.

Rechtliche Belange

Häufig werden hier die folgenden Punkte bedeutsam:

- Gegebenenfalls müssen die Aufführungsrechte für Stücke bei den Verlagen erworben werden, wobei die Autoren oder deren Verlage manchmal zuvor das Inszenierungskonzept einsehen wollen.
  Dies muss zu einem sehr frühen Stadium der Planung geschehen, um zu gewährleisten, die Rechte auch tatsächlich zu erhalten. Erhält man sie nicht, kann das Stück nicht gespielt werden!

- Der Einsatz von Musik muss unter Umständen mit der GEMA abgerechnet werden.

- Sicherheitsbestimmungen müssen eingehalten und deshalb abgeklärt werden.

- Falls Aufführungen außerhalb der Schule stattfinden, müssen Verträge mit den anderen Bühnen oder bei der Teilnahme an Theaterfestivals mit den jeweiligen Organisatoren geschlossen werden. In diesem Fall werden immer auch Versicherungsvereinbarungen zu treffen sein.

Schulinterne Organisation

Hier ist Folgendes zu beachten:

- Fast jede Theatergruppe hat irgendeine Kasse, in die Einnahmen fließen und aus der anfallende Kosten finanziert werden. Darüber muss Buch geführt werden, das etwa dem Förderverein der Schule gegenüber offengelegt werden sollte. Häufig wird die Theaterarbeit auch wie ein Schulfach ein eigenes Budget im Schulhaushalt haben.

- Die Aufführungstermine müssen mit dem schulinternen Terminplan abgeglichen und mit der Schulleitung abgestimmt werden.

- Falls Proben oder Aufführungen in die Unterrichtszeit fallen, müssen nach Absprache mit der Schulleitung Unterrichtsbefreiungen erteilt und den betroffenen Fachlehrern mitgeteilt werden. Gleiches gilt, wenn dies in Zeiten von Schülerpraktika geschieht. Hier müssen die jeweiligen Betriebe um eine Freistellung gebeten werden.

- Falls es eine Premierenfeier geben soll, muss für die Räumlichkeiten und für Speisen und Getränke gesorgt werden.

- Eine schöne Geste ist das „Premierchen": ein kleines Geschenk, das jeder Schüler vor der Premiere, zum Beispiel auf seinem Stuhl hinter der Bühne, vorfindet.
  Beispiele: ein Stück Schokolade, eine Karte mit der Aufschrift „Viel Erfolg" o. Ä.

- Falls die Aufführungen nicht an der eigenen Schule stattfinden, muss der Transport der Kostüme, der Requisiten, der Bühnenelemente usw. sowie ein geeignetes Transportmittel organisiert werden. Vor allem jüngere Schüler dürfen oft spät abends nicht mehr allein nach Hause fahren. Auch hier muss die Spielleitung einen Fahrdienst sicherstellen.

Unterricht

Manchmal müssen die Inhalte des Stücks aufgearbeitet werden:

- Es kann sich im Verlauf des Prozesses herausstellen, dass Fragen zum Inhalt des Stücks mit den Schülern der Theatergruppe in Unterrichtssequenzen aufgearbeitet werden müssen.
  Beispiel: Wenn es in dem Stück um den Holocaust geht, ist es durchaus sinnvoll, zunächst einfach einmal mit dem Spiel zu beginnen. Die Schüler werden irgendwann von ganz allein anfangen, Fragen zu stellen. Die aber müssen dann beantwortet werden, indem man mit ihnen vielleicht einen Film ansieht, einen Zeitzeugen einlädt oder eine Gedenkstätte besucht.

- Theaterstücke sollten für sich sprechen. Dennoch kann es vorkommen, dass Schulklassen, die sich das Stück ansehen wollen, vorbereitet werden müssen.
  Hier muss im Vorfeld entsprechendes Unterrichtsmaterial erstellt werden und mit den Fach- oder Klassenlehrern abgestimmt werden, wie und wann dieses eingesetzt wird.

7.4 Die Verknüpfung der Aspekte

Das WANN, das WER und das WAS müssen in Beziehung zueinander gebracht werden. Die einzelnen aufgelisteten Aspekte müssen also, unter Umständen mehrfach, auf der Zeitleiste den jeweiligen Phasen zugeordnet werden, wobei zeitgleich zu klären ist, wer für die Bearbeitung oder Klärung jedes einzelnen Punktes zuständig ist, wer aus dem Personenkreis außerdem angesprochen werden soll, an wen eine Aufgabe delegiert werden kann und wer in den Prozess miteingebunden werden muss.
Diese Verbindung herzustellen ist die zentrale Aufgabe des Projektmanagers.
Sie wird – es sei ein letztes Mal gesagt – immer wieder unterschiedlich ausfallen und muss deshalb von Projekt zu Projekt neu angegangen und bewältigt werden.

8. Ein konkretes Inszenierungsbeispiel: „Picknick im Felde" von Fernando Arrabal

In diesem Kapitel soll vieles des bisher Gesagten am Beispiel der Inszenierung des Stücks „Picknick im Felde" von Fernando Arrabal veranschaulicht werden.

Von ersten Überlegungen über den Inszenierungsrahmen bis zum fertigen Stück

Dabei werden

- zunächst erste Überlegungen im Entstehungsprozess und
- anschließend der daraus entstandene Inszenierungsrahmen beschrieben.
- Schließlich wird dies entlang des gesamten Stücks, also anhand der dramatischen Textvorlage inklusive aller Regieanweisungen dargestellt.

8.1 Erste Überlegungen zur Inszenierung

S. 24 ff.

Dieser Einakter wurde bereits im 2. Kapitel bei der Erklärung der ungewöhnlichen Besetzungskonzepte erwähnt. Ich selbst habe das Stück als Juror mehrere Male gesehen und „schleppe es" seitdem mit mir herum.

Hier noch einmal kurz die Handlung:

In diesem absurden Antikriegsstück geht es um den Soldaten Zapo, der – dümmlich, aber gutmütig – mutterseelenallein im Schützengraben hockt und mit dieser Situation ganz offensichtlich völlig überfordert ist. Da tauchen plötzlich seine Eltern auf, Herr und Frau Tepan, „bewaffnet" mit Picknickkörbchen und Regenschirm: „Wir dachten, du langweilst dich womöglich. Da wollten wir dir einen kleinen Besuch abstatten. Schließlich muss dieser Krieg doch ermüdend sein!"
Zapo ist dies unangenehm, aber was soll er machen? Noch ehe das Picknick beginnen kann, taucht Zepo, ein feindlicher Soldat auf, ebenso überfordert mit der Situation und ebenso dümmlich, aber gutmütig wie Zapo. Zapo nimmt Zepo gefangen und fesselt ihn, um ihn kurz darauf wieder loszubinden, denn Zepo soll auch am Picknick teilnehmen.
Zwei Sanitäter betreten die Bühne, die verzweifelt nach Verwundeten und Leichen suchen: „Und wir haben noch nichts gefunden, dabei haben wir ununterbrochen gesucht!" Auch hier erfolglos, ziehen sie wieder von dannen.
Im folgenden Gespräch wird die Frage nach dem Sinn des Krieges aufgeworfen, und Herr Tepan hat die zündende Idee: „Dann machen wir doch Schluss mit dem Krieg! – *(zu seinem Sohn:)* Du, du sagst deinen Kameraden, dass die Feinde keinen Krieg wollen. Und *(zu Zepo:)* Sie, Sie sagen Ihren Kameraden dasselbe. – Und alle gehen nach Hause!"
Der allgemeine Jubel, der ob dieser wunderbaren Idee entsteht, geht unter im ohrenbetäubenden Lärm eines Luftangriffs, bei dem alle umkommen. Am Ende treten die beiden Sanitäter erneut auf und transportieren die Leichen ab.

Es gab für mich lange Zeit zwei Gründe, das Stück nicht zu spielen:

1. Es gibt nur wenige Rollen: Zapo, Zepo, Vater Tepan und Mutter Tepan sowie die beiden Sanitäter, die mitten im Stück nur einmal kurz auftreten und am Ende die

Leichen abtransportieren. Diese kleine Anzahl der Rollen stand immer im Widerspruch zur Größe meiner Theatergruppen.
Lösung: Diese ergab sich im Gespräch mit Schülern: Eine Vervielfachung der Soldaten Zapo und Zepo würde das Uniforme des Soldatischen visualisieren und die Charaktere der Eltern haben durchaus unterschiedliche Facetten.
In einer Parallelinszenierung könnten diese Facetten an einzelne Elternpaare gekoppelt und somit isoliert herausgearbeitet werden.
Dies hatte zur Konsequenz, dass die Eltern nur selten den Originaltext sprechen. Die meisten Sätze mussten, entsprechend der Figürlichkeiten, überhöht neu geschrieben werden.

2. Das Stück kann, so wie es angelegt ist, nur in einer Katastrophe enden. Und dieser Schluss ist sehr schnell vorhersehbar. Hier galt es also, ein neues und nicht vorhersehbares Element zu entwickeln. Außerdem wollte ich aus inszenatorischen Gründen auf keinen Fall das Sterben der Akteure auf der Bühne zeigen.
Lösung: Irgendwann hatten wir die Idee, das Ende als eine Art Stillleben zu zeigen. Die inhaltliche Anbindung sollte sein: Zepo erzählt Zapos Mutter gegen Ende des Stücks, dass er für jeden gefallenen Kameraden eine Papierblume bastelt:

Mutter: *(zu Zepo)* Was tun Sie eigentlich im Schützengraben, um sich die Zeit zu vertreiben?
Zepo: Ich mache Papierblumen, aber ich langweile mich sehr!
....
Mutter: ... Werfen Sie sie fort?
Zepo: Nein. Jetzt habe ich eine Verwendung dafür gefunden: Für jeden Kameraden, der stirbt, gebe ich eine Blume her. So weiß ich, dass ich nie genug machen kann, selbst wenn ich noch so viele mache.

Die Papierblumen werden somit zum Synonym für den Tod der Soldaten. Um zu zeigen, dass alle gestorben sind, würde es also reichen, die leere Bühne und auf ihr die Papierblumen zu zeigen. Der eigentliche Schluss des Stücks entfiel und wurde durch einen Epilog ersetzt, in dem diese Idee umgesetzt wurde.

8.2 Der weitere Inszenierungsrahmen

Zur Bühne

Das Stück wurde also nach dem Prinzip der Parallelinszenierung gespielt.
Es gab vier Bühnen: zwei Oberbühnen und zwei nach außen versetzte Unterbühnen: (Diese Bühnen werden im Folgenden genannt: Bühne oben links = OL/Bühne unten links = UL/Bühne oben rechts = OR/Bühne unten rechts = UR.)
Auf allen Bühnen spielte die Handlung parallel, nacheinander versetzt, sich wiederholend usw.
Die Musik stammt ausschließlich von Piazzolla und der CD „The Rough Dancer" (also kein Paso doble, wie im Original, sondern argentinischer Tango) als weiteres vereinheitlichendes Element der Inszenierung.

Zu den Figuren

Die **Zapos und Zepos** waren auf allen Bühnen gleich gekleidet: Sie hatten Hosen und T-Shirts im Military-Look an und führten ein Spielzeuggewehr und einen Rucksack für ihre Utensilien mit sich. Lediglich die Farbe der Helme und die Farben der Kostüme – olivgrün für Zapo und schneetarnfarben für Zepo – unterschied die Zapos von den Zepos. Die Helme waren Salatsiebe. Zapos Helm war rot, Zepos gelb. Die Soldaten hatten die gleichen Requisiten und auch ihre Figürlichkeit war so identisch wie möglich. Dies sollte die Uniformität des Soldatischen unterstreichen. Zapos und Zepos sprachen (fast) immer den Originaltext.

Die **Väter und Mütter** passten zwar als Paare zusammen, waren aber in der Figürlichkeit sehr unterschiedlich. Dies wurde durch die Kleidung, die Requisiten und die Sprache deutlich unterstützt. Auch der Text war an die Figürlichkeit angepasst und unterschied sich fast immer vom Originaltext. Dies hatte zur Folge, dass chorisches Sprechen nicht vorkommen konnte!

Zur Typologie der Paare

Paar 1: supi Bühne: UR
Sie sind „event-geil", brauchen immer einen neuen Kick und jetzt ist Picknick im Schützengraben angesagt.
Sie ist ein Plappermäulchen und findet am Ende immer alles „supi"
Er spricht viel mit Anglizismen und findet am Ende alles „geil".
Sie ist rosa gekleidet, rosa Top und rosa Minirock, er im blauen Poloshirt und mit karierter, halblanger Hose.
Ihr Picknickkorb ist eine Kühlbox.

Paar 2: spießig Bühne: OR
Sie sind bürgerlich, spießig, extrem hochnäsig, überheblich, arrogant und glauben, alles zu wissen.
Sie sprechen sehr akzentuiert und vornehm (spitzmäulig), und drücken sich sehr gepflegt aus.
Beide sind bürgerlich gekleidet: er im braunen Anzug, sie im dezenten Kostümchen.
Zum Picknick bringen sie ein echtes Picknickkörbchen und einen Spielzeugfotoapparat mit.

Paar 3: ängstlich Bühne: OL
Sie sind verunsichert wie ihr Sohn, haben etwas Angst.
Sie sprechen leise und in sich gekehrt.
Sie sind im Partnerlook gekleidet. Es ist ein Jogginganzug.
Ihr Picknickkorb ist eine Faltbox aus Plastik.

Paar 4: grob Bühne: UL
Sie sind grob, roh und autoritär.
Sie sind sehr laut, polternd, fluchen auch, sind aber nicht „asimäßig" oder sprachlich reduziert.
Er trägt einen zu klein gewordenen Konfirmationsanzug mit Hochwasser, sie ein Kopftuch und beide Turnschuhe.
Ihr Picknickkorb ist eine Aldi-Einkaufstüte.

Die Sanitäterinnen sind strahlend weiß gekleidet und haben eine Bahre sowie diverse medizinische Spielzeugutensilien dabei.

Zu den verfremdeten Requisiten und Kostümteilen:

Der Einsatz bestimmter Requisiten, also die Spielzeuggewehre der Soldaten, die Utensilien der Sanitäter, der Spielzeugfotoapparat der Eltern usw., sowie die Kostümierung mittels der Salatsiebe als Helme für Zapo und Zepo sollten das absurde Moment des Spiels unterstreichen.

Der Inszenierungsrahmen noch einmal im Überblick:

Parallelinszenierung:
Auf vier Bühnensegmenten spielt die Handlung parallel, nacheinander versetzt, sich wiederholend usw.

Text:
stark bearbeitet und in den Passagen der Eltern sehr oft umgeschrieben

↓

Das Ende:
zum Stillleben umgewandelt

„Picknick im Felde“

Zapo und Zepo:
so identisch wie möglich, um die Uniformität des Soldatischen zu unterstreichen

↓

Die Eltern:
vier in der Figürlichkeit sehr unterschiedliche Paare

schausp. + tech. Hilfsmittel:
Kostüm + Requisiten z. T. absurd/
Musik: Tango als verbindendes Moment/
Anordnung der Bühnensegmente

Lesehilfen zu den Texttabellen:

<table>
<tr><th>1. Spalte = Rolle</th><th>2. Spalte = Bühne</th><th>3. Spalte = Belegung</th><th>4. Spalte = Text</th></tr>
<tr><td>**Zapo** = Zapo</td><td rowspan="5">Bühne oben links = **OL**
Bühne unten links = **UL**
Bühne oben rechts = **OR**
Bühne unten rechts = **UR**</td><td rowspan="5">**Namen** der Schüler (fiktiv)</td><td rowspan="5">der zu sprechende Text und *(personenbezogene Regieanweisungen)*</td></tr>
<tr><td>**Zepo** = Zepo</td></tr>
<tr><td>**Vater** = Vgrob, Vspieß, Vängst, Vsupi</td></tr>
<tr><td>**Mutter** = Mgrob, Mspieß, Mängst, Msupi</td></tr>
<tr><td>**Sanitäterinnen** = Sa1 + Sa2</td></tr>
</table>

Außerdem sind

- alle allgemeinen Regieanweisungen blau gesetzt und

- **alle Bühnenwechsel deutlich hervorgehoben.**

8.3 Der Stückverlauf[1]

Prolog „Aufgang Zapo"

(4 Zapos)

Im Einlass: offene Bühne, keine Musik
Auf den vier Bühnen liegen hinten diverse Sandsäcke.

Das Saallicht geht aus. In dem Black werden einzelne Schüsse ein- und wieder ausgeblendet, dann kurz Stille – die Aufgangsmusik Piazzolla, „The Rough Dancer", track 1: „Prologue" erklingt.

Sofort danach geht der ***Verfolger an*** und beleuchtet den 1. Zapo, der von hinten durch den Mittenvorhang aufgeht und auf OR geht.
Nach 8 Takten beleuchtet der Verfolger den 2. Zapo, der durch den linken Seitenvorhang aufgeht und auf UL geht.
Nach 8 Takten beleuchtet der Verfolger den 3. Zapo, der über die Treppe aufgeht und auf OL geht.
Nach 8 Takten beleuchtet der Verfolger den 4. Zapo, der durch den Mittelgang aufgeht und auf UR geht.
Alle Zapos tragen olivgrüne Hosen und Hemden im Military-Look, rote Salatsiebe aus Plastik als Helme.
Sie tragen ein Spielzeuggewehr, ein Spielzeugtelefon, ein Spielzeugfernglas und einen unordentlich voll gestopften Rucksack. Sie sehen noch viel beladener aus, als sie wirklich sind.
Alle 4 machen einen schüchternen, blöden, aber gutwilligen Eindruck.

Mit dem Ausblenden der Musik am Ende des Stückes ***fährt das Licht auf allen Bühnen langsam hoch***, und der ***Verfolger blendet ebenso langsam aus***.

Alle Zapos sitzen nun auf ihrem Bühnenrand. Ihre Beine baumeln nach unten.
Das Tempo ist ab hier langsam.

Sie stehen gleichzeitig auf und untersuchen ihre Bühne aufs Genaueste. –
Sie halten ein. –
Sie überlegen. –
Sie blicken zum Himmel auf. –
Sie überlegen. –
Sie legen auf den Sandsäcken ihre Gewehre, ihre Feldtelefone und ihre Rucksäcke ab. –

[1] Der Abdruck des Textes erfolgt mit freundlicher Genehmigung von Fernando Arrabal.
Die Unterteilung des Stücks in einzelne Szenen entstand in der Arbeit mit den Schülern. Dasselbe gilt für die Szenennamen.

Sie überlegen. –
Sie untersuchen die Sandsäcke. –
Sie sehen sich um. –
Sie befeuchten ihre Zeigefinger mit der Zunge und halten sie in die Höhe. –
Sie überlegen. –

Das Tempo wechselt und ist ab hier schnell.

Es wird eingeblendet: Piazzolla, „The Rough Dancer“, track 5: „Knife Fight“.

Sie befeuchten ihre Zeigefinger mit der Zunge und halten sie in die Höhe. – Sie überlegen.

Plötzlich entnehmen sie ihren Rucksäcken ein buntes Durcheinander: Granaten, ein Comicheft, mehrere Wollknäuel, einen halb fertig gestrickten Pullover nebst Stricknadeln, eine Zigarettenpackung, einen Kinderspiegel, eine Kinderzahnbürste, ein Stück Tafelkreide … schließlich eine Landkarte. –
Sie ist riesig. –
Sie öffnen die Karte hektisch und ungeschickt. –
Sie untersuchen die Karte. –
Sie zucken mit den Schultern. –
Sie richten das Fernglas ins Publikum. –
Sie lachen. – Sie untersuchen die Karte erneut. –
Sie sehen sich um. –
Sie untersuchen die Karte erneut. –
Sie gehen ein paar Schritte zur Seite. –
Sie untersuchen die Karte erneut. –
Sie machen mit dem Kreidestück ein Kreuz auf den Boden. –

Sie untersuchen die Karte.

Sie untersuchen die Karte erneut. –
Sie gehen wieder ein paar Schritte zur anderen Seite. –
Sie untersuchen die Karte erneut. –
Sie machen mit dem Kreidestück wieder ein Kreuz auf den Boden. Plötzlich wird ihr Ausdruck besorgt: Auf welche Seite der Sandsäcke sollen sie sich postieren? –
Sie holen ihr Gewehr, schultern es und stellen sich an den Bühnenhinterrand hinter die Sandsäcke mit dem Rücken zum Publikum. –
Sie stehen stramm. –
Sie entspannen sich und nehmen ihr Gewehr wieder ab. –

Sie drehen sich um, steigen über die Sandsäcke und gehen zum vorderen Bühnenrand. –
Sie schultern das Gewehr wieder und stehen mit Blick ins Publikum erneut stramm. –
Sie zucken mit den Schultern. –
Sie werfen eine Münze. –
Sie zucken mit den Schultern. –

Piazzolla, „The Rough Dancer", track 5: „Knife fight" wird ausgeblendet.
Das Tempo wechselt und ist ab hier wieder langsam.

Sie gehen zu ihrem Rucksack und nehmen den halb fertigen Pullover und die Strickwolle. –
Sie setzen sich und fangen an zu stricken. –
Sie stricken eine ganze Weile. –
Sie stehen auf. –
Sie halten in der einen Hand ein Wollknäuel und mit der anderen den Pullover an. –
Sie gehen zu dem Rucksack und holen den Spiegel. –
Sie halten in der einen Hand Pullover und Wollknäuel, in der anderen den Spiegel und betrachten sich im Spiegel. –
Der Wollknäuel fällt herunter. –
Sie suchen zwischen den Sandsäcken. –
Sie suchen beharrlich, aber tollpatschig. –
Sie tasten den Boden ab, ohne hinzusehen. –
Sie sehen zufrieden aus, weil sie einen rundlichen Gegenstand gefunden haben. –
Es ist eine Granate. –
Stumme Selbstvorwürfe: Dummkopf! Das ist doch nicht das, was du gesucht hast! –
Sie werfen die Granate achtlos weg.

Sie explodiert krachend.

Sofort werfen sie sich schnell zu Boden und verstecken sich kriechend mit dem Po zum Publikum, die Hände über dem Kopf zwischen den Sandsäcken.

1. Szene „Das Telefonat"

(4 Zapos)

Kurz darauf: Das Feldtelefon klingelt. Alle 4 Zapos heben nacheinander ab, mit erschrockener Miene:

Zapo	OL	**Pia**	Hallo? …
	UR	**Anke**	Hallo! …
	UL	**Grit**	*(klopft auf den Hörer, so als ob das Telefon defekt ist)* Hallo? …
	OR	**Jo**	Hallo! …
	alle	**Chor**	*(beim letzten „lo" stehen alle stramm und schreien)* Zu Befehl, Herr Hauptmann! … *(der Hauptmann redet)*
	UR	**Anke**	Jawohl,
	OR	**Jo**	ich bin der Wachhabende

OL	**Pia**	vom 47. Abschnitt ... *(der Hauptmann redet)*
UL	**Grit**	Nichts Neues, Herr Hauptmann ... *(der Hauptmann redet)*
UR	**Anke**	*(verunsichert)* Verzeihung, Herr Hauptmann, wann wird weitergekämpft? ... *(der Hauptmann redet)*
OL	**Pia**	Und die Granaten?
UL	**Grit**	Was mache ich damit?
OL	**Pia**	Werfe ich sie nach hinten oder nach vorn? ... *(der Hauptmann redet)*
UR	**Anke**	Nichts für ungut, Herr Hauptmann, es war nicht böse gemeint ... *(der Hauptmann redet)*
alle	**Chor**	Herr Hauptmann, ich fühle mich wirklich sehr einsam, können der Herr Hauptmann mir nicht einen Kameraden schicken?
OR	**Jo**	Und wäre es auch nur eine Ziege ... *(Der Hauptmann schnauzt ihn anscheinend tüchtig an.)*
alle	**Chor**	*(sehr erschrocken wiederholend)* Zu Befehl, Herr Hauptmann! Zu Befehl!

Zu Befehl!

Zapo hängt ein. Pause.

2. Szene „Aufgang Eltern"

(4 Zapos + 4 Väter + 4 Mütter)

Das Licht bleibt auf allen Bühnen an.

Vater und Mutter „grob" kommen mit Picknickkörbchen, wie zu einem Picknick, und gehen auf UL.

Sie sind grob. Sie sind sehr laut und poltern herum. Sie sind einfach gekleidet. Er im zu klein gewordenen Konfirmationsanzug mit Hochwasser. Sie mit Rock, Bluse und Kopftuch.

Sie sprechen zu ihrem Sohn, der mit dem Rücken zu ihnen sitzt und sie nicht sieht:

Vgrob	UL	Tom	Los, mein Sohn, steh auf – und küsse deine Mutter auf die Stirn!

Zapo auf UL steht überrascht auf und küsst die Mutter sehr ehrerbietig auf die Stirn. Er will etwas sagen, aber der Vater schneidet ihm das Wort ab.
Währenddessen kommen mit Picknickkörbchen und aufgespanntem Sonnenschirm – wie zu einem Picknick – Vater und Mutter „spießig“ auf OR.
Sie sind zutiefst bürgerlich und spießig. Sie sprechen sehr akzentuiert und vornehm, also „spitzmäulig“, und drücken sich sehr gepflegt aus. Sie sind bürgerlich gekleidet: er im braunen Anzug, sie im dezenten Kostümchen.

Vgrob	UL	Tom	Und nun gib mir gefälligst einen Kuss!

Vater und Mutter „spießig“ sind auf OR angekommen.

Zapo	UL	Grit	Aber lieber Vati, liebe Mutti, wie konntet ihr euch nur hierherwagen? An einen so gefährlichen Ort? Geht gleich wieder nach Hause.
Vgrob		Tom	Was? Du willst deinem Vater etwa sagen, was Krieg und Gefahr bedeuten? Lächerlich! Wie oft bin ich schon von der fahrenden U-Bahn abgesprungen!

„Wie oft bin ich schon von der fahrenden U-Bahn abgesprungen!“

Währenddessen kommen mit Picknickkörbchen, wie zu einem Picknick, Vater und Mutter „ängstlich“.
Sie sind verunsichert, genauso wie ihr Sohn, und haben durchaus etwas Angst.
Sie sprechen eher leise und in sich gekehrt. Sie sind im Partnerlook gekleidet, beide im Jogginganzug.

Vspieß	OR	Bernd	Erhebe dich, mein Sohn, und begrüße deine Mutter!

Zapo steht überrascht auf und küsst die Mutter sehr ehrerbietig auf die Stirn.

Zapo	OR	Jo	Aber lieber Vati, liebe Mutti, wie konntet ihr euch nur hierherwagen? An einen so gefährlichen Ort? Geht gleich wieder nach Hause!
Vspieß		Bernd	Wie bitte? Willst du deinen Vater vielleicht lehren, was Krieg und Gefahr bedeuten? Für mich ist das alles nur ein Kinderspiel! Wie oft bin ich – um nur dies zu erwähnen – von der fahrenden Untergrund-Bahn abgesprungen!

„Für mich ist das alles nur ein Kinderspiel!“

Währenddessen kommen mit Picknickkörbchen, wie zu einem Picknick, Vater und Mutter „supi“.
Sie sind zutiefst dekadent und event-geil. Das Wichtigste für sie ist, immer einen neuen Kick zu bekommen. Jetzt ist Picknick im Schützengraben angesagt. Sie finden alles „geil“ und „supi“. Sie sind schicki-micki-mäßig gekleidet, topmodisch und sehr sexy: sie im Minirock mit tief dekolletierter Bluse, Pumps und mit viel Modeschmuck behangen, er im Poloshirt und mit karierter Golfhose.

Vater und Mutter „ängstlich“ sind auf OL angekommen.

Mängst	OL	Sara	Gibst du deiner Mami bitte einen Kuss?

Zapo steht überrascht auf und küsst die Mutter sehr ehrerbietig auf die Stirn.

Zapo	OL	Pia	Aber lieber Vati, liebe Mutti, wie konntet ihr euch nur hierherwagen? An einen so gefährlichen Ort? Geht gleich wieder nach Hause!

Vater und Mutter „supi“ sind auf UR angekommen.

Vsupi	UR	Steve	Stand up, Junge, und drück deine Ma!

Zapo steht überrascht auf und umarmt die Mutter.

Zapo	UR	Anke	Aber lieber Vati, liebe Mutti, wie konntet ihr euch nur hierherwagen? An einen so gefährlichen Ort? Geht gleich wieder nach Hause!
Vsupi		Steve	What the hell? Willst du mich damit zutexten, was Krieg und Gefahr sind? Für mich ist das alles nur geil …
Msupi		Doro	*(fällt ihrem Mann ins Wort – spricht sehr schnell, wobei die Bindestriche zum Atemholen genutzt werden müssen)* Ja, ganz genau! – Also für deinen Vater und mich sind Gefahren und Krieg, vor allem Krieg und Schlachten und Gefechte und Truppenaufmärsche, – Armeen und Soldaten, also praktisch jede Art von militärischem Tun mein Sohn, das ist, wie dein Vater schon sagte, für uns ganz – abenteuerlich, irre aufsehenerregend, unvergleichlich außergewöhnlich, brillant, grandios und sensationell, vortrefflich, um nicht zu sagen: bombig! – Bombig, du verstehst? – Bombig! Kurz gesagt: Für uns ist das alles einfach nur – supi!
Mängst	OL	Sara	Wir dachten, du langweilst dich womöglich. Da wollten wir dir einen kleinen Besuch abstatten. Schließlich muss dieser Krieg doch ermüdend sein!
Zapo		Pia	Das kommt darauf an.

Während des folgenden Monologs wiederholen die 3 anderen Väter Schlüsselbegriffe dieses Monologs, die sie improvisiert hereinrufen.

Vgrob	UL	Tom	Ich weiß, wie das ist! Neue Besen kehren gut. Zuerst freut man sich, wenn man töten und Granaten werfen und einen Helm tragen darf, das ist fesch, aber auf Dauer kotzt es einen an. Tja, zu meiner Zeit, da hättest du was erlebt! Damals war Bewegung in so einem Krieg, Farbe und vor allem gab es Pferde, viele Pferde! Eine reine Freude! Wenn der Hauptmann kommandierte: „Attacke!“, da saßen wir alle auf in unseren roten Uniformen. Sofort! Das war ein Anblick! Und dann Sturmangriff, Degen in der Hand! Und plötzlich sah man sich dem Feind gegenüber! Und der war auch auf der Höhe, auch mit Pferden – denn da waren immer Pferde, ein Haufen Pferde mit schöner runder Kruppe – und Lackstiefel hatte der Feind und eine grüne Uniform!

Das Licht bleibt nur auf UL an.

Mgrob	UL	Inge	Haaalt, halt! Die Uniform des Feindes war nicht grün, sie war blau, Dummkopf! Ich erinnere mich ganz genau: Blau war sie!
Vgrob		Tom	Und ich sage dir: Sie war grün! – Klar?
Mgrob		Inge	Quatsch! Wie oft habe ich als Kind auf dem Balkon gestanden, um mir die Schlacht anzusehen, und zum Nachbarjungen gesagt: „Ich wette um eine Lakritzstange mit dir, dass die Blauen gewinnen!“

Das Licht: UL aus – OL an.

Vängst	OL	Niko	Meinetwegen, ich gebe mich geschlagen.
Mängst		Sara	Ich habe mich schon immer für Schlachten begeistert. Als ich klein war, wollte ich Reiteroberst werden. Aber meine Mama wollte nicht. Du kennst ja ihre Prinzipienreiterei!
Vängst		Niko	Deine Mama ist dooooof!
Zapo		Pia	Seid mir nicht böse, aber ihr müsst weg. Wenn man nicht Soldat ist, darf man nicht in den Krieg!

„Deine Mama ist dooooof!“

Das Licht: OL aus – OR an

Vspieß	OR	Bernd	Das soll uns nicht kümmern. Wir sind hier, um mit dir im Freien zu dinieren und unseren Sonntag zu genießen.
Mspieß		Vera	Ich habe sogar ein ausgezeichnetes Mittagessen mitgebracht: Wurst, harte Eier – die magst du doch so gern! – Brötchen mit Schinken, Rotwein, Salat und Kuchen.
Zapo		Jo	Schön, wie ihr wollt. Aber wenn der Hauptmann kommt, dann gibt's einen Krach, na … Er will überhaupt keine Besuche an der Front. Immer wieder schärft er uns ein: „Im Krieg brauchen wir Disziplin und Granaten, aber keine Besuche!“

Das Licht: OR aus – UL an.

Mgrob	UL	Inge	Lass nur, lass! Ich werde ihm ein paar Wörtchen flüstern, deinem komischen Herrn Hauptmann!
Zapo		Grit	Und wenn's wieder anfängt?

Vgrob		Tom	Tse! – Meinst du etwa, ich hätte Angst? Da habe ich schon ganz andere Dinge erlebt! Tja, wenn's eine Kavallerieschlacht wäre! Aber die Zeiten haben sich geändert! Das verstehst du nicht, du Depp! *(Pause)*
Mgrob		Inge	Wir sind mit dem verdammten Motorrad gekommen. Niemand hat uns etwas gesagt.
Zapo		Grit	Wahrscheinlich hielt man euch für Schiedsrichter.
Mgrob		Inge	Es war gar nicht so einfach, vorwärtszukommen mit all den verfluchten Panzern und Jeeps!

Das Licht: UL aus – UR an.

Msupi	UR	Doro	Und weißt du noch, als wir ankamen? – Also nicht, als wir ankamen, aber kurz davor, direkt hier um die Ecke, gar nicht weit weg, höchstens 2 oder 3 Minuten von hier, vielleicht 800 oder 1000 Meter, – an dieser Kreuzung, mein Sohn, die kennst du bestimmt auch, da steht so ein hübsches kleines Heiligenbildchen unter einem riesigen Apfelbaum. – Und was meinst du, was da war? Rate mal, da kommst du nie drauf! – Da gab es einen Riesenstau!

„Da gab es einen Riesenstau!"

			Einen Stau, sag ich dir, wir kamen nicht mehr vor und zurück, keinen Zentimeter mehr! – Und rate mal, warum! Wegen einer Kanone! Wegen so einer klitzeklitzekleinen Kanone! – Und da war vielleicht was los, sag ich dir! Alle zogen und zerrten an dem Ding herum,

			aber es steckte fest, bewegte sich keinen Millimeter, nicht ein Stück! – Dein Vater und ich konnten alles genau beobachten! Wir hatten die besten Plätze direkt neben dem Heiligenbildchen! – Es war einfach – supi!
Vsupi		Steve	Im Krieg muss man immer cool bleiben!
Msupi		Doro	Jawoll! Cool muss man bleiben! Wir waren natürlich beide supercool! Vor allem dein Vater, du kennst ihn ja! – In solchen Situationen ist er die Ruhe selbst, ganz bedächtig und besonnen, gefasst, gelassen, souverän! – Aber dann: Weißt du, was dann passierte? – Ein Apfel! Wir standen so da, schauten und dein Vater gab den Soldaten, die an der Kanone zogen, ein paar wertvolle Tipps und plötzlich fiel ihm ein Apfel auf den Kopf! *(hält plötzlich inne)* Ach, übrigens: Lass uns doch etwas essen!
Vsupi		Steve	Yeah! Ich hab 'nen Mordshunger. Das kommt vom Pulverdampf! – Los, kommt, chillen wir uns auf die Decke!
Zapo		Anke	Behalte ich beim Essen mein Gewehr um?

Das Licht: UR aus – OR an.

Mspieß	OR	Vera	Lass das Gewehr, man isst nicht mit einem Gewehr, das ist schlecht erzogen! *(Pause)* Aber Kind! Dreckig bist du wie ein Ferkel! Wie hast du das nur zustande gebracht? Zeig mir einmal deine Hände!
Zapo		Jo	*(zeigt ihr seine Hände. Er schämt sich.)* Ich musste bei den Manövern auf der Erde kriechen.
Mspieß		Vera	Und die Ohren?
Zapo		Jo	Die habe ich mir heute Morgen gewaschen!
Mspieß		Vera	Schön! Und die Zähne?

Zapo zeigt sie.

Mspieß		Vera	*(zu ihrem Mann)* Wer wird seinem Sohn jetzt zeigen, dass er stolz auf ihn ist, weil er sich brav die Zähne geputzt hat? Komm, dein Sohn hat sich brav die Zähne geputzt, klopf' ihm auf die Schulter!

Der Vater klopft seinem Sohn auf die Schulter.

Mspieß	OR	Vera	Sehr gut! Denn du weißt: Etwas dulde ich nicht, nämlich, dass du dich auf den Krieg herausredest und dich nicht wäschst!
Zapo		Jo	Ja, Mama!

Das Licht: OR aus – UL an.

Vgrob	UL	Tom	Nun, mein Sohn, und wie viele Ringe hast du geschossen?

„... und wie viele Ringe hast du geschossen?"

Zapo		Grit	Wann?
Vgrob		Tom	Die letzten Tage.
Zapo		Grit	Wo?
Vgrob		Tom	Jetzt, hier, du bist doch im Krieg.
Zapo		Grit	Es geht. Ich habe nicht viele Ringe geschossen. Und fast nie ins Schwarze getroffen.
Vgrob		Tom	Und was hast du besser abgeschossen: die feindlichen Soldaten oder die Pferde?
Zapo		Grit	Pferde nicht. Es gibt keine Pferde mehr!
Vgrob		Tom	Also Soldaten?
Zapo		Grit	Kann sein.
Vgrob		Tom	„Kann sein"? Das weißt du nicht genau?
Zapo		Grit	Weil ... weil ich nämlich schieße, ohne zu zielen ... *(Pause)* Und dann spreche ich immer ein „Vater unser" für den Mann, den ich umlege.
Vgrob		Tom	Du musst mutiger werden, so wie dein Vater!

Das Licht: UR an.

Msupi	UR	Doro	*(plötzlich total aus dem Häuschen; schnipst mit den Fingern)* O-o-o-o-o-oh! – Ich habe da gerade eine erstklassig ausgezeichnet vorzügliche Idee: – Wisst ihr, was wir jetzt tun? Wir setzen uns alle ganz gemütlich und bequem hier hin und hören uns ein wenig Musik an! –

			Ich habe da eine CD mitgebracht, eine CD, sage ich euch! Ohh! – Geradezu betörend ergreifend schön! Tango, mein Sohn, Tango! – Das ist jetzt total in! Ich habe das Stück erst vorgestern im Radio gehört und mir sofort gedacht: – Das kaufst du und dann nehmen wir es mit, wenn wir unser Söhnchen am Sonntag besuchen gehen! Dieses Stück wird ihm bestimmt hervorragend gefallen, habe ich mir gedacht! – Ich lege die CD jetzt ein! – Supi, was?

Das Licht: auf allen Bühnen an.

Sie tut es. Es ist ein Tango: Piazzolla, „The Rough Dancer“, track 8: „Butcher's Death“.
Alle setzen sich auf die Erde und hören zu, die Zapos weiter verängstigt, die Eltern in ihrer jeweiligen Typologie begeistert.

Vsupi	UR	Steve	Korrekt! Das nenne ich Musik! Yeah! Senora, olé!

Die Musik dauert an.

Die Musik dauert an.

3. Szene „Aufgang Zepo“

(4 Zapos + 4 Väter + 4 Mütter + 4 Zepos)

Zepo tritt auf allen Bühnen gleichzeitig auf. Er ist genauso gekleidet wie Zapo, nur sein Heim ist gelb. Auch seine Figürlichkeit ist mit der Zapos identisch.
Er hört mit offenem Mund der Musik zu. Er steht hinter den Familien, die ihn nicht sehen.
Die Musik ist zu Ende.
Alle Zapos stehen gleichzeitig auf und entdecken Zepo. Alle acht heben die Arme hoch. Alle Väter und Mütter sehen sich verdutzt an.

Vängst	OL	Niko	Was geht hier vor?

Alle Zapos reagieren, sie zögern, sie greifen nach ihren Gewehren und nehmen mit entschlossener Miene jeweils ihren Zepo aufs Korn.

Zapo	OL	Pia	Hände hoch!

Alle Zepos heben die Hände noch höher und sehen noch verängstigter aus. Alle Zapos wissen nicht, was sie tun sollen. Plötzlich laufen alle Zapos und alle Zepos herum, als würden sie Fangen spielen.

Dabei wechseln sie wie folgt die Bühnen:

Zapo läuft von UL → OL. / Zapo von OL → UL. / Zapo von UR → OR. / Zapo von OR → UR.
Gleichzeitig läuft: Zepo von UL → UR. / Zepo von UR → UL. / Zepo von OL → OR. / Zepo von OR → OL.

Sie laufen auf ihren Zepo zu, tippen ihm auf die Schulter und sagen:

Zapo	alle	**Chor**	Du bist!

Das Licht bleibt nur auf OL an.

Zapo	OL	Grit	*(zu seinem Vater, befriedigt)* So! Einen Gefangenen habe ich gemacht!
Vängst		Niko	Schön. – Und was, was tust du jetzt mit ihm?
Zapo		Grit	Ich weiß nicht, aber vielleicht befördert man mich dafür zum Korporal!
Vängst		Niko	Vorläufig – fessele ihn!
Zapo		Grit	Fesseln? Warum?
Vängst		Niko	Einen Gefangenen fesselt man! – Immer!
Zapo		Grit	Wie macht man das?
Vängst		Niko	Binde ihm schnell die Hände zusammen!
Mängst		Sara	Ja, ja! Du musst ihm sofort die Hände fesseln.
Zapo		Grit	Gut. *(zu Zepo)* Bitte die Hände zusammenlegen!

Das Fesseln passiert auf allen Bühnen.

Zepo	OL	Malik	*(legt die Hände vor dem Bauch zusammen)* Tun Sie mir nicht allzu weh.
Zapo		Grit	Nein.
Zepo		Malik	Aua! Sie tun mir weh!
Vängst		Niko	Nein, nein! Du darfst deinen Gefangenen nicht misshandeln!

Die Mutter kniet sich hin und fängt an, eine Decke auszubreiten.
Dann holt sie nach und nach aus dem Picknickkörbchen:
Pappteller, Servietten sowie Plastikbesteck und „deckt den Tisch".
Anschließend holt sie heraus:
Kuchen, Salat, Brötchen mit Schinken, harte Eier und Wurst.
Nur der Rotwein bleibt noch drin.
Das dauert an, weil sie alles sehr gründlich dekoriert.

Das passiert auf allen Bühnen (mit zur Typologie der Paare passenden unterschiedlichen Requisiten), ***auch auf denen ohne Licht***.

Zapo	OL	Grit	Ich hab's nicht extra getan. *(zu Zepo)* Und so? Tut's so auch weh?
Zepo		Malik	Nein, so nicht.
Vängst		Niko	Sagen Sie es ganz offen, vertrauensvoll, unseretwegen brauchen Sie sich nicht zu genieren.
Zepo		Malik	So geht's.
Vängst		Niko	Und jetzt auch noch schnell die Füße!
Zapo		Grit	Die Füße auch? Man wird ja nie fertig!
Vängst		Niko	Hat man dir denn die Vorschriften nicht beigebracht?
Zapo		Grit	Doch.
Vängst		Niko	Na also.
Zapo		Grit	*(überaus höflich zu Zepo)* Würden Sie die Freundlichkeit haben, sich bitte auf den Boden zu setzen?
Zepo		Malik	Ja, aber tun Sie mir nicht weh!
Mängst		Sara	*(schaut im Knien kurz auf, spricht und dekoriert dann weiter)* Siehst du? Du wirst ihn noch gegen dich aufbringen!

Das Licht: OL aus – OR an.

Mspieß	OR	Vera	Ist das meine Erziehung? Wie oft habe ich dir gesagt, dass man seinen Nächsten zuvorkommend behandeln muss!
Zapo		Anke	Nicht doch, nicht doch. Ich tu Ihnen doch nicht weh?
Zepo		Eva	Nein, gar nicht.
Zapo		Anke	*(plötzlich)* Papa, wie wär's, wenn du uns fotografieren würdest? Den Gefangenen auf der Erde und ich mit dem Fuß auf seinem Bauch?
Vspieß		Bernd	Ja, das würde sich gut machen.
Zepo		Eva	Ach nein, lieber nicht.
Mspieß		Vera	*(schaut im Knien kurz auf, spricht und dekoriert dann weiter)* Sagen Sie „Ja". Seien Sie nicht bockig!
Zepo		Eva	Nein. Ich habe „Nein" gesagt und dabei bleibt es!
Mspieß		Vera	*(schaut im Knien kurz auf, spricht und dekoriert dann weiter)* Nur so ein ganz kleines Bildchen! Was kann Ihnen das ausmachen? Und wir könnten es dann im Speisezimmer aufhängen, neben die Rettungsmedaille, die mein Mann vor 13 Jahren bekommen hat.

Zepo		Eva	Nein, Sie können mich nicht überreden. Wenn meine Braut eines Tages das Bild sieht, dann wird sie sagen, ich hätte keine Ahnung vom Krieg.
Zapo		Anke	Aber nein! Sie brauchen ihr nur zu sagen, Sie wären es gar nicht, es wäre ein Löwe.
Mspieß		Vera	*(schaut im Knien kurz auf, spricht und dekoriert dann weiter)* – Nun? Sagen Sie schon „Ja"!
Zepo		Eva	Meinetwegen. Aber nur, um Ihnen eine Freude zu machen.
Zapo		Anke	Legen Sie sich ganz lang.

Vspieß holt aus dem Picknickkörbchen einen Fotoapparat. Zepo legt sich lang. Zapo stellt ihm den Fuß auf den Bauch und ergreift mit martialischer Miene sein Gewehr.

Mspieß	OR	Vera	*(zu Zapo)* Brust mehr heraus!
Zapo		Anke	*(Zapo macht es; mit gequälter Stimme)* So?
Mspieß		Vera	*(schaut im Knien kurz auf, spricht und dekoriert dann weiter)* – Ja, so! Und nicht atmen!

Zapo holt tief Luft und hält sie an. Sein Vater probiert die unterschiedlichen Kamerapositionen. Das dauert. Zapo läuft schon blau an!

Vspieß	OR	Bernd	Sieh aus wie ein Held!
Zapo		Anke	*(lässt die Luft raus und keucht – dann hilflos)* Wie macht man das, auszusehen wie ein Held?
Vspieß		Bernd	Ganz einfach: Sieh aus wie ein Macho, wenn er seine Weibergeschichten erzählt!
Zapo		Anke	*(grinst übertrieben; mit eingefrorenem Grinsen)* So?

„So?"

Vspieß		Bernd	Ja, so!

Zapo nimmt wieder die alte Pose ein und grinst übertrieben dabei.

Mspieß	OR	Vera	*(schaut im Knien kurz auf, spricht und dekoriert dann weiter)* Und vor allem Brust heraus und nicht geatmet!

Zapo holt dabei wieder Luft und hält sie an.

Zepo	OR	Eva	*(gequält)* Sind Sie bald fertig?

Der Vater hantiert wieder ungeschickt mit dem Apparat herum. Das dauert wieder. Zapo läuft schon wieder blau an!

Vspieß	OR	Bernd	Ein bisschen Geduld noch. Eins ... zwei ... drei!
Zapo		Anke	*(lässt wieder die Luft raus und keucht)* Hoffentlich war ich gut.
Mspieß		Vera	*(schaut im Knien kurz auf, spricht und dekoriert dann weiter)* Sicher. Du sahst sehr kriegerisch aus.
Vspieß		Bernd	Du warst ganz richtig.
Mspieß		Vera	*(ist jetzt fertig mit dem Auspacken und Tisch decken; zu ihrem Mann)* Nun könnte ich mir vorstellen, mich mit dir fotografieren zu lassen.
Vspieß		Bernd	Eine brillante Idee!
Zapo		Anke	*(begeistert)* Schön. Wenn ihr wollt, knipse ich euch.
Mspieß		Vera	Reiche mir deinen Helm, damit ich aussehe wie ein Soldat!

Zapo gibt der Mutter den Helm. Sie setzt ihn auf.
Währenddessen:

Zepo	OR	Eva	*(mault herum)* Ich will nicht mehr fotografiert werden! – Einmal reicht!
Zapo		Anke	Seien Sie doch nicht so! Was schadet es Ihnen?
Zepo		Eva	Nein! – Es ist mein letztes Wort!
Vspieß		Bernd	*(zu seiner Frau)* Lass nur, lass. Gefangene sind immer sehr empfindlich. Wenn wir weitermachen, wird er sich ärgern und uns die Freude verderben.

Die Mutter behält den Helm bis zum Schluss auf. „Ihr" Zapo hat als Einziger keinen.

4. Szene „Das Picknick"

(4 Zapos + 4 Väter + 4 Mütter + 4 Zepos)

Das Licht geht auf allen Bühnen an.

Zapo	UL	Pia	Schön. Was machen wir dann mit ihm?
Mspieß	OR	Vera	Wir könnten ihn zum Essen einladen. Was meinst du?
Vängst	OL	Niko	Ich habe nichts dagegen.
Mspieß	OR	Vera	*(zu Zepo)* Wie wäre es, wenn Sie mit uns speisen?
Zepo	OL	Malik	*(ziert sich etwas)* Ooch ...

Vsupi	UR	Steve	*(holt aus dem Körbchen eine Flasche Wein und zeigt sie Zepo)* Wir haben einen echt geilen Wein dabei.
Zepo	OR	Eva	*(bekommt Stielaugen)* Na – dann, ja!
Mspieß	OR	Vera	Tun Sie, als ob Sie zu Hause wären.
Mgrob	UL	Inge	Hauen Sie rein!
Zepo	UR	Lisa	*(gierig)* Mach ich!

Das Licht bleibt noch eine Weile auf allen Bühnen an.
Ab hier beginnen alle zu essen.

Das Licht: Nur UL bleibt an.
Zapo und Zepo sprechen meist mit vollem Mund.

Vgrob	UL	Tom	Nun, und Sie? Haben Sie viele Ringe geschossen?
Zepo		Chris	Wann?
Vgrob		Tom	Die letzten Tage.
Zepo		Chris	Wo?
Vgrob		Tom	Jetzt, hier, Sie sind doch im Krieg.
Zepo		Chris	Es geht. Ich habe nicht viele Ringe geschossen. Und fast nie ins Schwarze getroffen.
Vgrob		Tom	Und was haben Sie besser abgeschossen: die feindlichen Soldaten oder die Pferde?
Zepo		Chris	Pferde nicht. Es gibt keine Pferde mehr!
Vgrob		Tom	Also Soldaten?
Zepo		Chris	Kann sein.
Vgrob		Tom	„Kann sein"? Das wissen Sie nicht genau?
Zepo		Chris	Weil … weil ich nämlich schieße, ohne zu zielen … *(Pause)* Und dann spreche ich immer ein „Ave Maria" für den Mann, den ich umlege.
Zapo		Pia	*(erstaunt)* Ein „Ave Maria"? Ich hätte gedacht ein „Vater unser".
Zepo		Chris	Nein, immer ein „Ave Maria". *(Pause)* Das ist kürzer.

Das Licht: Nur OL bleibt an.

Mängst	OL	Sara	Wenn Sie wollen, können wir Ihnen die Fesseln abnehmen.
Zepo		Malik	Nein, lassen Sie nur, es geht schon.
Vängst		Niko	Bei uns brauchen Sie sich nicht zu zieren. Wenn Sie möchten, dass wir Ihnen die Fesseln abnehmen, sagen Sie es nur!
Mängst		Sara	Machen Sie es sich bequem!
Zepo		Malik	Wenn Sie darauf bestehen, lasse ich mir die Fußfesseln abnehmen. Aber nur Ihnen zuliebe.

Vängst		Niko	Mein Sohn, binde ihm die Füße los!

Zapo löst Zepos Fußfesseln. Das passiert auf allen Bühnen.

Das Licht: Nur UR bleibt an.

Msupi	UR	Doro	Nun sagen Sie doch mal selbst! Ist das nicht schon bedeutend besser so? Ich meine: – Mit Fußfesseln, da kann man sich doch gar nicht entspannen, von Wohlfühlen gar nicht zu reden! – Das zwickt und zwackt doch bestimmt ständig an den Knöcheln und irgendwann fängt es an zu jucken! – Ich kenne das! Als ich mir den Arm gebrochen hatte, im letzten Sommer, beim Fallschirmspringen, da habe ich einen Gips bekommen und der, – ich kann euch sagen, der fing irgendwann an zu jucken, das war überhaupt nicht auszuhalten! – Also, wir haben Sie ja jetzt nicht eingegipst, aber Gips hin, Fesseln her: Man fühlt sich doch supi, wenn man so etwas los ist, nicht wahr?
Zepo		Lisa	Doch, ja. Ich möchte Ihnen nur nicht so viel Umstände machen.
Vsupi		Steve	Oh no! Wie my honey schon sagte: „Tun Sie, als ob Sie zu Hause wären.“ Und wenn Sie es geiler finden, dass wir Ihnen auch die Hände frei machen, say it!
Zepo		Lisa	Nein, die Hände nicht. Ich möchte Ihre Güte nicht missbrauchen.
Vsupi		Steve	Oh no! Bruder! Ich sage Ihnen ja, das ist für uns total easy!
Zepo		Lisa	Schön … Dann binden Sie mir die Hände auch los. Aber nur zum Essen, ja? Ich will nicht, dass Sie glauben, wenn man mir den kleinen Finger reicht, dann nehme ich gleich die ganze Hand.
Vsupi		Steve	Come on, Junge, mach ihm die Hände frei!

Zapo bindet Zepo los. Das passiert auf allen Bühnen.

Das Licht: Nur OR bleibt an.

Mspieß	OR	Vera	Nun, da der Herr Gefangene ein so sympathischer Mensch ist, werden wir einen wunderschönen Tag hier auf dem Lande verbringen.
Zepo		Eva	Sagen Sie nicht „der Herr Gefangene“, sagen Sie einfach „der Gefangene“.
Mspieß		Vera	Das stört Sie nicht?
Zepo		Eva	Nein, nicht im Geringsten.
Vspieß		Bernd	Sie sind wirklich bescheiden, das muss man sagen!

Man hört Flugzeuge.

Das Licht geht auf allen Bühnen an.

Zapo	alle	**Chor**	*(schreit sehr erschrocken)* Flieger!!! Sie werden uns bestimmt bombardieren.

Zapo und Zepo (außer denen auf OL) springen auf, laufen konfus herum.

Dabei wechseln sie wieder die Bühnen:

Zapo und Zepo wechseln von OR → UR.
Zapo und Zepo von UR → UL.
Zapo und Zepo von UL → OR.

Sie verstecken sich hinter den Sandsäcken.

Gleichzeitig rennen die Eltern „ängst" mit ihrem Zapo und Zepo von OL durch den Mittelgang ab.

Diese Bühne wird ab jetzt von den „Spießern" mit benutzt.
Ab hier wird nicht mehr zwischen OR und OL unterschieden.
Die Bezeichnung ist ab hier „O".

Zapo	alle	**Chor**	*(zu den Eltern)* Geht in Deckung! Die Bomben werden euch auf den Kopf fallen!

Die Flugzeuge übertönen alles. Schon fallen die ersten Bomben ganz in der Nähe, aber nicht auf der Bühne.
Betäubender Lärm.
Alle Zapos und Zepos kauern hinter den Sandsäcken. Die Väter sprechen ruhig mit ihren Frauen, die ebenso ruhig antworten. Die Dialoge kann man wegen der Bomben nicht hören.
Die Mütter gehen zu ihrem Korb und entnehmen ihm einen Knirps. Die Spießer holen ihren abgelegten Sonnenschirm. Alle spannen ihn auf. Die Ehepaare stehen unter den Schirmen, als ob es regnet. Sie treten von einem Fuß auf den anderen und reden ganz offensichtlich von ihrem Privatleben.
Das Bombardement wird fortgesetzt. Endlich entfernen sich die Flugzeuge. Stille.
Alle Väter strecken ihren Arm unter dem Schirm hervor, um sich zu vergewissern, dass nichts mehr vom Himmel fällt.

Vgrob	UL	Tom	*(zu seiner Frau)* Du kannst den Schirm zumachen, du Rhinozeros!

„Du kannst den Schirm zumachen, du Rhinozeros!"

Alle Mütter tun es.
Dann nähern sie sich jeweils Zapo und Zepo wie folgt:

Mgrob → O, Mspieß → UR, Msupi → UL

Sie geben ihren „ursprünglichen" Söhnen mit dem Schirm ein paar Klapse auf den Hintern.

Mgrob	O	Inge	Los! Raus mit euch. Das lachhafte Bombardement ist zu Ende.

Alle Zapos und Zepos kriechen aus ihrem Versteck.

Zapo	UL	Jo	Ist euch nichts passiert?
Mgrob	O	Inge	Was kann deiner Mutter wohl passieren? *(stolz)* Solche kleinen Bomben? – Hirnrissig!!

Alle Mütter gehen zu ihren „neuen" Ehemännern, d. h.:

Mgrob steht bei Vspieß auf O, Mspieß bei Vsupi auf UR, Msupi bei Vgrob auf UL

Dies führt zu einigen Irritationen:
Weder die Mütter noch die Väter sind von ihren „neuen Partnern" begeistert – lediglich Vgrob findet Msupi toll und baggert sie an.

Mspieß	UR	Vera	Was macht ihr eigentlich so die ganze Zeit?
Zapo	UL	Jo	Ich sitze nur rum!
Zepo	UR	Eva	Bei mir ist es genauso!
Zapo	O	Pia	Oder ich stehe Posten und gehe herum.
Vsupi	UR	Steve	Geil! Könnt ihr uns das zeigen?
Msupi	UL	Doro	Oh ja, Oh ja, Oh ja! – Das wollen wir, ach, was sage ich, das müssen wir einfach sehen! – Posten stehen: wunderbar, toll, fulminant, geni<u>al</u>! – Haltung annehmen und ganz stramm stehen und nicht rühren,

„Haltung annehmen und ganz stramm stehen …"

			und dann: – das Gewehr schultern und losgehen mit männlich großen Schritten, die breite Brust stolz und majestätisch herausgestreckt, der Blick wild und leidenschaftlich entschlossen, oh ja: supi, supi, supi!
Zepo	O	Chris	Ach nein! – Ich bin nach all dem Essen noch total voll.
Vgrob	UL	Tom	Na, dann erst recht!
Mspieß	UR	Vera	Nach dem Essen sollst du ruh'n oder tausend Schritte tun!
Za+Ze	alle	**Chor**	Also gut!

Aus dem „off“ kommt Piazzolla, „The Rough Dancer“, track 11: „Bailongo“.
Alle Zapos und Zepos stehen auf, schultern ihre Gewehre und gehen zur Musik auf und ab. Die Eltern sind begeistert und klatschen vor Vergnügen Beifall.
Die Musik blendet langsam aus.

Msupi	UL	Doro	Bravo, bravo, ...
Vgrob	UL	Tom	*(unterbricht sie und nimmt sie in den Arm)* Ruhig jetzt!
Vspieß	O	Bernd	Siehst du? Dies ist mein Sohn!

5. Szene „Aufgang Sanitäter“

(3 Zapos + 3 Väter + 3 Mütter + 3 Zepos + 2–3 Sanitäter)

In dieser Zeit kommen auch 2 Sanitäterinnen vom Roten Kreuz mit einer Bahre durch den Mittelgang und gehen über die linke Treppe auf die Oberbühne. Sie werden nicht bemerkt, bis sie oben angekommen sind.
Sie bleiben in der Mitte der Oberbühne stehen.

Sa1	O	Thea	Gibt es hier Tote?
Zapo	O	Pia	Nein, hier nicht.
Sa1	O	Thea	Haben Sie gut nachgesehen? Sind Sie sicher?
Zapo	UR	Anke	Ganz sicher.
Sa1	O	Thea	Und kein einziger Toter?
Zapo	UL	Jo	Ich sage Ihnen doch: Nein!
Sa1	O	Thea	Nicht einmal ein Verwundeter?
Zapo	O	Pia	Nicht einmal das!
Sa2	O	Ayse	*(zur 1. Sanitäterin)* Da sind wir schön reingefallen. *(redet Zapo gut zu)* Sehen Sie noch einmal gut nach, vielleicht finden Sie ja doch hier oder da eine Leiche.
Sa1	O	Thea	Lass nur, sie haben uns ja gesagt, es gibt keine.
Sa2	O	Ayse	*(sauer)* Schweinerei!
Zapo	O	Pia	Tut mir sehr leid. Aber ich kann wirklich nichts dafür.
Sa2	O	Ayse	Das sagen alle. Es gibt keine Toten und sie können nichts dafür.

„Das sagen alle. Es gibt keine Toten und sie können nichts dafür."

Sa1	O	Thea	Lass doch den Herrn in Ruhe!
Vspieß	O	Bernd	Wenn wir Ihnen hätten behilflich sein können, wir hätten es getan.
Sa2	O	Ayse	Na, wenn's so weitergeht, dann werden wir vom Hauptmann was zu hören bekommen!
Mspieß	UR	Vera	Aber worum geht es denn?
Sa2	O	Ayse	Ganz einfach darum, dass den anderen die Handgelenke wehtun, weil sie so viele Leichen und Verwundete zu schleppen haben. Und wir haben noch nichts gefunden, dabei haben wir ununterbrochen gesucht!
Mgrob	O	Inge	So'n Scheiß! *(zu Zapo)* – Du bist ganz sicher, dass keine Toten da sind?
Zapo	UL	Jo	Natürlich Mama.
Vspieß	O	Bernd	Und unter den Sandsäcken, hast du gut nachgesehen?
Zapo	UR	Anke	*(druckst herum, weil er da natürlich nicht nachgesehen hat)* Ähh, ich glaube: Ja, Papa.
Vgrob	UL	Tom	*(zornig)* Sag doch direkt, du willst den Sanis nicht helfen,
Vspieß	O	Bernd	obwohl sie so nett sind.
Sa1	O	Thea	Schimpfen Sie doch nicht so mit ihm. Lassen Sie ihn. Hoffen wir, dass wir bei einem anderen Schützengraben mehr Glück haben und dass dort alle tot sind.
Vsupi	UR	Steve	Das wäre cool!
Mspieß	UR	Vera	Es ist eine wahre Freude, wenn Menschen ihren Beruf ernst nehmen.
Mgrob	O	Inge	*(ruft entrüstet ins Publikum)* Nun? Und was ist mit euch? Will keiner etwas für die Sanis tun?

Zapo	UR	Anke	Wenn es nur von mir abhinge, wäre es bereits geschehen.
Zepo	UL	Lisa	Das sage ich auch.
Vspieß	O	Bernd	Ja, sagt einmal: Ist keiner von euch auch nur verletzt?
Zapo	O	Pia	*(verschämt)* Ich nicht.
Zepo	UR	Eva	Ich auch nicht. Ich habe immer nur Pech.

Während des folgenden Monologs laufen alle Mütter aufgeregt zu den Sanitäterinnen → O und zeigen ihren Zeigefinger.

Msupi	O	Doro	Halt, halt, halt! – Pech hin, Pech her, irgendetwas müssen wir tun! Man muss doch irgendwie an eine Verletzung, eine Wunde, eine Schramme, einen Kratzer kommen können! Das kann doch nicht so schwer sein. *(plötzliche Idee)* Ah! Aber natürlich! Supi! Meine Damen vom Roten Kreuz, es wäre ja auch gelacht gewesen! Gerade jetzt, in diesem Moment und Augenblick fällt mir doch glatt wieder ein ...
Mgrob	O	Inge	Heute früh habe ich mir beim Zwiebelschälen
Mspieß	O	Vera	in den Finger geschnitten. Genügt das?
Vgrob	UL	Tom	*(begeistert; zu Msupi)* Aber natürlich! Sie werden dich sofort abtransportieren!
Sa1	O	Thea	Nein, das geht nicht. Mit Müttern geht das nicht.

Enttäuscht gehen alle Mütter wieder auf ihre ursprünglichen Bühnen.

Vgrob	UL	Tom	Mist! Jetzt sind wir wieder so weit wie vorher. *(nun schaut er enttäuscht auf seine „neue/alte" Frau.)*
Sa1	O	Thea	Macht nichts!
Sa2	O	Ayse	In den anderen Schützengräben holen wir's vielleicht wieder auf.

Die Sanitäter setzen sich langsam Richtung Mittelgang in Bewegung.

Vsupi	UR	Steve	Keep cool! Sollten wir doch noch einen Toten finden, dann heben wir ihn für Sie auf. Don't worry!
Sa2	–	Ayse	*(dreht sich noch einmal um)* Danke vielmals!
Vspieß	O	Bernd	Nichts zu danken, das versteht sich doch von selbst.

Die Sanitäter gehen endgültig ab, während alle auf der Bühne ihnen nachwinken.

Mspieß	O	Vera	Das ist das Angenehme an so einem Ausflug: Man trifft immer nette Leute.

6. Szene „Feinde?"

(3 Zapos + 3 Väter + 3 Mütter + 3 Zepos)

Eine lange Pause, in der sich alle wieder hinsetzen.
Das Licht bleibt nur auf UL an.

Mgrob	UL	Inge	Aber warum – zum Teufel – seid ihr eigentlich Feinde?
Zepo		Lisa	Ich weiß nicht. Ich bin politisch nicht sehr gebildet.
Mgrob		Inge	Seid ihr's von Geburt an oder seid ihr etwa erst später Feinde geworden?
Zepo		Lisa	Ich weiß nichts, gar nichts weiß ich darüber.
Vgrob		Tom	Und wieso sind Sie dann überhaupt in den verdammten Krieg gezogen?

Während des folgenden Monologs reagiert Zapo zunächst aufmerksam, dann erstaunt und schließlich sehr unruhig.
Zepo spricht in drei verschiedenen Rollen (Seitenblicktechnik).

Zepo	UL	Lisa	Eines Tages, als ich dabei war, das Bügeleisen zu reparieren, kam ein Herr und sagte: *(sieht nach rechts unten)* „Sind Sie Zepo?" – *(sieht nach links oben)* – „Ja." – *(sieht nach rechts unten)* „Gut, Sie müssen in den Krieg!" *(sieht nach vorne)* Darauf fragte ich ihn: *(sieht nach links oben)* „Aber in was für einen Krieg?"

„Aber in was für einen Krieg?"

			(sieht nach vorne) Und er sagte: *(sieht nach rechts unten)* „Liest du denn keine Zeitungen, du Depp, du?" *(sieht nach vorne)* Ich habe ihm geantwortet, dass ich sehr wohl welche lese, aber keine Kriegsgeschichten.

Zapo	Jo	*(Es platzt aus ihm heraus:)* Genau so war's bei mir, ganz genau so!
Vgrob	Tom	Ja, Mann! Dich haben sie auch geholt!
Mgrob	Inge	Nee, nee, du Dussel! Genauso war es nicht. An dem Tag hat er kein Bügeleisen repariert, sondern den blöden Wagen.
Vgrob	Tom	*(genervt würgt er seine Frau ab)* Schnauze! – Ich meinte das Übrige. *(zu Zepo)* Und dann? Was war dann?
Zepo	Lisa	*(sieht nach vorne)* Ich sagte ihm: *(sieht nach links oben)* „Ich habe eine Braut, und wenn ich sie sonntags nicht ins Kino mitnehme, langweilt sie sich. *(sieht nach rechts unten)* „Darauf kommt es nicht an!“
Zapo	Jo	*(Es platzt wieder aus ihm heraus:)* Genau so war's bei mir, ganz genau so!
Zepo	Lisa	Dann kam mein Vater und sagte dem Herrn, ich könne nicht in den Krieg, denn ich hätte kein Pferd.
Zapo	Jo	*(Es platzt wieder aus ihm heraus:)* Genau so wie mein Vater!
Zepo	Lisa	*(sieht nach vorne)* Der Herr meinte: *(sieht nach rechts unten)* „Man braucht kein Pferd mehr!“ *(sieht nach links oben)* „Darf ich dann meine Braut mitnehmen?“ *(sieht nach rechts unten)* „Nein!“ *(sieht nach links oben)* „Darf ich dafür wenigstens meine Tante mitnehmen, damit sie mir am Donnerstag meine Süßspeise macht? Die esse ich so gern!“
Mgrob	Inge	*(merkt, dass sie sie vergessen hat)* Zum Teufel noch mal, die Süßspeise!
Zepo	Lisa	*(ist etwas irritiert, fängt sich aber wieder)* Da hat er wieder „Nein!“ gesagt.
Zapo	Jo	*(Es platzt wieder aus ihm heraus:)* Genau wie der Herr, der bei mir war!
Zepo	Lisa	Und seitdem bin ich beinahe immer ganz alleine im Schützengraben.
Mgrob	Inge	*(zu Zapo)* Du und dein Gefangener, ihr seid doch so nahe beieinander! Und wo ihr euch doch beide so tierisch langweilt, könntet ihr nachmittags doch verflixt noch mal miteinander spielen.
Zapo	Jo	Ach nein, Mama, ich habe zu große Angst. Er ist doch ein Feind!
Vgrob	Tom	Feigling! Du brauchst doch keinen Schiss zu haben.
Zapo	Jo	Wenn du wüsstest, was der General uns alles von den Feinden erzählt hat!
Mgrob	Inge	Was zum Henker hat er denn gesagt?

Zapo		Jo	Er hat gesagt, die Feinde seien sehr böse Leute. Wenn sie Gefangene machen, dann tun sie ihnen Kiesel in die Stiefel, damit es beim Marschieren wehtut!

Das Licht auf allen Bühnen an.

Mspieß	O	Vera	Grauenhaft! Das sind ja Wilde!
Vgrob	UL	Tom	*(entrüstet zu Zepo)* Und Sie schämen sich nicht, in einem Heer von Verbrechern zu dienen?
Zepo	UL	Lisa	*(möchte sich rechtfertigen, kommt aber nicht zu Wort)* Aber …
Mspieß	O	Vera	*(ebenso entrüstet zu ihrem Mann, während sie mit dem Finger auf Zepo zeigt)* Mit seiner scheinheiligen Miene wollte er uns hinters Licht führen!
Zepo	O	Chris	*(möchte sich rechtfertigen, kommt aber nicht zu Wort)* Aber …
Vspieß	O	Bernd	Wir hätten ihm die Fesseln nicht abnehmen sollen.
Zepo	UL	Lisa	*(möchte sich rechtfertigen, kommt aber nicht zu Wort)* Aber …
Vgrob	UL	Tom	Was bilden Sie sich eigentlich ein? Ich bin stinkesauer! *(droht Zepo mit dem erhobenen Finger)*
Vsupi	UR	Steve	I know, what to do: Ich gehe zu deinem feinen Corporal und sage ihm: „Ey, man! Ich will in den Krieg!" – Geil, was?
Mspieß	O	Vera	*(entzückt, klatscht vor Begeisterung in die Hände)* Bravo! Wäre ich ein Mann, ich würde es genauso machen!
Zapo	UR	Anke	Ach, Papa! Er nimmt dich nicht. Du bist zu alt!
Mgrob	UL	Inge	*(wendet sich zu Zepo)* Dann wieder zurück zu dir, mein Bürschchen: Wir drehen uns einmal um – und du tust uns – scheiß Kiesel in die Schuhe! – Pfui!

Bei den Eltern ist jetzt die Luft raus, sodass Zepo endlich zu Wort kommen kann.
Das Licht nur auf UL an.

Zepo	UL	Lisa	*(sehr eingeschüchtert und ängstlich)* Bitte seien Sie nicht so zu mir! Ich muss Ihnen nämlich etwas sagen: Unser General hat dasselbe über Sie erzählt.
Mgrob		Inge	*(runzelt die Stirn und sieht Zepo erstaunt an)* Wie konnte dieser Idiot es wagen, so rumzulügen!
Zapo		Jo	*(ebenso erstaunt)* Er hat wirklich dasselbe gesagt?
Zepo		Lisa	Ja – dasselbe!
Vgrob		Tom	*(runzelt ebenso die Stirn, kratzt sich an der Stirn und überlegt)* Ehhm! … Vielleicht war es derselbe Idiot, der zu euch beiden gesprochen hat.

Mgrob		Inge	*(wieder entrüstet)* Aber wenn es derselbe Idiot war, dann hätte er mindestens 'ne andere Rede halten können. – Das ist doch ätzend, jedem dasselbe zu sagen!

Black –
Gleichzeitig geht der Verfolger an und aus dem „off" erklingt Piazzolla, The Rough Dancer", track 14: „Prelude to the cyclical night Part 2".
Alle 4 Ängstlichen laufen – nur vom Verfolger beleuchtet – von hinten durch den Mittelgang, vor der Bühne zuerst nach rechts, dann nach links und dann durch den Seitenvorhang ab.
Das Licht nur auf O an. Der Verfolger geht kurz danach aus.

Mspieß	O	Vera	*(in verändertem Ton zu Zepo)* Noch ein Gläschen?
Vspieß		Bernd	*(zu Zepo)* Auf Ihr Wohl!

Alle trinken.

Mspieß	O	Vera	*(zu Zepo)* Was tun Sie eigentlich im Schützengraben, um sich die Zeit zu vertreiben?
Zepo		Chris	Ich mache Papierblumen, aber ich langweile mich sehr!
Mspieß		Vera	Und was machen Sie dann mit den Blumen?
Zepo		Chris	Anfangs schickte ich sie meiner Braut. Doch eines Tages schrieb sie mir, Wintergarten und Keller wären schon voll, sie wüsste nicht mehr, was sie damit anfangen sollte, und wenn es mir nichts ausmachte, möchte ich ihr etwas anderes schicken.
Mspieß		Vera	Und was haben Sie dann getan?
Zepo		Chris	Ich wollte schon gerne etwas anderes machen, aber ich wusste nicht, was. Darum mache ich weiter Papierblumen.
Mspieß		Vera	Und dann? Werfen Sie sie fort?
Zepo		Chris	Nein. Jetzt habe ich eine Verwendung dafür gefunden: Für jeden Kameraden, der stirbt, gebe ich eine Blume her.

„Für jeden Kameraden, der stirbt, gebe ich eine Blume her."

			So weiß ich, das ich nie genug machen kann, selbst wenn ich noch so viele mache.

Vspieß		Bernd	Da haben Sie eine exzellente Lösung gefunden.
Zepo		Chris	*(schüchtern)* Ja.
Zapo		Pia	Und ich stricke aus Langeweile.
Mspieß		Vera	Aber sagt einmal, langweilen sich etwa alle Soldaten so wie ihr?
Zepo		Chris	Das hängt davon ab, wie sie sich die Zeit vertreiben.
Zapo		Pia	Auf dieser Seite ist es ebenso.

7. Szene „Schluss"

(3 Zapos + 3 Väter + 3 Mütter + 3 Zepos)

Eine Pause, in der der Vater offensichtlich überlegt
Das Licht geht auf allen Bühnen an.

Vspieß	O	Bernd	*(es platzt plötzlich aus ihm heraus)* Dann machen wir doch Schluss mit dem Krieg!

Alle anderen sehen ihn erstaunt an.

Zepo	alle	**Chor**	Und zwar wie?
Vspieß	O	Bernd	*(stolz zu seinem Sohn)* Sehr einfach: du, du sagst <u>Deinen</u> Kameraden, dass die Feinde keinen Krieg wollen. *(wendet sich an Zepo)* Und Sie, Sie sagen <u>Ihren</u> Kameraden dasselbe. – Und alle gehen nach Hause!

Jetzt haben alle es verstanden und reagieren unterschiedlich:
Alle Zapos + Zepos und die Eltern „spießig" sind begeistert.
Die Eltern „grob" finden es unrealistisch,
und die Eltern „supi" wollen Krieg auf eigene Faust machen.

Zapo	O	Pia	Großartig!
Mspieß		Vera	*(zu Zepo)* Auf diese Weise können Sie das Bügeleisen fertig reparieren.
Vgrob	UL	Tom	Großartig? Überhaupt nicht großartig! Was für ein Schwachsinn! – Wie soll das denn gehen?
Mgrob		Inge	Genau! – Das ist doch Quatsch, der totale Quatsch!
Vgrob		Tom	*(ahmt Vspieß nach)* „Dann machen wir doch Schluss mit dem Krieg!" – Und ihr meint, bloß weil ihr das sagt, hören auf der Stelle alle mit dem Krieg auf? – Das funktioniert doch nie im Leben!
Mgrob		Inge	Wie naiv! – Die spinnen doch alle, diese Vollidioten! – Komm, diesen Scheiß müssen wir uns nicht länger anhören! – Wir gehen!

Vgrob und Mgrob gehen empört nach unten links durch den Seitenvorhang ab.

Vspieß	O	Bernd	*(ruft ihnen hinterher)* Pöh! Dann gehen Sie doch! – Wir bleiben!

Zapo		Pia	*(ruft ihnen auch hinterher)* Es ist sehr wohl eine großartige Idee!
Zepo		Chris	Wie kommt es nur, dass sie niemand bis jetzt gehabt hat?
Mspieß		Vera	*(stolz)* Nur dein Vater kann auf solche Ideen kommen. Vergiss nicht: Er hat ein Gymnasium besucht und er ist Briefmarkensammler!
Zepo		Chris	Und was sollen die Generäle und Hauptmänner machen?
Vspieß		Bernd	Man wird ihnen Trommeln und Trompeten geben, damit sie – still sind!
Zepo		Chris	Ein guter Gedanke!
Vspieß		Bernd	Seht ihr, wie einfach das ist? Alles ist geregelt!
Vsupi	UR	Steve	Geregelt? – Bullshit! Krieg ist doch – total geil!
Msupi		Doro	Genau! Da muss ich meinem Mann zustimmen, ihm recht geben, in allem, was er sagt: Krieg ist doch schlicht und ergreifend supi! Und damit sollen wir Schluss machen? – Lächerlich! Sie, Sie, Sie mit ihrem pazifistischen Gehabe: Den Kameraden hier und da erzählen, dass die Feinde keinen Krieg mehr wollen? – Und dann gehen alle nach Hause! – Nach Hause, na supi, Applaus, Applaus, bravo, bravo! Hören Sie mal, Sie Meister Oberschlau! Und dann? Was ist dann? Hä? – Wir sitzen wieder da und langweilen uns zu Tode! – Zu Tode, hören Sie! Nee, nee, nee! Nicht mit uns! Wir wollen unseren Spaß! Und den lassen wir uns doch nicht von Ihnen verderben! Wir wollen unseren Spaß!
Vsupi		Steve	Yeah, honey! Und weißt du, was ich jetzt tue! – Ich kaufe mir ein Pferd und einen Degen und dann mache ich Krieg auf eigene Faust! – Geil!
Msupi		Doro	Supi, supi, supi ....

Vsupi und Msupi gehen während des „supi" durch den Mittelgang ab.

Mspieß	O	Vera	*(zu ihrem Mann)* Bleib ganz ruhig! – Lass sie ziehen!
Vspieß		Bernd	Nun gut! – Dann beenden wir den Krieg eben alleine!
Zepo		Chris	Wir werden einen tollen Erfolg haben.
Zapo		Pia	Meine Kameraden werden aber froh sein!
Vspieß		Bernd	Was meint ihr? Wollen wir zur Feier des Tages den Tango von vorhin wieder auflegen?
Mspieß		Vera	Ein ausgezeichneter Gedanke!

Sie legt die CD wieder ein. Man hört wieder Piazzolla, „The Rough Dancer", track 8: „Butcher's Death".
Alle Zapos tanzen mit allen Zepos und Mspieß mit Vspieß.
Alle sind sehr lustig.

Das Feldtelefon läutet, aber keiner hört es.
Sie tanzen weiter.
Das Feldtelefon läutet wieder.
Sie tanzen weiter.
Die Schlacht beginnt aufs Neue mit Flugzeugen, fallenden Bomben, einzelnen Schüssen. Ein Höllenlärm.
Sie merken nichts und tanzen übermütig weiter.
BLACK
Ohrenbetäubender Lärm: Flugzeuge, fallende Bomben, einzelne Schüsse ... Das dauert an.
In diesem Black verlassen alle die Bühne.

Epilog „Papierblumen"

(Niemand ist auf der Bühne.)

Der Lärm bricht abrupt ab.
Kurze Stille.
Das Licht blendet langsam ein.
Gleichzeitig wird ebenso langsam Musik eingeblendet: Piazzolla, „The Rough Dancer", track 2: „Milonga for three".
Auf jeder Bühne liegen vier große Papierblumen.

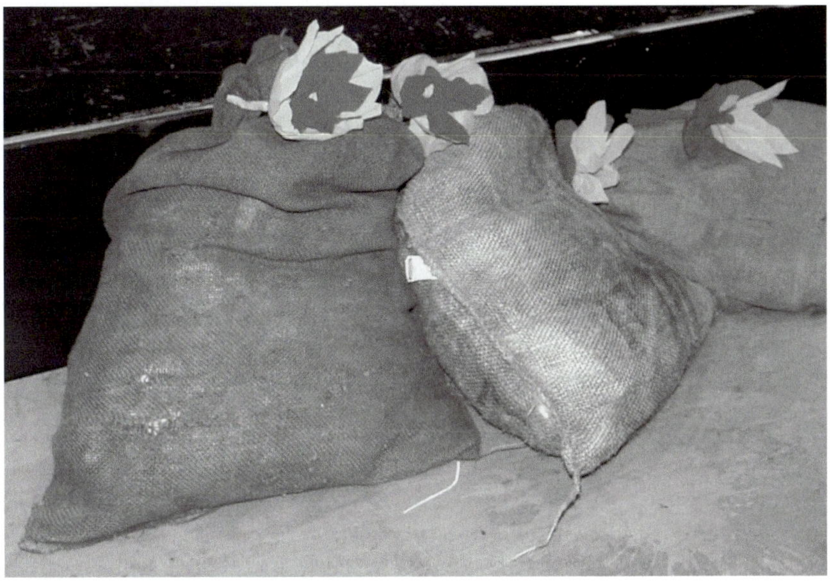

Auf jeder Bühne liegen vier große Papierblumen.

Nach ca. 20 Sekunden: ***Das Licht blendet sehr langsam aus.*** Ebenso die Musik.

9. Das dicke Ende – die Leistungsbeurteilung

In einigen Bundesländern gibt es Theater inzwischen als offizielles Schulfach. An einigen Gesamtschulen in NRW wird das Fach Darstellen und Gestalten in der Sekundarstufe I als Wahlpflichtfach angeboten. In anderen Bundesländern heißt es zum Beispiel Darstellendes Spiel, an bestimmten Schulen gibt es das Fach Bühnentanz usw.
Ich selbst unterrichte seit vielen Jahren in NRW das Fach Literatur, das in der gymnasialen Oberstufe bislang fast ausschließlich im 12. Jahrgang (bei G8 im 11. Jahrgang) auf einer Schiene zusammen mit den Fächern Kunst und Musik lag.
Im Gegensatz zu Schultheatergruppen, die in Projekten oder in Arbeitsgemeinschaften durchgeführt werden, sind wir hier gehalten, den Schülern Noten zu geben.
Nun gehört es ja zum täglichen Brot von Lehrern, Leistung zu beurteilen, aber in allen Fächern rund um das Theaterspielen stellt uns das nicht selten – und auch trotz jahrelanger Erfahrung – vor Probleme, die in anderen Fächern so nicht auftreten.
In diesem Kapitel werden diese Probleme exemplarisch anhand des Faches Literatur beschrieben. Das hier Gesagte ist aber problemlos auch auf andere Theaterfächer übertragbar.
Im Fach Literatur in NRW kann die Kursleitung aus drei Schwerpunkten wählen. Neben Theater sind dies Schreiben und Medien. Im Folgenden wird aber nur der Schwerpunkt Theater beschrieben.

Es wird dabei nicht darum gehen, vorgefertigte Lösungen zu präsentieren, sondern vielmehr darum, Denkanstöße zu liefern.

Zunächst zwei Vorbemerkungen, die als eine Art Plattform verstanden werden können, von der man ausgehen sollte:

- **Kriterien und ihre Gewichtung**

Es muss grundsätzlich geklärt werden, welche Kriterien zum Gegenstand der Leistungsbeurteilung gemacht werden und in welcher Gewichtung diese Kriterien zueinander stehen. Es leuchtet ein, dass zum Beispiel im Sprechtheater Kriterien relevant werden, die im Bewegungstheater eine eher untergeordnete Bedeutung haben und umgekehrt. Es muss ferner geklärt werden, ob etwa die Leistung im Bereich Lichttechnik oder Bühnengestaltung genauso gewichtet wird wie die schauspielerische Leistung.

- **Die richtige Leistungsbeurteilung**

Es gibt nicht die eine richtige Leistungsbeurteilung. Vielmehr müssen je nach Thema oder Vorgehensweise spezifische Kriterien zur Geltung kommen. Auch in den unterschiedlichen Phasen der Arbeit, zum Beispiel in Werkstattphasen, Probephasen, Kleingruppenphasen oder Präsentationsphasen, werden dieselben oder auch andere Kriterien in derselben oder in anderer Gewichtung zum Tragen kommen.

9.1 Beurteilungsbereiche und Kriterien

Unabhängig davon schwebt die Leistungsbeurteilung nicht im luftleeren Raum. Es gibt Richtlinien oder zumindest Handreichungen, die verbindliche Vorgaben machen.

Die Richtlinien für das Fach Literatur in NRW lassen sich verkürzt auf den Ebenen der Beurteilungsbereiche und der Kriterien darstellen:

Die sechs Beurteilungsbereiche

Da die Kurse im Fach Literatur in beiden Kurshalbjahren durchgängig und zwingend prozess- und produktionsorientiert angelegt sind, hat die Kursleitung eine Vielzahl von Kriterien in einem sehr breit gefächerten Leistungsfeld zu berücksichtigen. Das fachspezifische Leistungsfeld und somit die in die Leistungsbeurteilung einfließenden Kriterien lassen sich in sechs Beurteilungsbereiche unterteilen (vgl. Lehrplan S. 57 ff.):

1. der kreativ-gestalterische Bereich

2. der kognitiv-analytische Bereich

3. der konzeptionelle Bereich

4. der sozial-integrative Bereich

5. der handwerklich-technische Bereich

6. der organisatorische Bereich

(Laut Richtlinien sind die ersten vier Bereiche obligatorisch, von den Bereichen fünf und sechs lediglich einer.)

Der Katalog der Kriterien

Diesen sechs Beurteilungsbereichen sollen die Kriterien wie folgt zugeordnet werden:

Der kreativ-gestalterische Bereich:	schülerbezogene Kriterien: Interesse und emotionales Engagement Experimentier- und Innovationsbereitschaft Risikobereitschaft und Frustrationstoleranz Ideenreichtum und Originalität Darbietungs- und Gestaltungsfähigkeit produktionsbezogene Kriterien: Adressatenbezug und Anregungsmaterial Originalität und Innovationspotenzial Produktqualität und ästhetischer Wert
Der kognitiv-analytische Bereich:	sprachlich richtig und angemessen darstellen interdisziplinär – vernetzend denken urteilen und bewerten untersuchen und strukturieren verstehen und verarbeiten
Der konzeptionelle Bereich:	Material sammeln und aufbereiten Aussageschwerpunkte auswählen angemessene Vermittlungsformen entwickeln, erproben und überarbeiten beabsichtigte Wirkungen reflektieren und Verfahren zur Wirkungsanalyse planen

Der sozial-integrative Bereich:	Kommunikations- und Interaktionsfähigkeit Toleranz und Integrationsfähigkeit Offenheit und Kritikfähigkeit Engagement und Zuverlässigkeit Geduld und Ausdauer
Der handwerklich-technische Bereich:	Durchführung handwerklich-technischer Arbeiten technische Fähigkeiten und Fertigkeiten sachgemäßer Gebrauch von Handwerkszeug, technischen Anlagen und Geräten Beachten von Sicherheitsvorschriften sach- und projektgemäße Nutzung medialer Programme
Der organisatorische Bereich:	planen und delegieren organisieren und koordinieren moderieren und Prozesse steuern

9.2 Thesen und Gegenthesen

Mit den Beurteilungsbereichen und Kriterien ist ein Rahmen gespannt, den wir einerseits nicht verlassen dürfen, der uns aber andererseits einen großen Freiraum anbietet. Auf der Plattform dieser Richtlinien folgen hier einige Thesen und Gegenthesen sowie eine persönliche Kommentierung.

Leistungsbeurteilung ist allein Sache der Kursleitung. ⟷ **Die Note muss gemeinsam mit den Schülern festgelegt werden.**

Vor dem Hintergrund der Tatsache, dass die Schüler im Laufe eines Literaturkurses zahlreiche Leistungen erbringen, die von der Kursleitung nicht unmittelbar wahrgenommen werden, erscheint eine Selbsteinschätzung sowie eine Dokumentation der Leistung durch die Schüler selbst – als Ergänzung der Leistungsbeurteilung – sinnvoll (s. u. Leistungsdokumentation und Selbsteinschätzung). Zudem wird mit dieser Selbsteinschätzung eine Kompetenz gestärkt, die im Hinblick auf die Anforderungen der Arbeitswelt zunehmend von Belang ist.

S. 11

Kreativität muss beurteilt werden. ⟷ **Kreativität kann nicht beurteilt werden.**

In Literaturkursen müssen kreative Leistungen – ebenso wie in anderen künstlerischen Fächern und wie bei produktionsorientiertem Arbeiten allgemein – beurteilt werden. Gegenüber der Beurteilung von Kreativität werden jedoch Vorbehalte ins Feld geführt wie:

„Schöpferische Leistungen sind grundsätzlich nicht objektiv bewertbar, vielmehr kann man über sie nur subjektive Geschmacksurteile abgeben; im schulischen Raum darf nur benotet werden, was auch gelehrt worden ist; vorgegebene Persönlichkeitsmerkmale bedingen bestimmte, nicht/kaum oder nur begrenzt veränderbare Begabungsprofile, die einerseits stärker in eine kognitiv-analytische, andererseits stärker in eine fantasiegesteuerte, schöpferische Richtung weisen. Von daher seien Beurteilungen nach einheitlichem Maßstab in beiden Bereichen zumindest problematisch, wenn nicht gar unmöglich." (vgl. Lehrplan Literatur, S. 55f.)

Derartigen Einwänden muss zunächst entgegengehalten werden, dass schöpferische Leistungen in allen künstlerischen Bereichen in verschiedener Weise und nach sehr unterschiedlichen Maßstäben – durchaus auch vergleichend – beurteilt werden. Einer

Beurteilung derartiger Leistungen in ihren Anforderungsbereichen kann sich Schule grundsätzlich nicht entziehen. Darüber hinaus ist inzwischen unstrittig, dass Elemente von Kreativität durchaus vermittelbar, in gewisser Weise förder- und lehrbar sind. Damit lassen sich – in gewissen Grenzen – Begabungsprofile erweitern. Sowohl die Mitarbeitsbereitschaft von Schülern in einem entsprechenden Förderungsprozess von Kreativität wie auch die Herausbildung und Steigerung kreativer Fähigkeiten können in ihrer Entwicklung und in ihren Ergebnissen beurteilt werden.
Wenn das zuletzt Gesagte stimmt, muss man Kreativität auch beurteilen, indem man die Ergebnisse mit der jeweiligen konkreten Aufgabenstellung vergleicht. Denn in dieser Aufgabenstellung liegt bereits der Schlüssel für die Beurteilung. Sollen die Schüler etwa ein zum Inszenierungsrahmen passendes Bühnenbild entwickeln, kann man anhand der Bestandteile dieses Inszenierungsrahmens überprüfen, ob das entwickelte Bühnenbild passt oder nicht.

Nur die schauspielerische, organisatorische, ... Leistung ist Gegenstand der Beurteilung. ⟷ **Nur der Leistungszuwachs ist Gegenstand der Beurteilung.**

Die Schüler treten zu Beginn des Schuljahres mit unterschiedlichen Begabungen und Vorkenntnissen an. Für einige ist Theaterspiel völlig neu, andere haben bereits jahrelang in einer Gruppe gespielt. Einige sind begabt, andere nicht.
Es muss geklärt werden, wie dem in der Leistungsbeurteilung Rechnung getragen wird. Wendet man das Kriterium Leistungszuwachs an, wird man zu anderen Ergebnissen kommen, als wenn man die Leistung selbst zum Gegenstand der Beurteilung macht.
Ich selbst beurteile eher den Grad der Ernsthaftigkeit, mit dem sich die Schüler auf den Prozess des Lernens einlassen, und akzeptiere dabei, dass nicht alle in allen Phasen zu denselben Ergebnissen kommen. Es hat sich jedoch gezeigt, dass bei einer entsprechenden Ernsthaftigkeit de facto jeder Schüler an anderen Stellen zu hervorragenden Leistungen kommen kann, also so gut wie kein Schüler in allen Bereichen versagt. Umgekehrt kann aber auch kaum ein Schüler alles, so wie auch kaum ein professioneller Schauspieler jede Rolle spielen kann. Anders gesagt: Jeder Schüler hat seine Stärken, die zu finden und zu fördern Aufgabe der Kursleitung ist. Und dies bezieht sich natürlich nicht nur auf die schauspielerischen Aspekte.
Die Kursleitung muss also Rahmenbedingungen herstellen, die jedem Kursmitglied Leistungen in allen Bereichen ermöglichen. Im Einzelnen sorgt die Kursleitung dafür,

- dass in möglichst vielen Phasen der Projektarbeit Angebote und Aufgabenstellungen aus allen Beurteilungsbereichen zur Verfügung stehen,

- dass durch eine individuelle Aufgabenverteilung aus den verschiedenen Aufgabenfeldern alle Schüler trotz unterschiedlicher Voraussetzungen und Fähigkeiten die Möglichkeit haben, jede Notenstufe zu erreichen,

- dass die individuellen Leistungsmöglichkeiten jedes Kursmitglieds genutzt und weiterentwickelt sowie neue Leistungsbereiche erschlossen werden, die für die Durchführung eines Projekts von Bedeutung sind.

In die Leistungsbeurteilung kann nur einfließen, was den Schülern zuvor transparent gemacht worden ist. ↔ **Im Verlauf des Schuljahres ergeben sich immer wieder Bereiche, die zuvor nicht transparent gemacht wurden, aber dennoch beurteilt werden müssen.**

In die Leistungsbeurteilung kann zunächst nur das einfließen, was zuvor angekündigt oder verabredet worden ist. Die Kursleitung muss die Schüler also über die Leistungsansprüche in den verschiedenen Bereichen informieren. Wenn dann im Verlauf des Prozesses neue Aspekte auftauchen, so muss sich die Kursleitung die Frage stellen lassen, wieso dies nicht vorhersehbar war. Unabhängig davon sollte dann aber eine weitere Phase eingeschoben werden, in der die neuen Ziele transparent gemacht werden. In die Leistungsbeurteilung sollten sie auch erst von diesem Moment an einfließen.

Die Endprodukte sind die Summe der individuellen Leistungen und erfordern deshalb eine individuelle Beurteilung. ↔ **Die Endprodukte sind kollektive Leistungen und erfordern deshalb eine Kollektivnote.**

Meiner Meinung nach entsteht im Verlauf der Arbeit ein Gesamtergebnis im Sinne einer kollektiven Leistung, die zusätzlich zu den individuellen Leistungen zum Gegenstand der Beurteilung gemacht werden muss. Ich gebe meinen Schülern deshalb beispielsweise für einen Auftritt stets zwei Noten.

Der Kurslehrer kann nur das beurteilen, was er im Unterricht sieht. ↔ **In die Leistungsbeurteilung muss vorrangig die Leistung außerhalb der Unterrichtsstunden einfließen.**

In den Unterrichtsstunden:
Zunächst kommt der Anwesenheit im Unterricht in einem Fach wie Literatur insofern eine zentrale Bedeutung zu, als Theaterarbeit in der Regel eine kollektive Arbeit ist. Sie scheitert oder wird zumindest stark erschwert, wenn nicht alle Beteiligten anwesend sind. In der Konsequenz leiden also nicht nur die Fehlenden unter ihren Fehlzeiten, sondern auch die Anwesenden. Dies ist in einem Fach wie Mathematik grundsätzlich auch so, aber der Grad, in dem der Arbeitsprozess bei der Theaterarbeit behindert wird, ist unvergleichlich höher.
Darüber hinaus ist theatrale Arbeit häufig eine ganzkörperliche, die nachträglich kaum vermittelt, kognitiv erlernt oder nachgearbeitet werden kann. Sie muss vielmehr in der jeweiligen Unterrichtssituation am eigenen Leib erfahren werden.

Außerhalb der Unterrichtsstunden:
Auch dort fallen Aufgaben an, die von den Schülern erledigt werden und somit in die Leistungsbeurteilung einfließen müssen: angefangen von der Beschaffung oder Erstellung von Materialien für Bühne, Requisite, Maske, Kostüm, Technik usw. über das Erlernen oder Schreiben von Texten bis hin zu Recherchen oder Öffentlichkeitsarbeit usw.

9.3 Leistungsdokumentation und Selbsteinschätzung

In der Kommentierung der ersten These und Gegenthese wurden die Dokumentation der Leistung sowie die Selbsteinschätzung angesprochen.

Zur Leistungsdokumentation

Für die Leistungsbeurteilung ist es unerlässlich, dass die Kursleitung die individuellen Leistungen der Schüler im Unterricht pro Stunde oder pro Woche in irgendeiner Form festhält. Dies kann in Form von Stunden- oder Wochennoten geschehen.
Aber die Schüler erbringen auch Leistungen außerhalb des Unterrichts, die ebenfalls in die Leistungsbeurteilung einfließen müssen. Hier kann das folgende Verfahren hilfreich sein:
Alle Schüler erhalten zu Beginn des Schuljahres, nachdem eine Transparenz hinsichtlich der Leistungsbeurteilung erfolgt ist, ein Papier. Dieses Papier nenne ich „Leistungsdokumentationsbogen" oder kurz „Leidobo". In ihn tragen sie selbst ein, was sie außerhalb des Unterrichts erledigt haben. Die Angaben müssen objektiv überprüfbar sein.

Beispiel:
Angelina hat sechs Knöpfe gekauft und übergibt diese der Kursleitung. Tom hat die sechs Knöpfe an das entsprechende Kostüm genäht und übergibt es der Kursleitung. Susanne hat einen Text dialogisiert, ihn in Tabellenform auf dem PC erstellt und der Kursleitung zugemailt.
Die Kursleitung bestätigt den Erhalt auf dem Leistungsdokumentationsbogen mit ihrem Kürzel.

Der Bogen ist in drei Bereiche unterteilt:

- Material beschaffen/Material herstellen (etwa zu den Aspekten Bühne, Requisite, Maske, Kostüm, Technik, ...)
- Texte schreiben/Texte bearbeiten
- Organisation/Öffentlichkeitsarbeit/Sonstiges

Ein solcher Leistungsdokumentationsbogen könnte wie folgt aussehen:

1. Hj.	**Name: Peter Schmitz**	
1. Beschaffung oder Erstellung von Materialien im Bereich Bühne, Requisiten, Maske, Kostüm, Technik etc.		
16.11.	Knöpfe gekauft	Kürzel
20.11	Knöpfe angenäht	Kürzel
	...	
2. Produktion bzw. Bearbeitung von Texten		
08.12.	Texte dialogisiert	Kürzel
	...	
3. Organisatorisches, Arbeiten im Bereich Öffentlichkeitsarbeit und Sonstiges		
24.10.	Mit der Druckerei Konditionen für Plakatdruck ausgehandelt	Kürzel
	...	

Am Ende des Quartals oder des Halbjahres lässt die Kursleitung die Ergebnisse in die Zensur einfließen.

Zur Selbsteinschätzung

Die meisten Schüler sind durchaus in der Lage, ihre eigenen Leistungen richtig einzuschätzen; wenn nicht, können sie es lernen. Hier kann der folgende Selbsteinschätzungsbogen helfen, der auf die oben erwähnten Beurteilungsbereiche der Richtlinien zurückgreift.
Alle Schüler erhalten zu Beginn des Schuljahres diesen Selbsteinschätzungsbogen jedoch erst, nachdem eine inhaltliche Klärung der Beurteilungsbereiche erfolgt ist. In ihn tragen sie jeweils einen Notenvorschlag pro Beurteilungsbereich ein und machen abschließend einen Gesamtnotenvorschlag.

Ein solcher Selbsteinschätzungsbogen könnte wie folgt aussehen:

1. Hj.	**Name: Peter Schmitz**	**Note**
der kreativ-gestalterische Bereich	Interesse und emotionales Engagement Experimentier- und Innovationsbereitschaft Risikobereitschaft und Frustrationstoleranz Ideenreichtum und Originalität Darbietungs- und Gestaltungsfähigkeit	2
der kognitiv-analytische Bereich	Textverständnis und Textverarbeitung Entwicklung sinnvoller theatraler Ideen	3
der konzeptionelle Bereich	das Projekt und die Gruppe weiterbringende Beiträge	1
der sozial-integrative Bereich	Teamfähigkeit Kritikfähigkeit Engagement Zuverlässigkeit Verantwortlichkeit für das Projekt	2
der handwerklich-technische Bereich + der organisatorische Bereich	sachgemäßer Gebrauch von Handwerkszeug, technischen Anlagen und Geräten Beachten von Sicherheitsvorschriften + planen und delegieren organisieren und koordinieren moderieren und Prozesse steuern	2
Gesamtnotenvorschlag:		2

Am Ende des Quartals/des Halbjahres lässt die Kursleitung die Ergebnisse in die Zensur einfließen.

Das bedeutet natürlich nicht, dass dieser Notenvorschlag von der Kursleitung übernommen werden muss. Wenn die Selbsteinschätzung des Schülers von der der Kursleitung abweicht, muss geklärt werden, woran dies liegen könnte. Vielleicht tendiert der eine Schüler generell dazu, sich zu überschätzen, ein anderer neigt dazu, sich zu unterschätzen. Vielleicht muss jedoch auch die Kursleitung ihre Wahrnehmung revidieren. Obwohl die Noten nur selten eklatant differieren, heißt dies nicht, dass ein solches Verfahren überflüssig ist. Auch wenn die Wahrnehmung der Kursleitung mit der Selbsteinschätzung der Schüler übereinstimmt, bestärkt dies beide Seiten.

9.4 Konkret: Fragen und Lösungsangebote

Während das bisher Gesagte noch relativ allgemein gehalten war, sollen in der folgenden Tabelle abschließend ganz konkret einige typische Fragen angeschnitten werden, die häufig im Rahmen meiner Fortbildungen an mich herangetragen wurden. Diese Fragen sind zu Gruppen gebündelt.

Die Lösungsvorschläge in der rechten Spalte erheben keinerlei Anspruch auf Allgemeingültigkeit, sondern skizzieren, wie ich persönlich mit diesen Fragestellungen umgehen würde. Einige dieser Lösungen sind praktischer Natur; diese werden mit **„p"** gekennzeichnet. Andere verlangen meines Erachtens Veränderungen der konzeptionellen Planung; diese sind mit **„k"** gekennzeichnet.

Fragenkomplex 1: Namen lernen

<table>
<tr><td>Im Gegensatz zu meinem Deutschunterricht fehlt so etwas wie eine feste Sitzordnung. Alle Schüler rennen ständig irgendwie über die Bühne. Ich kenne oft nach einem halben Jahr noch nicht alle Namen. Wie soll ich da gerecht beurteilen?</td><td rowspan="3">p: Die Kursleitung kann es sich erleichtern, wenn sie
• Namensschilder verwendet,
• von den Schülern eine Fotogalerie anlegt,
• im Blitzlicht am Ende der Stunde Stundennoten gibt,
• einen Beurteilungsbogen entwickelt, in den sie während der Stunden und im Blitzlicht einträgt, was besonders auffällig war.</td></tr>
<tr><td>Ich verbinde Leistungen, die Schüler erbringen, mit ihren Rollen, aber nicht mit ihren Namen: der, der den Brusttyp gut kann; die, die so schön singt … Wie soll ich da gerecht beurteilen?</td></tr>
<tr><td>Die Gruppen sind so groß, dass ich den Überblick über die individuelle Leistung verliere. Wie soll ich da gerecht beurteilen?</td></tr>
</table>

Fragenkomplex 2: Anwesenheit

Von meinen 30 Schülern sind 14 extrem unzuverlässig. Von ihnen fehlen immer etwa acht und weitere sechs kommen erheblich zu spät. Darunter leidet die Gesamtleistung und somit auch die Leistung der 16 Zuverlässigen. Wie beurteile ich diese 16 und wie die 14 Unzuverlässigen?	**k:** Eine szenische Collage ermöglicht Kleingruppenarbeit. So können die 16 Zuverlässigen in ihren Kleingruppen immer miteinander arbeiten und kommen zu besseren Leistungen. Die Unzuverlässigen werden umgekehrt zu schlechteren Ergebnissen kommen.
Ich sage meinen Schülern zu Beginn des Schuljahres: „Was wir hier machen, könnt ihr nicht nacharbeiten, ihr müsst es ganzkörperlich erfahren. Deshalb gibt es keine entschuldigten Fehlzeiten. Wer fehlt, bekommt für diese Stunden eine Sechs!" Darf ich das?	**p:** Nein! Aber bei den Schülern muss ein Problembewusstsein geschaffen werden, was das in der linken Spalte Gesagte betrifft.

Fragenkomplex 3: Haupt- und Nebenrollen/weitere Aufgaben

Johann spielt nur eine ganz kleine Nebenrolle mit zwei Sätzen Text, Elisabeth dagegen hat die Hauptrolle mit 20 Min. Text. Wie komme ich da zu einer gerechten Beurteilung?	**k:** Muss Elisabeth die Hauptrolle spielen? Muss überhaupt ein so großes Missverhältnis zwischen Haupt- und Nebenrollen entstehen? **p:** Johann muss andere wichtige Aufgaben übernehmen.
Franzi ist unser Superstar. Sie spielt unsere Hauptrolle einfach göttlich, ist die absolute Rampensau, und das weiß sie sehr wohl! Mit ihr steht und fällt das ganze Stück. Ansonsten ist sie leider gar nicht göttlich. Sie kommt zu spät, zickt ständig herum und sitzt, während alle anderen intensiv an einer Inszenierungsidee arbeiten, gelangweilt daneben. Aber wie gesagt, sie spielt göttlich. Natürlich will sie eine 1+. Ich habe da leichte Bedenken.	**k:** Muss Franzi die Hauptrolle spielen? Muss überhaupt ein so großes Missverhältnis zwischen Haupt- und Nebenrollen entstehen? **p:** Wenn zu Beginn des Schuljahres etwa der sozial-integrative Bereich transparent gemacht worden ist, weiß Franzi, warum sie keine 1+ erhalten kann.
Murat spielt wirklich schlecht. Theaterspielen ist einfach nicht sein Ding. Aber er ist ansonsten super, bringt tolle Ideen ein, hält die Gruppe zusammen, besorgt ständig Requisiten und Kostüme, arbeitet oft am Wochenende noch für das Bühnenbild usw. Wie soll ich ihn beurteilen?	**p:** Durch die Transparenz der Leistungsbeurteilung zu Beginn des Schuljahres weiß Murat, dass er auch anders eine hohe Punktzahl erreichen kann.

Fragenkomplex 4: Kleingruppenarbeit

Während einer Kleingruppenphase entdecke ich Svenja an einem Käsebrötchen knabbernd in der Mensa. Von ihrer Gruppe ist weit und breit nichts zu sehen. Als die Gruppe ihre Arbeit vorstellt, ist von Käsebrötchen nicht die Rede. Wie soll ich sie beurteilen?	**p:** Ich konfrontiere Svenja vor dem Plenum oder im Einzelgespräch mit dem Käsebrötchen. Ansonsten: identische Problemlösung wie bei Kleingruppenphasen in anderen Fächern
Hubertus soll zusammen mit Angela und Isabelle einen Inszenierungsvorschlag für eine Szene entwickeln. Beim Vortrag der Gruppe beschleicht mich das Gefühl, dass er überhaupt nicht mitgearbeitet hat. Wie soll ich ihn nun beurteilen?	**p:** Ich lasse Hubertus das Gruppenergebnis vorstellen. Ich versuche, das Gefühl zu objektivieren und durch Fakten zu verifizieren. Im Zweifelsfall führe ich ein Gespräch mit Hubertus.
Nach einer Kleingruppenphase stellen die Schüler ihre Ergebnisse vor. Das erste Ergebnis ist hervorragend, das andere indiskutabel. Ich gebe allen Schülern der ersten Gruppe eine 1, allen der anderen Gruppe eine 5. Ist das gerecht?	**p:** Die Ergebnisse müssen mit der Aufgabenstellung abgeglichen werden. Vor diesem Hintergrund ist das gerecht. Schwieriger wird es, wenn die Ergebnisse eines kreativen Prozesses beurteilt werden sollen und beide Gruppen zwar die Anforderungen erfüllen, das Ergebnis der einen Gruppe jedoch genial, das der anderen Gruppe eher bieder wirkt. Hier würde ich mich zwar für das bessere Ergebnis aussprechen, das schlechtere jedoch nicht abwerten.

Weitere Fragen

Tarik konnte sich schon immer gut verkaufen. Dementsprechend füllt er den Selbsteinschätzungsbogen aus. Laura fällt dies deutlich schwerer, und das spiegelt sich auch in ihrem Bogen wider. Meine Einschätzung der beiden ist nicht ganz so konkret und präzise. Wie gleiche ich hier Fremd- und Selbsteinschätzung ab?	**p:** Wenn ich das so erkannt habe, ist das Problem ja schon gelöst. Schwieriger wird es, wenn ich nicht weiß, wer sich tendenziell besser, wer schlechter einschätzt. Dann muss ich ein besonderes Augenmerk darauf legen.
Jetzt ist es mir endlich geglückt, Rahmenbedingungen zu schaffen, in denen sich die Schüler kreativ entfalten können. Die tun das auch, und wie beurteile ich das jetzt?	**k:** Wenn ich inhaltliche Rahmenbedingungen geschaffen habe, sind die Ergebnisse an genau diesen zu messen. Organisatorische Rahmenbedingungen, wie zum Beispiel den Kleingruppen einen Raum zuzuweisen, reichen nicht!
Ich sage meinen Schülern immer: „Unsere Klausuren sind die Aufführungen!" Alle wissen, dass ihre Leistung an diesem Tag zu 50 Prozent in die Endnote einfließt. Geht das?	**p:** Das muss vorher über die Beurteilungstransparenz klargestellt werden.
Ich mache immer ein Jahresprojekt. Leider liegt die Premiere stets so spät am Ende des Schuljahres, dass die Konferenz schon vorbei ist. Deshalb kann die Leistung der Aufführung nicht in die Note einfließen. Geht das?	**k:** Meines Erachtens geht das nicht. Die Planung der zeitlichen Struktur muss so angelegt sein, dass die Aufführungen vor den Konferenzen liegen.
Ich bin am Ende des dritten Quartals gar nicht in der Lage, mich auf eine Note festzulegen, weil das mitten im Verlauf des Prozesses unmöglich ist. Wie löse ich das Problem?	**p:** Ich spreche mit den Beratungslehrern das Problem ab und gebe im dritten Quartal Noten, die Grundlage für Beratungsgespräche sein können, jedoch noch nicht festgeschrieben werden.
Im zweiten Halbjahr häufen sich die Zusatzproben vor der Aufführung. Julia war immer dabei und hatte bereits im ersten Halbjahr eine Zwei. Nach diesen ganzen Zusatzterminen kann sie jetzt sicher guten Gewissens mit 14 bis 15 Punkten rechnen, oder?	**p:** Mehrarbeit liegt kurz vor den Aufführungen oft in der Natur der Sache. Dies muss den Schülern zeitig durch die Beurteilungstransparenz klargemacht werden.

Theaterspezifische Begriffe

Begriff	Erläuterung
Abgang/abgehen	Die Akteure verlassen die → Bühne.
Anfangsfreeze	das → Freeze zu Beginn einer → Szene oder szenischen Sequenz, das mit einem → Toc ins → Auftauen und weiter ins Spiel übergeht
Applausordnung	eine Art Choreografie, in der festgelegt wird, wie sich die Schauspieler einzeln oder in Gruppen nach Ende des Stücks dem Publikum präsentieren Diese Präsentation kann noch in der → Rolle oder schon in der Privatheit geschehen.
armes Theater	bezieht sich auf → Reduktion und → Stilisierung
aufgeteilter Text	eine der fünf Möglichkeiten der Textaufteilung, wenn man mit einem → ungewöhnlichen Besetzungskonzept arbeitet: Die Textpassage einer → Rolle wird unter mehreren Schauspielern (S) aufgeteilt. S 1 spricht zum Beispiel die ersten Sätze, den ersten Satz, den ersten Teilsatz, die ersten Wörter oder das erste Wort; S 2 fährt fort und S 3 führt zu Ende. Wirkung: Obwohl mehrere Akteure sprechen, wird deutlich, dass es sich nur um eine → Rolle handelt.
Aufgang/aufgehen	Die Akteure betreten die → Bühne.
Auftauen	das Weiterspiel nach einem → Freeze Die Akteure kommen über einen → Toc in die Bewegung und gehen so ins Spiel über.
Besetzung oder Belegung	synonyme Begriffe, Klärung der Frage: Wer spielt welche → Rolle?
Bewegungstheater	gehört zur Sparte → Tanztheater Liegt im → Sprechtheater der Schwerpunkt auf der Vermittlung der Inhalte durch den gesprochenen Text, entfällt dieser im Bewegungstheater weitgehend oder ganz; er wird durch den Schwerpunkt Bewegung ersetzt. Die Bewegungen zusammen mit → Mimik, → Gestik und Körperhaltung sind die Träger der Vermittlung.
Black	das schnelle Herunterfahren des Bühnenlichts bis zum Erlischen
Bruch	das bewusste, plötzliche und völlige Wechseln einer Figürlichkeit
Bühne	der Ort des Spiels

Bühnenbild

gehört zu den → technischen Hilfsmitteln; besteht aus:
- Kulisse (Bühnenhintergrund) und
- Bühnenaufbau (Bühnenelemente, die sich auf der → Bühne befinden)

Bühnensegment

ein für den Zuschauer durch Licht oder Bühnenaufbauten klar erkennbarer Teil der → Bühne
wichtig unter anderem in der → Parallelinszenierung

chorisches Sprechen

eine der fünf Möglichkeiten der Textaufteilung, wenn man mit einem → ungewöhnlichen Besetzungskonzept arbeitet:
Mehrere Schauspieler sprechen die Textpassage einer bestimmten → Rolle gemeinsam und gleichzeitig.
Wirkung: Der Text bekommt mehr Gewicht, die Figur erscheint mächtiger.

Corpore

→ Intrada, Corpore, Finale

Corpus

umfasst die Aspekte:
- Körperhaltung, Körperbewegung und Positionierung
- → Mimik und → Gestik
- Stimme/Sprache

Durchlaufprobe

Das gesamte Stück wird gespielt, wobei an zuvor verabredeten Stellen für Besprechungen unterbrochen wird.

Echo

eine der fünf Möglichkeiten der Textaufteilung, wenn man mit einem → ungewöhnlichen Besetzungskonzept arbeitet:
Die Textpassage einer → Rolle wird unter mehreren Schauspielern (S) aufgeteilt. S 1 spricht eine monologartige Textpassage, in die S 2, S 3 und S 4 einige Schlüsselbegriffe echoartig einwerfen, ohne dass S 1 seinen Redefluss unterbricht.
Wirkung: Die echoartig eingestreuten Schlüsselbegriffe werden dem Zuhörer besonders ans Herz gelegt.

einfrieren

→ Freeze

fade in

„einblenden“, kann sich auf Licht oder Ton beziehen:
- Das Licht wird hochgefahren vom → Black bis zur vorgesehenen Lichtstimmung;
- der Ton (Musik oder Geräusch) wird von „nicht hörbar“ bis zur gewünschten Endlautstärke gesteigert.

fade out

„ausblenden“, kann sich auf Licht oder Ton beziehen:
- Das Licht wird heruntergefahren bis zum → Black;
- der Ton (Musik oder Geräusch) wird immer leiser, bis er nicht mehr zu hören ist.

Freeze — das plötzliche Erstarren und Verharren in einer Körperhaltung
Es scheint, als würde der Schauspieler in dieser Körperhaltung einfrieren.
Lockeres Freeze ist ein Verharren mit sehr geringen Bewegungsanteilen.

Figurentheater — eine der Sparten des Theaters:
Marionettenspiel, Schattentheater, Hand- oder Stabpuppenspiel, …

Finale — → Intrada, Corpore, Finale

Fondues — eine bestimmte Bewegungsqualität:
runde, fließende Bewegungen, die scheinbar nie anfangen und nie enden

Generalprobe — die Probe, in der unter den Bedingungen des Ernstfalls, also des Auftritts, das gesamte Stück ohne Unterbrechungen ein letztes Mal durchgespielt wird (unter Umständen bereits vor ausgesuchtem kleinem Publikum)

Gestik — gehört zum → Corpus und meint die Aktionen des Schauspielers durch Hände und Arme

grundsätzlicher Sprachduktus — die sich durch die Sprache äußernde rollenbezogene Figürlichkeit, die immer oder häufig durch die Rolle hindurchschimmert
Die eine Figur ist zum Beispiel eher hochnäsig und arrogant, die nächste vielleicht tendenziell verängstigt, eine dritte latent aggressiv. Dies muss in der Versprachlichung des Textes hörbar werden.
(s. a. → konkreter Sprachduktus und → konkreter sprachlicher Ausdruck)

Guckkastenbühne — eine inzwischen veraltete Bauform der → Bühne, die einen geschlossenen Raum definiert und so eine klare Trennung zwischen Publikum und → Bühne impliziert:
Sie besteht aus drei Wänden, die vierte Wand zum Publikum hin fehlt.
Häufig sind die akustischen Bedingungen schlecht, da der Guckkasten viel verschluckt.

Hauptprobe — Das gesamte Stück wird ohne Unterbrechung durchgespielt.

Improvisationstheater — eine Form des Theaters, bei dem die Schauspieler weite Teile ihres Spiels improvisieren
Das Publikum entscheidet dabei maßgeblich mit, was und wie gespielt wird, indem es etwa ein Thema, bestimmte → Rollen, ein Genre, den Beginn oder das Ende vorgibt.

Improvisation / improvisieren
das zuvor weder festgelegte noch geprobte Spiel aus dem Stehgreif heraus

Inszenierung
das In-Szene-Setzen eines Stücks
Die Inszenierung legt vor allem fest, wie das Endergebnis aussieht und wie es sich anhört. Die wichtigsten Bausteine der Inszenierung im → Sprechtheater sind:
- Textvorlage,
- Besetzungskonzept,
- → Corpus,
- → schauspielerische Hilfsmittel und
- → technische Hilfsmittel.

Inszenierungsrahmen
die Summe aller Faktoren im Sinne von Eckdaten, die eine → Inszenierung bestimmen
Innerhalb dieses Rahmens muss den Schülern genug Raum für die kreative Arbeit gelassen werden.
(s. a. → Vorgeben und Loslassen)

Intrada, Corpore, Finale
Die Begriffe gehen auf die Clownsimprovisation zurück, können aber inzwischen als die drei Ablaufbausteine jeder → Improvisation gelten:
- Intrada: Beginn der → Improvisation; kann durch einen Aufgang oder durch ein → Auftauen zu Beginn realisiert, kann auch durch das Einblenden (→ fade in) des Lichts gesteuert werden
- Corpore: das Herzstück der Improvisation; all das, was während der → Szene gespielt wird
- Finale: das Ende der Improvisation; analog zur Intrada durch → Abgang oder → Freeze oder durch das → Ausblenden des Lichts

kanonisches Sprechen
eine der fünf Möglichkeiten der Textaufteilung, wenn man mit einem → ungewöhnlichen Besetzungskonzept arbeitet:
Der Begriff ist von den Musikern ausgeliehen und bedeutet hier: Mehrere Schauspieler, die dieselbe → Rolle verkörpern, sprechen denselben Text im Kanon, sie beginnen also zeitlich etwas versetzt.
Wirkung: Es entsteht ein textlicher Klangteppich. Der Zuhörer wird den Text nicht mehr Wort für Wort nachvollziehen können, er wird sich aus den einzelnen Sprachfetzen seinen persönlichen Sinn herstellen müssen.

konkreter sprachlicher Ausdruck
bezieht sich auf: Tempoisierung, Rhythmisierung, Lautstärke und Dynamisierung, Akzentuierung und Betonung
(s. a. → grundsätzlicher Sprachduktus und → konkreter Sprachduktus)

konkreter Sprachduktus
die auf die einzelne Textpassage bezogene sprachliche Gestaltung
Diese ergibt sich aus dem Kontext sowie aus der zu leistenden Arbeit am → Subtext. Figuren sind nie nur etwa verängstigt oder aggressiv. Der Verängstigte wird genauso wie der Aggressive in einer konkreten Situation vielleicht erstaunt klingen müssen, wobei sich das Erstaunte des Verängstigten anders anhören muss als das Erstaunte des Aggressiven.
(s. a. → grundsätzlicher Sprachduktus und → konkreter sprachlicher Ausdruck)

Kostüm
gehört zu den → schauspielerischen Hilfsmitteln und meint jegliche Form der Verkleidung durch textiles und nicht textiles Material
Einfach gesagt: Kostüm ist, was der Schauspieler am Körper trägt.

Maske
gehört zu den → schauspielerischen Hilfsmitteln und meint zweierlei:
- die Schminkmaske einschließlich Frisur und
- die wirkliche Maske (von der kleinen Augenlarve, über die Halbmaske bis zur Vollmaske)

Mehrfachbesetzung
eines der vier Modelle für → ungewöhnliche Besetzungskonzepte:
Auf der Bühne agieren gleichzeitig mehrere Personen, die ein und dieselbe → Rolle verkörpern.

Mimik
gehört zum → Corpus, die Aktionen des Schauspielers durch Gesichtsausdruck

Mitmachtheater
vor allem im Kinder- und Jugendtheater:
Der eine oder andere Zuschauer wird zeitweise zum Schauspieler.

Musiktheater
eine der Sparten des Theaters:
Musical, Oper und Operette

Naturalismus
Das naturalistische Theater versucht, die Handlung möglichst realistisch, oder wie man sagt, „eins zu eins“ auf der Bühne umzusetzen. Die theatralen Bilder sollen sich so eng und detailgetreu wie möglich an der Wirklichkeit orientieren.

neutrale Sitzhaltung
Der Schauspieler sitzt präsent auf der vorderen Stuhlkante, sehr aufrecht, die Beine in Beckenbreite, die Unterschenkel senkrecht, die Hände auf den Knien, das Gesicht – wach, aber ohne spezifischen Ausdruck – sowie den Blick gerade nach vorn gerichtet.

Paarbildung nach dem Zufallsprinzip	Die Gesamtgruppe stellt sich so auf, dass ein Innenkreis und ein Außenkreis entstehen. Der Innenkreis geht nun im Uhrzeigersinn drei oder fünf Schüler weiter. So ergeben sich neue Paare, die nicht durch Sympathie entstehen.
Parallelinszenierung	eines der vier Modelle für → ungewöhnliche Besetzungskonzepte: Auf mehreren → Bühnen oder Bühnensegmenten agieren gleichzeitig unterschiedliche Schauspieler in ihren jeweiligen → Rollen.
Plot	die kurze Charakterisierung der Personen und die Festlegung der Spielsituationen, also der Handlungen
Präsenz	→ theatrale Präsenz
Präsenzbruch	das Herauskippen aus der → theatralen Präsenz in die Privatheit (→ privat) Der Schauspieler verlässt seine → Rolle, er beginnt plötzlich zu lachen, reagiert auf eine Reaktion im Publikum, …
privat	im Theater ein Grundgefühl, bei dem man nur auf sich selbst konzentriert ist und alle sowie alles im Umfeld negiert Dieses Grundgefühl ist für jegliche Art von Schauspiel zu vermeiden. Es steht im Gegensatz zur → theatralen Präsenz.
private Sitzhaltung	Sitzhaltung in einem privaten Grundgefühl und in einer beliebigen Position
Reduktion	bewusstes Weglassen von zum Beispiel: • → Bühnenbild (Es muss nicht das komplette Wohnzimmer auf der → Bühne aufgebaut werden; vielleicht reichen ja auch ein Tisch und zwei Stühle.) oder • → Kostüm (Es muss nicht die komplette Polizeiuniform besorgt werden; vielleicht reicht ja auch die Mütze.) oder • → Requisite (Vielleicht kann man auf das ein oder andere Requisit verzichten.) nicht zu verwechseln mit → schauspielerischer Reduktion
Regieassistenz	Der Regieassistent hilft der Spielleitung und unterstützt sie. Im Schülertheater kann er zum Beispiel folgende Aufgaben übernehmen: • Er führt die Anwesenheitsliste. • Er beschafft und verwaltet die → schauspielerischen Hilfsmittel. • Er beschafft und verwaltet die → technischen Hilfsmittel. • Vor allem: Er hält alle Vereinbarungen fest, die während der Proben getroffen werden, also Gänge, Textänderungen, technische Absprachen zum Licht, zum Ton, …

Requisit
gehört zu den → schauspielerischen Hilfsmitteln und meint alle Gegenstände, die der Schauspieler in der Hand hält bzw. in der Hand halten kann (ein Buch, eine Waffe, ein Teller, ein Apfel, ...)
Der Übergang zum → Kostüm ist manchmal fließend.
Beispiel: Die Brille, die der Schauspieler auf der Nase hat, ist Bestandteil des → Kostüms, nimmt er sie in die Hand, wird sie zum Requisit.

Rolle
die Person/die Figur, die ein Schauspieler auf der → Bühne verkörpert

Rollentausch
eines der vier Modelle für → ungewöhnliche Besetzungskonzepte:
Ein Schauspieler verkörpert zunächst die eine und danach eine andere → Rolle.

Rotationsbesetzung
eines der vier Modelle für → ungewöhnliche Besetzungskonzepte:
Eine bestimmte → Rolle wird nacheinander – zum Beispiel Szene für Szene – von jeweils anderen Schauspielern verkörpert.

schauspielerische Hilfsmittel
Die schauspielerischen Hilfsmittel umfassen
- → Kostüm,
- → Requisiten,
- → Maske und Frisur.

schauspielerische Reduktion
Anfänger neigen häufig dazu, in ihrer → Rolle viel zu viel zu agieren („Zappel nicht rum!"). Die einzelne Aktion geht im Allgemeinen unter, sie verhuscht.
Zumeist liegt der Grund für dieses „Zu viel" und „Zu schnell" in der Unsicherheit, was die Wirkung betrifft. („Weniger ist mehr!")

schwarzes Theater
eine Form des Theaters, bei der auf einer komplett schwarzen → Bühne Gegenstände oder Figuren von ebenfalls schwarz vermummten Akteuren präsentiert werden (die Akteure sind für das Publikum somit unsichtbar); nicht zu verwechseln mit dem „unsichtbaren Theater" von Augusto Boal (→ verdecktes Theater)

Spezialeffekte
gehören zu den → technischen Hilfsmitteln
Effekte wie: Nebel, Regen, Schnee und Pyrotechnik

Sprechtheater
eine der Sparten des Theaters:
Schauspiel, Komödie und Tragödie

Spielmittel
synonym für → Requisit
Das ausschließliche Spielmittel ist die Reduktion auf ein einziges Spielmittel in der gesamten → Inszenierung, das stilisiert (→ Stilisierung) eingesetzt wird.

Stationentheater — eine Form, bei der das Publikum im Verlauf des Stücks von Ort zu Ort, also von Station zu Station wandert
Beispiel: Das Stück beginnt im großen Lagerkeller, wird im Treppenhaus und anschließend in der Mensa fortgeführt und endet in der Aula.
In jeder Station findet der Zuschauer eine neue → Bühne vor.

Stellprobe — Geprobt werden nur die → Aufgänge und → Abgänge, weitere Gänge, die Lichtwechsel, die Umbauten oder die Musik- und Toneinspielungen, wobei der Text auf Anfänge und Schlüsse einer → Szene oder einer szenischen Sequenz reduziert wird.
Man sagt auch: Das Stück wird durchgestellt oder platziert.

Stilisierung — weg vom → Naturalismus
Ein Holzblock kann zum Handy werden, eine Pappröhre zum Fernglas, ein Stock zur Waffe, mehrere gestapelte Wasserkisten zur Mauer, ...

Strichfassung — eine erste Kürzung der Textvorlage

Subtext — all das, was unausgesprochen unter der konkreten Textpassage mitschwingt
Der Subtext ergibt sich aus der Interpretation des Textes, die das Ziel verfolgt, durch eine genaue Analyse der konkreten Textpassage im Zusammenhang mit der sie umgebenden Spielsituation die emotionale Befindlichkeit einer Figur allen agierenden Personen auf der Bühne bewusst zu machen. Die Analyse soll klären, wie eine Textpassage schauspielerisch genau umzusetzen ist, damit später auch die Zuschauer dies nachvollziehen können.
Manchmal findet man in der Textvorlage der Autoren bereits Subtextvorgaben als Regieanweisungen wie *(aufbrausend)* oder *(zunehmend verständnislos)* oder *(reagiert nun trotzig).*
Gibt es sie nicht, müssen sie erarbeitet und gegebenenfalls der eigenen bearbeiteten Textvorlage hinzugefügt werden.

Szene — kleinerer Abschnitt eines ganzen Theaterstücks
Häufig wird der Beginn einer Szene
- durch einen neuen → Aufgang eingeleitet oder
- das Ende einer Szene durch einen → Abgang beendet.

szenische Collage — ein Nacheinander von einzelnen in sich abgeschlossenen → Szenen, die inhaltlich nicht aufeinander aufbauen

Tanztheater — eine der Sparten des Theaters:
Ballett, Tanztheater selbst und → Bewegungstheater

technische Hilfsmittel
Die technischen Hilfsmittel umfassen
- das → Bühnenbild (Kulisse plus Bühnenaufbauten),
- die Musik- bzw. Toneinspielungen und
- das Licht.

Terrassenbühne
eine vom Publikum aus gesehen in Stufen nach hinten ansteigende Bühnenkonstruktion

theatral
in diesem Buch kurz für „das Theater betreffend" und nicht für „übertrieben" oder „unnatürlich"

theatrale Präsenz
ein Grundgefühl, das durch drei Leitsätze beschrieben werden kann:
- Ich sehe alles!
- Ich sehe alle!
- Ich will, dass alle mich sehen!

Im allgemeinen Sprachgebrauch wird selten zwischen Präsenz und theatraler Präsenz unterschieden. Bei der theatralen Präsenz kommt jedoch das Beibehalten einer rollenspezifischen Figürlichkeit hinzu. Sie hat zentrale Bedeutung, da sie beim Spielen gewissermaßen über allem thront: Ohne theatrale Präsenz ist Theaterspielen nicht möglich!

Textprobe
In der Textprobe wird nur der Text gesprochen; sie dient der Textsicherheit und der Festlegung der Art des Sprechens.
Dabei wird an den drei Sprachebenen
- → grundsätzlicher Sprachduktus,
- → konkreter Sprachduktus und
- → konkreter sprachlicher Ausdruck gearbeitet, während alle anderen Aspekte des Spiels unberücksichtigt bleiben.

Tocs
eine bestimmte Bewegungsqualität:
Der Begriff kommt ursprünglich aus der Pantomimentechnik.
Allgemein versteht man unter Tocs: kurze, zackig schnelle, roboterhafte Bewegungen, die einen klaren Anfang und ein klares Ende haben.

ungewöhnliche Besetzungskonzepte
Grundlegender Ansatz:
- eine → Rolle wird von mehreren Schauspielern verkörpert;
- ein Schauspieler verkörpert mehrere → Rollen.

Es gibt vier Modelle:
- → Mehrfachbesetzung,
- → Parallelinszenierung,
- → Rotationsbesetzung und
- → Rollentausch.

verdecktes Theater
ursprünglich von Augusto Boal als „Theater der Unterdrückten" entwickelt, findet stets in der Öffentlichkeit statt, weist auf gesellschaftliche Missstände hin, fordert zum Nachdenken und zur Diskussion auf
Der Zuschauer weiß dabei zunächst weder, dass er einem Schauspieler zuschaut, der eine → Rolle verkörpert, noch dass er selbst ein Zuschauer ist. Außerdem spielt er mehr oder weniger mit, je nachdem, ob er aktiv in das Geschehen eingreift oder in der Betrachterrolle verharrt. Er wird also unter Umständen selbst zum Schauspieler, ohne dies zu wissen.
Das verdeckte Theater wird manchmal auch „unsichtbares Theater" genannt.

Vorgeben und Loslassen
Grundsätzliches Prinzip im Schülertheater:
Den Schülern wird zu Beginn der → Inszenierungsrahmen vorgegeben. Er wird also nicht zum Gegenstand der Diskussion gemacht.
Anschließend lässt die Spielleitung los, d. h., sie ermöglicht den Schülern, den Freiraum innerhalb der Vorgaben kreativ zu nutzen und gestalterisch aktiv zu werden.

Warmings
Aufwärmübungen
unerlässlich, wenn das Spiel mit großer Körperanspannung verbunden ist, um Verletzungen zu vermeiden

wiederholter Text
eine der fünf Möglichkeiten der Textaufteilung, wenn man mit einem → ungewöhnlichen Besetzungskonzept arbeitet:
Die Textpassage einer → Rolle wird unter mehreren Schauspielern (S) aufgeteilt. S 1 spricht eine Textpassage, die S 2 wiederholt.
Wirkung: Der Text erhält durch die Wiederholung größere Bedeutung.

Zweitbesetzung
Für jede → Rolle steht ein zweiter Schauspieler zur Verfügung, der im Krankheitsfall einspringen kann.
Wünschenswert: Alle Zweitbesetzungen spielen das komplette Stück in einer zweiten Aufführung.

Zwischen-Freeze
ein kurzes Erstarren, also → Einfrieren
Das Spiel wird unterbrochen und stockt, bis es kurz darauf nach einem → Auftauen fortgesetzt wird.
s. a. → Freeze

Zum Autor

Jan Davidts

Jahrgang 1952

- Vor Beginn der Lehrertätigkeit mehrere Jahre haupt- und nebenberuflich Kabarettist

- Seit 1984:
  Moderator von Theaterfortbildungen, sowohl landesweit als auch in der unterregionalisierten Lehrerfortbildung im Fach Literatur;
  dort seit 2005 Mitglied der Planungstagung mit den Schwerpunkten Theater und Spielleitung;
  von 1986 bis 2001 Juror für die Woche der Schulkultur NRW, ehemals das Landes-Schüler-Theatertreffen;
  seit 2002 mehrfach Leiter von Workshops im Rahmen der Kölner Schultheaterwoche

- Seit 1983:
  Lehrer an der Katharina-Henoth-Gesamtschule in Köln mit den Fächern Literatur, Musik, Kunst und Deutsch;
  seit 1997 Leiter des Theaterprojekts an der Katharina-Henoth-Gesamtschule;
  in diesem Zusammenhang 2004 und 2009 Preisträger des 1. und 2. Schultheaterförderpreises der jungen Theatergemeinde Köln